Interpretationen

Gedichte von Friedrich Hölderlin

Interpretationen

Gedichte
von Friedrich Hölderlin

Herausgegeben von
Gerhard Kurz

Philipp Reclam jun. Stuttgart

Universal-Bibliothek Nr. 9472
Alle Rechte vorbehalten
© 1996 Philipp Reclam jun. GmbH & Co., Stuttgart
Gesamtherstellung: Reclam, Ditzingen. Printed in Germany 1996
RECLAM und UNIVERSAL-BIBLIOTHEK sind eingetragene Marken
der Philipp Reclam jun. GmbH & Co., Stuttgart
ISBN 3-15-009472-0

Inhalt

Vorwort 7

Die Teck
  Von Wolfgang Braungart 9

Hymne an die Freiheit
  Von Gerhard Kaiser 31

An unsre großen Dichter
  Von Günter Mieth 48

Der Tod fürs Vaterland
  Von Manfred Koch 59

Emilie vor ihrem Brauttag
  Von Sabine Doering 76

Der Wanderer
  Von Maria Behre 109

Natur und Kunst oder Saturn und Jupiter
  Von Ulrich Gaier 124

Stutgard
  Von Bernhard Böschenstein 142

Lebensalter
  Von Wolfram Groddeck 153

Das Nächste Beste
  Von Gerhard Kurz 166

Der Ister
  Von Anke Bennholdt-Thomsen 186

Der Frühling und *Der Herbst*
  Von Ute Oelmann 200

Bibliographische Hinweise 213

Die Autoren der Beiträge 219

Vorwort

Diese Interpretationen zu Gedichten Friedrich Hölderlins möchten Zugänge zu deren Verständnis eröffnen und vor allem anregen, Hölderlins Gedichte zu lesen.

In der so experimentierfreudigen Lyrik der Epoche um 1800 nehmen diese Gedichte mit ihrer Sprachkunst, ihrer Reflexionskraft und mit ihren geschichtsphilosophischen Entwürfen eine einzigartige Stellung ein. Sie verstehen sich aus einem Dialog mit der Antike und entwickeln Formen einer frühen Modernität. Den Zeitgenossen mußte ihre Bedeutung verborgen bleiben. Sie waren weit verstreut in Taschenbüchern, Almanachen und Zeitschriften erschienen; viele waren gar nicht veröffentlicht. Erst 1826 gaben Ludwig Uhland und Gustav Schwab einen Band mit Gedichten Hölderlins heraus, der aber noch nicht einmal die Hälfte seines lyrischen Werkes enthielt. Neben den wenigen Freunden war es der Kreis der Romantiker, die den Rang der Lyrik Hölderlins erkannten und sie vor dem Vergessen bewahrten. Von 1808 an setzten sich Clemens Brentano, Bettina von Arnim und Achim von Arnim für diese Gedichte ein. Sie hielten Hölderlin für einen der größten deutschen Dichter.

Die hier vorliegende Auswahl der Gedichte folgt einer chronologischen Ordnung: vom Jugendgedicht *Die Teck* bis zur Alterslyrik, den Turmgedichten *Der Frühling* und *Der Herbst*. Es sollten bekanntere und weniger bekannte Gedichte enthalten sein. Bewußt wurde auf solche verzichtet, die häufig interpretiert werden, zum Beispiel *Hälfte des Lebens*, *Andenken* oder *Brot und Wein*. Vertreten sind die Hymne, die Elegie, die Ode, ein Briefgedicht, das liedhaft-epigrammatische Gedicht und Formen, die Hölderlin mit »Gesang« bezeichnet hat.

Die Textgrundlage bildet Band 1 der von Jochen Schmidt besorgten dreibändigen Ausgabe der Werke und Briefe Hölderlins im Deutschen Klassiker-Verlag (zitiert als: SW). Auf die Kommentare dieser Ausgabe sei nachdrücklich hingewiesen (zitiert als: Schmidt). Diese Ausgabe hat die Orthographie der Gedichte behutsam modernisiert. Von dieser Textgrundlage wird in der vorliegenden Auswahl zweimal abgewichen: Das Gedicht *Lebensalter* wird in der Textgestalt des Erstdrucks von 1805 abgedruckt, das Gedicht *Das Nächste Beste* nach der Textkonstitution in Band 1 der dreibändigen Münchner Ausgabe der Werke und Briefe Hölderlins, die Michael Knaupp herausgegeben hat. Die handschriftliche Gestalt dieses Gedichts stellt für die Edition eine besonders schwierige Aufgabe dar. Die Textgestalt beider Gedichte soll auch die ursprüngliche Orthographie exemplarisch dokumentieren.

G. K.

Die Teck

Ah! so hab' ich noch die Traubenhügel erstiegen
Ehe der leuchtende Strahl an der güldenen Ferne hinabsinkt.
Und wie wohl ist mir! Ich streck' im stolzen Gefühle –
Als umschlänge mein Arm das Unendliche – auf zu den
                                                     Wolken
Meine gefaltete Hände, zu danken im edlen Gefühle
Daß er ein Herz mir gab, dem Schaffer der edlen Gefühle.
Mich mit den frohen zu freuen, zu schauen den
                                        herbstlichen Jubel,
Wie sie die köstliche Traube mit heiterstaunendem Blicke
Über sich halten, und lange noch zaudern, die glänzende
                                        Beere
In des Kelterers Hände zu geben – wie der gerührte
Silberlockigte Greis an der abgeernteten Rebe
Königlich froh zum herbstlichen Mahle sich setzt mit
                                        den Kleinen
O! und zu ihnen spricht aus der Fülle des dankenden
                                        Herzens
Kinder! am Segen des Herrn ist alles, alles gelegen – –
Mich mit den frohen zu freuen, zu schauen den
                                        herbstlichen Jubel
War ich herauf von den Hütten der gastlichen
                                        Freundschaft gegangen.
Aber siehe! allmächtig reißen mich hin in ernste
                                        Bewundrung
Gegenüber die waldichte Riesengebirge. – Laß mich
                                        vergessen
Laß mich deine Lust, du falbigte Rebe, vergessen,
Daß ich mit voller Seele sie schaue die Riesengebirge!
Ha! wie jenes so königlich über die Brüder emporragt!
Tek ist sein Name. Da klangen einst Harnische,
                                        Schwerder ertönten
Zwischen den moosigten Mauren der Fürsten und
                                        blinkende Helme.

Eisern waren und groß und bieder seine Bewohner.
Mit dem kommenden Tag stand über den moosigten Mauren
In der ehernen Rüstung der Fürst, sein Gebirge zu schauen.
Mein dies Riesengebirge – so stolz – so königlich herrlich –?
Sprach er mit ernsterer Stirne, mit hohem, denkendem Auge –
Mein die trotzende Felsen? die tausendjährige Eichen?
Ha! und ich? – und ich? – bald wäre mein Harnisch gerostet
O! der Schande! mein Harnisch gerostet in diesem Gebirge.
Aber ich schwör' – ich schwör', ich meide mein Riesengebirge,
Fliehe mein Weib, verlasse das blaue redliche Auge,
Bis ich dreimal gesiegt im Kampfe des Bluts und der Ehre.
Trage mich mein Roß zu deutscher stattlicher Fehde
Oder wider der Christenfeinde wütende Säbel –
Bis ich dreimal gesiegt, verlass' ich das stolze Gebirge.
Unerträglich! stärker als ich, die trotzende Felsen,
Ewiger, als mein Name, die tausendjährige Eichen!
Bis ich dreimal gesiegt, verlass' ich das stolze Gebirge.
Und er ging und schlug, der feurige Fürst des Gebirges.
Ja! so erheben die Seele, so reißen sie hin in Bewundrung
Diese felsigte Mitternachtswälder, so allerschütternd
Ist sie, die Stunde, da ganz es fühlen, dem Herzen vergönnt ist. –
Bringet ihn her, den frechen Spötter der heilsamen Wahrheit,
O! und kommet die Stunde, wie wird er staunen, und sprechen:
Wahrlich! ein Gott, ein Gott hat dieses Gebirge geschaffen.
Bringet sie her, des Auslands häßlich gekünstelte Affen
Bringet sie her, die hirnlos hüpfende Puppen, zu schauen
Dieses Riesengebirge so einfach schön, so erhaben;

O und kommet die Stunde, wie werden die Knaben
                                                erröten,
Daß sie Gottes herrlichstes Werk so elend verzerren. –
Bringet sie her der deutschen Biedersitte Verächter,
Übernachtet mit ihnen, wo Moder und Disteln die graue
Trümmer der fürstlichen Mauern, der stolzen Pforten
                                                bedecken,
Wo der Eule Geheul, und des Uhus Totengewimmer
Ihnen entgegenruft aus schwarzen, sumpfigten Höhlen.
Wehe! wehe! so flüstern im Sturme die Geister der
                                                Vorzeit
Ausgetilget aus Suevia redliche biedere Sitte!
Ritterwort, und Rittergruß, und traulicher Handschlag! –
Laßt euch mahnen, Suevias Söhne! Die Trümmer der
                                                Vorzeit!
Laßt sie euch mahnen! Einst standen sie hoch, die
                                                gefallene Trümmer,
Aber ausgetilget ward der trauliche Handschlag,
Ausgetilget das eiserne Wort, da sanken sie gerne,
Gerne hin in den Staub, zu beweinen Suevias Söhne.
Laßt sie euch mahnen, Suevias Söhne! die Trümmer der
                                                Vorzeit!
Beben werden sie dann der Biedersitte Verächter,
Und noch lange sie seufzen, die fallverkündende Worte –
Ausgetilget aus Suevia redliche biedere Sitte!
Aber nein! nicht ausgetilget ist biedere Sitte
Nicht ganz ausgetilget aus Suevias friedlichen Landen – –
O mein Tal! mein Teckbenachbartes Tal! – ich verlasse
Mein Gebirge, zu schauen im Tale die Hütten der
                                                Freundschaft.
Wie sie von Linden umkränzt bescheiden die rauchende
                                                Dächer
Aus den Fluren erheben, die Hütten der biederen
                                                Freundschaft.
O ihr, die ihr fern und nahe mich liebet, Geliebte!

Wär't ihr um mich, ich drückte so warm euch die Hände,
                                                                          Geliebte!
Jetzt, o! jetzt über all' den Lieblichkeiten des Abends.
Schellend kehren zurück von schattigten Triften die
                                                                            Herden,
Und fürs dritte Gras der Wiesen, im Herbste noch
                                                                            fruchtbar,
Schneidend gekloppfet ertönt des Mähers blinkende Sense.
Traulich summen benachbarte Abendglocken zusammen,
Und es spielet der fröhliche Junge dem lauschenden
                                                                             Mädchen
Zwischen den Lippen mit Birnbaumblättern ein
                                                                    scherzendes Liedchen.
Hütten der Freundschaft, der Segen des Herrn sei über
                                                                          euch allen!
Aber indessen hat mein hehres Riesengebirge
Sein gepriesenes Haupt in nächtliche Nebel verhüllet,
Und ich kehre zurück in die Hütten der biederen
                                                                       Freundschaft.

                                                                          (SW 1,50 f.)

WOLFGANG BRAUNGART

Humanisierung des »Riesengebirges«

Hölderlins Jugendlyrik hat bis heute nur wenige Freunde gefunden. Man kann das verstehen, und jede Ehrenrettung scheint unmöglich bei Versen wie diesen:

> Ihr Freunde! mein Wunsch ist Helden zu singen,
> [...]
> Meiner Harfe erster Laut
> War Kriegergeschrei und Schlachtengetümmel.

> Ich sah, Brüder! ich sah
> Im Schlachtengetümmel das Roß
> Auf röchelnden Leichnamen stolpern,
> Und zucken am sprudelnden Rumpf
> Den grausen gespaltenen Schädel,
> Und blitzen und treffen das rauchende Schwert,
> Und dampfen und schmettern die Donnergeschütze,
> [...]
>
> (*Am Tage der Freundschaftsfeier*, 1788; SW 1,54)

Freilich kommt nicht jedes der Gedichte aus der Schülerzeit an der niederen Klosterschule in Denkendorf (1784–86) und der höheren Klosterschule in Maulbronn (1786–88) derart finster und blutrünstig daher. Aber die Abhängigkeit von literarischen Vorbildern und Moden ist in dieser frühen Lyrik so überdeutlich, daß sie Interesse vor allem dann beanspruchen kann, wenn es um die literarische Kommunikationssituation geht, aus der heraus Hölderlin zu schreiben beginnt. Es war schon immer ein probates Mittel, wenig gelungene Jugendlyrik auf die Motive, Themen und ästhetischen Verfahrensweisen hin zu interpretieren, die auf das spätere, ›eigentliche‹ Werk vorausweisen. Hölderlins Jugendlyrik ist auch Pubertätslyrik. Und wie sollte sie es anders sein? Diese Gedichte sind »goldne Bubenträume« (*Der Lorbeer*, 1788; SW 1,38; als Überblick: Shelton 1973; Gaier, S. 13 ff.). Hölderlin ist gerade 18 Jahre alt, als er nach dem Abschluß der Maulbronner Klosterschule ins Tübinger Stift eintritt. Noch in der Tübinger Zeit sind seine Gedichte vom oft schroffen Wechsel zwischen selbstzerstörerischem Zweifel, Sich-Kleinmachen und Ohnmacht einerseits und Grandiositäts- und Allmachtsphantasien andererseits geprägt, vom Streben nach »Männervollkommenheit« und »Klopstocksgröße«. Das ist auch ein Strukturprinzip des Hyperion-Romans:

> Doch nein! hinan den herrlichen Ehrenpfad!
> Hinan! hinan! im glühenden kühnen Traum
> Sie [die »Großen«] zu erreichen; muß ich einst auch
> Sterbend noch stammeln; vergeßt mich Kinder!
>
> (*Mein Vorsatz*, 1787; SW 1,31)

Hölderlin sucht in dieser Zeit die Integration in den Gruppenstil der jungen Schriftstellergeneration. Er braucht literarische Vorbilder, an denen er sich orientieren kann. Und er findet sie: in Klopstock vor allem, dessen Bedeutung für ihn gar nicht zu überschätzen ist und der auch aus dem Teck-Gedicht herauszuhören ist in der Stilistik der Fragen, Interjektionen und Wiederholungen oder im absolut gebrauchten Komparativ (»mit ernsterer Stirne«, 28); dann auch in der patriotischen, hymnischen Dichtung des schwäbischen Dichterkreises um Stäudlin, Conz und Schubart, im Göttinger Hain, besonders in Stolberg, in der Bardenmode (*Burg Tübingen*, 1789/90), den Gesängen Ossians, die Hölderlin selbst gelesen hat (vgl. Böckmann), in der Tübinger Zeit schließlich unübersehbar in Schiller. Die pathetische Erinnerung an die heroische schwäbische Vorzeit findet sich im süddeutschen Dichterkreis häufiger, so bei Thill (*Stauffen*, 1783; Böckmann, S. 59 f.) und Stäudlin (vgl. die Ode *An die Jünglinge meines Vaterlands*: »Auch auf dem Suevenstamme / Ruht hoher Geist, der Welten schaft! [...] Erhabne Suevensöhne ihr!«; Böckmann, S. 68).

Auch mit der elegischen Hymne *Die Teck*, seinem dritten, formal schon ziemlich routinierten Versuch in Hexametern, geht Hölderlin in diesen Spuren. Und doch ist dieses Gedicht, glaube ich, bisher unterschätzt worden und verdient eine Rehabilitation. Nicht ganz zu Recht steht es hinter den Tübinger Hymnen zurück, die so viel stärker schon den ganzen, auch in seiner Poesie philosophisch ambitionierten Hölderlin anzukündigen scheinen. Hölderlin hat *Die Teck* auf 1788 datiert. Es ist das vorletzte der von ihm selbst geordneten Gedichte des sogenannten Marbacher

Quartheftes (vgl. Volke, 1977). Und es ist ein wichtiges Vorspiel der großen ›schwäbischen Elegien‹ (Ziolkowski, S. 109) und Oden Hölderlins.

Landschaft und Sprache

Die Teck thematisiert einen zur Schwäbischen Alb gehörenden, wenige Kilometer südöstlich von Nürtingen gelegenen, 775 m hohen Ausläuferberg. In Nürtingen hat Hölderlin seit 1774 gelebt. Dieser Berg und seine »Brüder« (21), »die Riesengebirge« der Alb (18, 20, 27), standen ihm also von Kindheit an und noch in Tübingen vor Augen. An Louise Nast schreibt er Mitte Januar 1789: »O nur der Abschied! – – Es goß eine so süße Wehmut über meine ganze Seele, u. begleitete mich den ganzen Weg über. Nur, als ich die Berge um Nürtingen sahe, u. der Wald vor Leonberg so nach u. nach sich hinter mir verlor – da stürzten mir Tränen des bittersten Schmerzens aus den Augen« (SW 3,58). Die Landschaft und die Berge der Alb gehörten für Hölderlin, wie seine mundartliche Sprache (vgl. Kurz, 1982/83), wie die schwäbischen Städte: Nürtingen, Tübingen, Stuttgart, und wie der Neckar, zeitlebens zu seinem heimatlichen Koordinatensystem, zu seinem Erfahrungsraum, auf den er sich immer wieder erinnernd bezog und in den es ihn zurückzog (Härtling, 1994).

Das Mündliche, Dialektale seiner Heimatsprache ist auch im Teck-Gedicht durchzuhören, zum Beispiel in den starken Flexionen der Adjektive, die der mündlichen Aussprache entsprechen (»Meine gefaltete Hände«, 5; »die glänzende Beere«, 9, hier vielleicht pars pro toto; »die waldichte Riesengebirge«, 18; »die trotzende Felsen? die tausendjährige Eichen?«, 29; »die fallverkündende Worte«, 68; das Mündliche verschluckt den nasalen Konsonanten; vgl. auch die Elisionen, durch die der Hiatus vermieden wird: »Ich streck' im stolzen Gefühle«, 3; ebenso 32, 40) und in der

Pluralbildung »Mauren« (23 und 25, auch bei Schiller; vgl. mhd. *mure*; dagegen »Mauern«, 55). Auf die für Hölderlins weiteres Werk zentralen, geschichtsphilosophisch fundierten Motive des Gesprächs, Chors und Gesangs verweisen hier schon die vielen Ausrufe (1, 13, 21, 30, 46), Anreden (18, 61, 76), Fragen (27, 29) und Selbstanreden. In solchen Sprachformen des Mündlichen und des Dialogischen, die sich auch den Gattungskonventionen der Hymne verdanken, werden diese grundlegenden Motive zugleich ästhetisch realisiert (30; vgl. Kurz, 1975 und 1982/83).

Im Heimatlichen, wirklich Erfahrenen, Erlebten, konkretisiert und humanisiert sich für Hölderlin grundsätzlich und auch schon hier in diesem Gedicht der ungeheure Anspruch, den sein Werk formuliert und selbst darstellt: »O mein Tal! mein Teckbenachbartes Tal!« (72). So konkret wird die zeitgenössische Alpen-Dichtung nicht. Es ist seine, Hölderlins eigene Landschaft. Auch die »Traubenhügel« des Gedichtbeginns gehören nicht nur in den motivischen Zusammenhang der herbstlichen Weinlese. Sie verweisen darüber hinaus auf die tatsächliche Umgebung der Teck. Bis weit ins 20. Jahrhundert gab es an ihren Hängen Weinberge (vgl. *Der Gang aufs Land* und *Stutgard*, beide 1800). Immer wieder wechselt Hölderlins Lyrik vom höchsten, allgemeinsten Pathos ins Konkrete der persönlichen Erfahrung und Erinnerung:

> Ihr teuern Ufer, die mich erzogen einst,
>   Stillt ihr der Liebe Leiden, versprecht ihr mir,
>   Ihr Wälder meiner Jugend, wenn ich
>   Komme, die Ruhe noch einmal wieder?
>
> Am kühlen Bache, wo ich der Wellen Spiel,
>   Am Strome, wo ich gleiten die Schiffe sah,
>   Dort bin ich bald; euch traute Berge,
>   Die mich behüteten einst, der Heimat

> Verehrte sichre Grenzen, der Mutter Haus
> Und liebender Geschwister Umarmungen
> Begrüß' ich bald und ihr umschließt mich,
> Daß, wie in Banden, das Herz mir heile,
> [...].

(*Die Heimat*, 1800; Hervorhebung W. B.; SW 1,245)

Nun gehört es jedoch in die Tradition von Ode, Hymne und Elegie, das Konkrete mit dem Allgemeinen zu verbinden, so in Klopstocks Ode *Der Zürchersee* (1750), die in der Schlußstrophe die Bewegung ebenfalls in den »Hütten der Freundschaft« zur Ruhe kommen läßt. Hölderlin zitiert diese Formel, die auf die Topik der Idylle verweist (*Die Teck*, 73, 75, 85, 88; vgl. auch *Auf einer Heide geschrieben*, 1787, der Schlußvers in kritisch-antithetischer Stellung gegen die »Narrenbühnen der Riesenpaläste«). Klopstocks Ode spricht direkt von der Geliebten (Fanny), den Freunden Kleist, Gleim, Hagedorn, der Landschaft (Uto, »silberner Alpen Höh«). Aber die Nennung konkretisiert nicht weiter, und die Landschaft bleibt Kulisse. Klopstock führt sie nicht auf das Greifbare und Überschaubare zurück. Hier setzt Hölderlins frühes Gedicht schon einen anderen Akzent.

Gebirgs-Poesie

Locus classicus für die ästhetische Landschaftswahrnehmung ist Petrarcas Besteigung des Mont Ventoux 1335 (Ritter, 1974). Das Gebirge und vor allem die Alpen werden im 18. Jahrhundert zum paradigmatischen Natur-Sujet des Erhabenen, das das »Gemüt« des Betrachters in »Bewegung« versetzt und in ihm ein Gefühl »negativer Lust«, der Angstlust erzeugt, die er ästhetisch genießen kann, solange ihn die Furcht nicht überwältigt (Kant, *Kritik der Urteilskraft*, §§ 23, 28, 29). Damit birgt der erhabene Gegenstand aber auch ein bedrohliches Potential, das Subjekt zu übermächtigen. Am Gebirge kann sich das »angenehme Grauen« entwickeln.[1] In Reisebeschreibungen werden die tatsächlich nicht ungefährlichen Überquerungen der Alpen beschrieben. Maler wie Kaspar Wolf beginnen in der zweiten Hälfte des 18. Jahrhunderts, mit ihrer Staffelei ins Gebirge zu ziehen und »das gähnende Tal«, den »Abgrund«, »das freudigschauernde Chaos« (*Heimkunft*, 1801) und die »leichtgebaueten Brücken« (*Patmos*, 1803) zu malen.[2] Das ist der Anfang der Freiluft-Malerei.

Für die Gebirgs-Poesie des 18. Jahrhunderts war Albrecht von Hallers langes Gedicht *Die Alpen* (1729) ein wichtiges Vorbild. Haller kontrolliert aber seine Erfahrungen – er hat die Alpen selbst durchwandert – physikotheologisch und mildert sie auch zur Idylle. Mit dem Sturm und Drang tritt das Motiv des wilden Gebirges, besonders der Alpen und des Harzes, in poetischen Texten immer häufiger auf (Stäudlin, Matthisson, Salis-Seewis, Goethe, Stolberg).[3] Auch für Hölderlin werden die Alpen, diese »Burg der Himmlischen« (*Der Rhein*, 1801), zum erhabenen Gegenstand. Gedichte auf einzelne Berge sind jedoch im 18. Jahrhundert noch selten. Hölderlins Gedicht auf die Teck ist hier eine Ausnahme.

Im Teck-Gedicht mag die emphatisch übertreibende Anrufung der Schwäbischen Alb als »Riesengebirge« einerseits eine Erfahrung ausdrücken, die man tatsächlich heute noch

---

1 Vgl. Carsten Zelle, *Angenehmes Grauen. Literaturhistorische Beiträge zur Ästhetik des Schrecklichen im 18. Jahrhundert*, Hamburg 1987; Petra Raymond, *Von der Landschaft im Kopf zur Landschaft aus Sprache. Die Romantisierung der Alpen in den Reiseschilderungen und die Literarisierung des Gebirges in der Erzählprosa der Goethezeit*, Tübingen 1993; Harald Schmidt, *Melancholie und Landschaft. Die psychotische und ästhetische Struktur der Naturschilderungen in Georg Büchners ›Lenz‹*, Opladen 1994.

2 Kunstmuseum Basel, *Kaspar Wolf (1735–1783). Landschaft im Vorfeld der Romantik*. Ausstellungskatalog, bearb. von Yvonne Boerlin-Brodbeck, Basel 1980.

3 Vgl. Theodore Ziolkowski, *The Classical German Elegy 1795–1950*, Princeton (N.J.) 1980.

angesichts des Alb-Traufs machen kann, wenn man vom Norden, von Stuttgart und Tübingen her kommt. Andererseits wertet der Anruf das Heimatliche gegenüber dem »Riesengebirge« der Alpen und gegenüber dem Alpenkult auf und behauptet sein Recht. Das heimatliche Mittelgebirge wird selbst zum erhabenen Gegenstand (»allmächtig reißen mich hin in ernste Bewunderung / Gegenüber die waldichte Riesengebirge«, 17 f.; Hervorhebung W. B.).

Der Berg Teck ist aber nicht nur ein erhabener ästhetischer Gegenstand, und die Landschaft ist nicht allein ästhetische Landschaft. Der Berg trägt die Burg Teck; hier verbinden sich für Hölderlin erhabene Natur und heroische Geschichte. Diese geschichtsphilosophisch gedeutete Verbindung von Natur und Geschichte ist für Hölderlin konstitutiv, gerade auch in seinen späteren Thematisierungen der Alpen.

Das Gedicht gliedert sich in drei Teile. Dem entspricht ein gedanklicher Dreischritt. Mit dem Aufstieg zur Ruine wird die herbstliche Weinlese angesprochen (1–20), mit dem Aufenthalt auf der Höhe die geschichtliche Erinnerung und die kritische Reflexion des Verlaufs der Geschichte bis in die eigene Gegenwart (21–71), mit der Rückkehr die neue Wahrnehmung des Lebens (»Hütten der Freundschaft«) und der Landschaft, aus der der Wanderer kommt. Dieser Schluß setzt also Aufstieg und erinnernde Reflexion voraus.

Der mittlere, längste Teil des Gedichtes ist selbst noch einmal gegliedert in die vom Wanderer erinnernd imaginierte Rede des Fürsten (bis 41) und in die Auslegung der heroischen Vorzeit auf die eigene Gegenwart hin. Die beiden umrahmenden Teile sind von der Motivik des Idyllischen geprägt; in ihnen finden sich Nachklänge der anakreontischen Themen ›Wein‹, ›Liebe‹, ›Freundschaft‹. Den mittleren Teil bestimmt dagegen die Motivik des Heroischen. Beide Motivbereiche sind für Hölderlins Werk überhaupt grundlegend (Thurmeier, 1980).

In der Wanderung hinauf und zurück verbindet die Bewegung des lyrischen Wanderers die elementare körperliche Struktur von Anspannung und Entspannung mit der gedanklichen Bewegung in der Anstrengung der geschichtlichen Reflexion. Schon der Auftakt des Gedichtes (»*Ah!* so hab' ich noch ...«; Hervorhebung W. B.) ist hymnischer Ausruf und evoziert zugleich die Anstrengung des Aufstiegs. Im körperlichen und sozialen Zur-Ruhe-Kommen in den »Hütten der biederen Freundschaft« findet das lyrische Subjekt schließlich auch geistige Beruhigung, weil es jetzt, nach dem Rückgang in die Geschichte, sieht und weiß, was das Eigene seiner Gegenwart ist. Zugleich vollzieht das Gedicht ästhetisch, wovon es spricht: Anspannung und Entspannung. Im letzten Teil beruhigt sich die Sprache. Das ist in Klopstocks *Frühlingsfeier* ähnlich (und überhaupt ein grundlegendes ästhetisches Prinzip): Die Anspannung des Gewitters löst sich bei Klopstock im strömenden Regen und in der Erscheinung des Regenbogens als des Zeichens universaler Versöhnung. Das Gedicht kommt in einer wunderbar beruhigten Sprache wirklich zur Ruhe.

Aufstieg im Zeichen des Mythos

Mit dem Beginn des Gedichtes ist der Aufstieg für den Wanderer schon abgeschlossen. Der folgende erste Teil ist selbst Erinnerung an das eben Erlebte, das in den »Hütten der gastlichen Freundschaft« (16) den Anfang nahm. In der Geste des Dankgebetes vollzieht der Wanderer die rituelle Gebärde nach, die er unter den Weinbauern gesehen hat: »Ich streck' im stolzen Gefühle – / [...] – auf zu den Wolken / Meine gefaltete Hände, zu danken im edlen Gefühle« (3–5). Durch die »Traubenhügel« war der Aufstieg gegangen am späten Nachmittag, noch »Ehe der leuchtende Strahl an der güldenen Ferne hinabsinkt« (2; Hervorhebung W. B.), also schon im Zeichen des Sonnenuntergangs, bevor die Nacht einbricht (87): als sei es eine letzte Möglichkeit gewesen (»so hab' ich noch die Traubenhügel erstiegen«, 1; Hervorhebung W. B.). – Hölderlins *Abendphantasie* (1799) wird die Abendstimmung dann konsequent auf das menschliche Leben hin auslegen. – Damit erscheint die zeremoniell überhöhte herbstliche Weinlese, die der Wanderer erlebt hat, schon hier elegisch gebrochen. In seinem langen Mittelteil wird das Gedicht schließlich ganz zur Klage, zur Elegie.

Die Traube wird von »den frohen« wie in einer rituellen Elevation konsekriert: »Mich mit den frohen zu freuen, zu schauen den herbstlichen Jubel / Wie sie die köstliche Traube mit heiterstaunendem Blicke / Über sich halten, und lange noch zaudern, die glänzende Beere / In des Kelterers Hände zu geben« (7–10; Hervorhebung W. B.). Hölderlin verwendet hier unmittelbar aus der poetischen Situation heraus neu gebildete Adjektiv-Komposita (»heiterstaunend«, 8; »fallverkündend«, 68; »Teckbenachbart«, 72), die einen antikisierenden, homerischen Klang tragen. Solche Komposita sind auch bei Klopstock und in der Lyrik der Zeit üblich; sie sind ein ästhetisches Merkmal für Hölderlins weiteres Werk.

Der »silberlockigte Greis« spricht das Segensgebet, das den Gebetsspruch ›An Gottes Segen ist alles gelegen‹ variiert (14). Diese festliche Auszeichnung der Lese (Nägele, S. 111) evoziert einen mythologischen Komplex, der für Hölderlins Poesie und Philosophie grundlegend bleiben wird. Das Festmahl der Weinlese ist gemeinsames Abend-Mahl, in dem sich Dionysos-Mythos und christliche Abendmahls-Konzeption synkretistisch durchdringen. Das Mahl wird zum ›utopischen Bild‹ eines gelingenden, versöhnten Lebens (vgl. Kurz, 1975, S. 203–207). Die hohe Stilisierung dieser Szene ist offensichtlich. Im »silberlockigten Greis«, der mit den »Kleinen« das Mahl feiert, zitiert Hölderlin zudem den antiken und biblischen Topos von *puer* und *senex* (Curtius, S. 108–112), also der Verständigung zwischen

Kindern und Alten, die der höheren Einsicht fähig sind, weil sie noch nicht bzw. nicht mehr den Zwängen der Arbeit unterliegen. Man muß diese Schemata beachten, weil sie hier die konkrete Anschauung verdrängen. Der Schluß des Gedichtes kommt jedoch darüber hinaus.

Das Fest der Weinlese vereinigt also nicht alle, sondern nur eben die Kinder und den Greis. Auch der Wanderer bleibt bloß ein Schauender, obwohl er doch dazu gehören möchte. Wiederholung, Assonanzen und Alliteration unterstreichen dies (»<u>Mi</u>ch <u>mi</u>t den <u>fro</u>hen <u>zu freu</u>en, <u>zu schau</u>en den herbstlichen Jubel«, 7 und 15). Der dionysische Tag geht zu Ende. Er ist (noch) nicht von Dauer. Der Wanderer muß sich aus der mythisch überformten und gesteigerten Erfahrung lösen, um jetzt in die Erinnerung der eigenen Geschichte eintreten und ganz für sie offen sein zu können. Beide Sphären, die dionysisch-antikische und die mittelalterlich-erhabene, verbinden sich hier noch nicht: »Laß mich vergessen / Laß mich deine Lust, du falbigte Rebe, vergessen, / Daß ich mit v o l l e r S e e l e sie schaue die Riesengebirge!« (18-20; Hervorhebung W. B.). Im Adjektiv ›falb‹ klingt der elegische Ton der Eingangsverse noch einmal an. Die Rebe verliert ihr sommerliches Grün und nimmt die Farben des Herbstes an. In seiner schematischen Abstraktheit ist das dionysische Fest nicht wirklich lebbar.

Auf der Höhe des Berges: Heroische Geschichte

Aus der idyllischen Situation im Zeichen des Dionysos ist das lyrische Ich herausgetreten; es übersteigt sie. Der Berg Teck und die Ruine der alten Burg dienen nun zur melancholischen Geschichtsmeditation, die an ehemalige Größe erinnert und den gegenwärtigen Zustand Schwabens als geschichtliche Verfalls- und Spätzeit deutet. Nach der antikisierend getönten Schilderung des Aufstiegs wendet sich das lyrische Subjekt nun der eigenen, vaterländischen Geschichte des Mittelalters zu. Diese Abfolge der Zeiten drängt hin zur Auflösung in der Gegenwart. Vielleicht spielt darauf auch die dreifache Erwähnung des Attributes ›eisern‹ bzw. ›ehern‹ an (24, 26 und 64) gegenüber der ›güldenen‹ hinabsinkenden Sonne im ersten Teil (2). Ähnlich wie Hölderlins *Burg Tübingen* nützt das Gedicht jetzt die in der Bildenden Kunst wie der Literatur der Zeit verbreiteten Topoi des melancholisch inszenierten Ruinenkultes (vgl. etwa Matthissons *Elegie. In den Ruinen eines alten Bergschlosses geschrieben*).

Auf der Höhe des Berges Teck liegt die Ruine der alten, Mitte des 12. Jahrhunderts erstmals erwähnten Burg der Zähringer, die sich seit 1187 nach diesem Berg die Herzöge von Teck nannten. Nach vielen Erbteilungen fiel die zersplitterte Herrschaft Teck – zu einem Herzogtum Teck kam es nie – im 14. Jahrhundert an die Grafen von Württemberg. Eberhard V. von Württemberg erhielt den Titel eines Herzogs von Teck von Kaiser Maximilian I. neu verliehen. 1525 wurde die Burg im Bauernkrieg zerstört und seither nicht wieder aufgebaut.[4] Die Teck liegt überhaupt in einer geschichtsträchtigen Gegend, auf die sich Hölderlin auch später noch bezieht (*Der Winkel von Hahrdt*, 1803). Bei gutem Wetter sieht man von der Höhe der Teck die Stauffer-Berge.

Für heroische Erinnerungen, wie sie Hölderlin beschwört, eignen sich die Herzöge von Teck und ihre Burg jedoch denkbar schlecht. Eher scheint es, als hätten sie es geradezu darauf angelegt, ihre Herrschaft möglichst rasch zu verlieren. Einmal allerdings, 1154/55, nahm Herzog Berthold von Zähringen mit 500 Rittern am ersten Italienzug Friedrich Barbarossas teil, weil dieser ihm Burgund und die Provence überlassen hatte.[5] Darauf könnte Hölderlin mit den Versen 32–34 anspielen: »ich schwör', ich meide mein Riesenge-

---

4 Vgl. Irene Gründer, *Studien zur Geschichte der Herrschaft Teck*, Stuttgart 1963.
5 Heinrich Büttner, *Staufer und Zähringer im politischen Kräftespiel zwischen Bodensee und Genfersee während des 12. Jahrhunderts*, Zürich 1961.

birge, / Fliehe mein Weib, verlasse das blaue redliche Auge, / Bis ich dreimal gesiegt im Kampfe des Bluts und der Ehre.«

Hölderlins Wanderer erinnert sich an die heroische Zeit, wie sie die Burg im Mittelalter erlebt haben soll, als seine Bewohner »Eisern waren und groß und bieder« (24). ›Bieder‹ meint hier, wie überhaupt im 18. Jahrhundert, rechtschaffen, aufrichtig, auch fromm, und gilt generell als eine deutsche Tugend (»deutsche Biedersitte«; 53, 67 ff.). In dieser Erinnerung tritt der Fürst selbst auf und verpflichtet sich »zu deutscher stattlicher Fehde / Oder wider der Christenfeinde wütende Säbel« (35 f.; Hölderlins eigene Schreibweise »statlicher Fehde« (Hervorhebung W. B.) läßt sich mehrdeutig lesen, sie impliziert zugleich ›staatlich‹ und ›stattlich‹. Beide Adjektive haben eine gemeinsame etymologische Wurzel: mhd. *statelîche*, lat. *status*).

Diese heroische Personalisierung der Geschichte, eine Tendenz in Hölderlins Jugendlyrik überhaupt (vgl. *Keppler, Gustav Adolf*, beide 1789) bereitet die Geschichtsmächtigkeit der Großen (Dionysos, Christus, Empedokles) im späteren Werk vor. Ist schon dieses Säbelgerassel des kampfbereiten Fürsten schwer zu ertragen, der die kriegerische Untätigkeit im Frieden als »Schande« (31) empfindet und zu dem sich andere Versatzstücke des bereits von Gottsched eingeleiteten Germanenkultes des 18. Jahrhunderts gesellen: die »blinkenden Helme« (23), die »trotzenden Felsen« (29), »das blaue redliche Auge« des »Weibes« (33) und natürlich die »tausendjährigen Eichen« (39), so hat man erst recht Mühe mit der Deutung, die das lyrische Subjekt vornimmt. Deutung ist Applikation (42–69): Die heroische Geschichte wird hier auf die eigene Gegenwart hin ausgelegt. Erhaben ist diese Landschaft der Teck, weil sie von der heroischen deutschen Geschichte geprägt ist, und nur deshalb reißt sie »die Seele [...] hin in Bewundrung« (43).

Die schäumende Invektive gegen »den frechen Spötter«, gegen »des Auslands häßlich gekünstelte Affen«, »die hirnlos hüpfende Puppen« (45–48) macht das Potential deutlich, das das »Vaterländische« und »Nationale« bei Hölderlin auch hat, wenngleich er selbst es gerade nicht entfaltet (vgl. Kurz, 1994). Das Modische (»Häßlich gekünstelte Affen«) und Künstliche ist schon seit dem frühen 17. Jahrhundert vor allem mit dem Französischen identifiziert und moralisch denunziert worden (z. B. in der Flugblatt-Polemik gegen die Alamode-Kultur). Dagegen steht, besonders im Gefolge der humanistischen Rezeption von Tacitus' *De Germania* und dem auch dadurch begründeten Germanen-Mythos, das Echte, Natürliche, Aufrichtige des Deutschen: »Ritterwort, und Rittergruß, und traulicher Handschlag!« (60) Die Verbindung von heroischer mittelalterlicher Geschichte und erhabener Natur verweist so auf die kritische Opposition von Natur und Zivilisation, die Aufklärung und Sturm und Drang entwickeln und die mit dem ästhetischen Paradigmenwechsel im Zeichen Shakespeares zusammenhängt (Lessing, Herder, Goethe).

Nicht das eigene geschichtliche Versagen ist also dafür verantwortlich, daß »aus Suevia [Schwaben] redliche biedere Sitte« »ausgetilget« wurde (59). Sondern die anderen, die Fremden sind es. Nicht »Suevias Söhne« (61). Der Vers ist nicht ganz klar: »Suevias Söhne« können einerseits die sein, die sich geopfert haben und zu beweinen sind; es können aber auch die der Jetzt-Zeit sein, an die die Mahnung ergeht. Das Gedicht entfernt sich hier völlig von den historischen Tatsachen und wechselt ins nationale Stereotyp. In diesem Sündenbock-Modell werden die Versatzstücke aus dem Inventar der Melancholie-Ikonographie – »Moder und Disteln«, »die graue Trümmer der fürstlichen Mauern«, »der Eule Geheul, und des Uhus Totengewimmer« (54–56) – zu drohenden, appellativen Zeichen, deren richtige Deutung schließlich die Aggression gegen das Fremde sein würde: »Laßt sie euch mahnen, Suevias Söhne! die Trümmer der Vorzeit! / Beben werden sie dann der Biedersitte Verächter, / Und noch lange sie seufzen, die fallverkündende

Worte –« (66–68). Sie haben wahrlich gebebt und geseufzt, die Verächter der deutschen Biedersitte! Gewiß: Ein Dichter der jungen Generation adaptiert hier einen Gruppenstil und versucht, seinen literarischen Ort zu finden. Doch das Gedicht scheint sich hier nicht mehr retten zu lassen, auch nicht mit dem Hinweis auf die Historizität und das revolutionäre Potential dieser Mittelalterinszenierung, auf ihre literaturgeschichtliche und gesellschaftskritische Funktion.

Rückkehr

Aber die aggressive Phantasie bleibt Theaterdonner auf der Bühne der Burgruine. Nur dort tobt sie sich aus, fast wie ein Spiel, wenngleich ein gefährliches. Das »Teckbenachbarte Tal«, in das der Wanderer nun zurückkehrt, wird davon nicht erreicht. Mit einer Interjektion unterbricht sich das lyrische Subjekt in seinem heroischen Rausch erneut selbst – ähnlich dem Übergang vom ersten zum zweiten Teil des Gedichtes – und besinnt sich nun wirklich auf seine friedliche Gegenwart, wie sie ganz unheroisch und konkret tatsächlich zu erfahren ist: »Aber nein! nicht ausgetilgt ist biedere Sitte / Nicht ganz ausgetilget aus Suevias friedlichen Landen – –« (70 f.; Hervorhebung W. B.). Der doppelte Gedankenstrich markiert dieses Innehalten. Der letzte Teil des Gedichtes bezieht sich nun mehrfach auf die beiden vorausgegangenen Teile, synthetisiert sie und führt den Cursus des Wanderers zu Ende. Er kommt wirklich heim. Auch dies ist ein Schlüsselmotiv für Hölderlin (Härtling, 1994).

Nach der antikisierenden Wahrnehmung der Hügel im Aufstieg als Landschaft des Dionysos und nach dem Rückgang in die heroische Geschichte nimmt das lyrische Subjekt im hymnischen Anruf die Landschaft, die sich ihm bei der Rückkehr auftut, nun neu als die eigene, heimatliche wahr: »O mein Tal! mein Teckbenachbartes Tal!«

(Herhorhebung W. B.) Gegenüber diesem Possessivpronomen hieß es zu Beginn des Gedichtes noch neutraler »die Traubenhügel« (Hervorhebung W. B.). Jetzt wird die Wahrnehmung frei auf das, was wirklich bleibt und hilft: »ich verlasse / Mein Gebirge, zu schauen im Tale die Hütten der Freundschaft« (72 f.). Jetzt braucht die Landschaft, die nun wirklich die eigene ist, auch nicht mehr antike Weihe. Die Anspielungen auf den Dionysos-Mythos sind völlig verschwunden. Gewiß: Auch diese Landschaftswahrnehmung ist idyllisch und insofern topisch geprägt. »Hütten der Freundschaft«, »Linden umkränzt«, »rauchende Dächer«, »Herden«, die von »schattigten Triften« kommen (73–79), also von den Weiden (das Wort findet sich in der Schäferdichtung seit dem 17. Jahrhundert häufiger; Stolberg und Matthisson gebrauchen es ebenfalls): diese lyrischen Bilder gehören alle zum motivischen Inventar der Idylle. Aber die Wahrnehmung des lyrischen Subjekts ist nun doch präziser. Anders als im ersten Teil des Gedichtes (*puer/senex*) wird sie durch die idyllischen Schemata nicht völlig überformt. Die Glocken der Herde läuten oder klingen nicht; sie ›schellen‹ (79). Das Verb ist mundartlich abgetönt. Die Sense wird »schneidend geklopft«, also gedengelt. Den hellen metallenen Ton kann man tatsächlich weithin hören (81). Es ist offenbar ein gutes Jahr gewesen; die Wiesen sind »im Herbste noch fruchtbar«, so daß ein »drittes Gras« gemäht werden kann (80). Das sind Details, die sich konkreter Erfahrung verdanken, das muß man beobachten. Die genutzte Natur und das menschliche Leben in ihr fügen sich zur realistischen Idylle zusammen.

Nun sieht sich der Wanderer auch nicht mehr bloß als Schauender, sondern erinnert sich an die, die ihn lieben: »O ihr, die ihr fern und nahe mich liebet, Geliebte! / Wär't ihr um mich, ich drückte so warm euch die Hände, Geliebte!« (76 f.) So emphatisch wurden der »Silberlockigte Greis« und die »Kleinen« im ersten Teil des Gedichtes noch nicht angesprochen. Nun verbindet sich auch das deutsche Attribut

»bieder« aus dem Mittelteil des Gedichtes mit den antikisierenden »Hütten der gastlichen Freundschaft« im ersten Teil zu den »Hütten der biederen Freundschaft« (75, 88), in denen der Wanderer am Ende Aufnahme findet. Selbst die Segensformel des ersten Teils (»am Segen des Herrn ist alles, alles gelegen«, 14) wird aufgenommen und variiert: »Hütten der Freundschaft, der Segen des Herrn sei über euch allen!« (85)

Agape und Eros, soziale und geschlechtliche Liebe gehen im Schlußteil ineinander über. Das lyrische Subjekt sieht sich nun integriert, ist Liebender und Geliebter zugleich: »O ihr, die ihr fern und nahe mich liebet, Geliebte! / Wär't ihr um mich, ich drückte so warm euch die Hände, Geliebte!« (76 f., Hervorhebungen W. B.; »dreimal« wollte der Fürst siegen »im Kampfe des Bluts und der Ehre«, 34.) Noch einmal klingt diese Liebe in der bäuerlichen Landschaft selbst nach: »Jetzt, o! jetzt über all' den Lieblichkeiten des Abends« (Hervorhebung W. B.). Das vielleicht schönste Bild dieses Schlußteils ist die kleine Szene zwischen dem »fröhlichen Jungen« und dem »lauschenden Mädchen« (83), an der die Entwicklung des Gedichtes besonders deutlich wird. Hier kommen nicht mehr Kinder und Greis im feierlichen Mahl zusammen, sondern Junge und Mädchen zum heiteren erotischen Spiel. Denn so läßt sich das »Zwischen den Lippen mit Birnbaumblättern« geblasene »scherzende Liedchen« verstehen (84). Die Birne ist ein weibliches Fruchtbarkeitssymbol (gibt es im einen Jahr viele Birnen, so gibt es im nächsten viele Mädchen), aber auch ein Unschulds- und Reinheitssymbol. Es ist ein viel bescheideneres und leiseres Zeichen als das rituelle dionysische Fest des ersten Gedichtteils; und deshalb ist es vielleicht ungleich eindringlicher.

Die am Ende des zweiten Teiles geäußerte Hoffnung auf geschichtliche Kontinuität und Erneuerung besteht in diesem einfachen, eigenen, gemeinschaftlich gelingenden Leben. Der Aufstieg auf die Burg ist dafür notwendiger

Exkurs, weil er das Eigene finden läßt. Der Wanderer muß den Weg über den Berg und in die Geschichte zurücklegen, um die heimatliche Landschaft wiederzugewinnen, neu und konkret und nicht mehr nur im mythischen Schema. Nun bricht die Nacht an: »Aber indessen hat mein hehres Riesengebirge / Sein gepriesenes Haupt in nächtliche Nebel verhüllet« (86 f.). Die heroische Erinnerung kann zurücktreten. Mit ihr verliert jetzt die erhabene, hinreißende Natur des »Riesengebirges« ihre überwältigende Bedeutung. In der heimatlichen Idylle konkretisiert sich das mythische Schema und humanisiert sich das mittelalterliche heroische Pathos zum menschlichen Maß.

Literaturhinweise

Anderle, Martin: Die Landschaften in den Gedichten Hölderlins. Die Funktion des Konkreten im idealistischen Weltbild. Bonn 1986.

Behre, Maria: »Des dunkeln Lichtes voll« – Hölderlins Mythokonzept Dionysos. München 1987.

Böckmann, Paul (Hrsg.): Hymnische Dichtung im Umkreis Hölderlins. Eine Anthologie. Tübingen 1965.

Curtius, Ernst Robert: Europäische Literatur und Lateinisches Mittelalter. Bern/München [7]1969.

Gaier, Ulrich: Hölderlin. Eine Einführung. Tübingen/Basel 1993.

Härtling, Peter: Gegenden. Orte. Hölderlins Landschaft. In: Hölderlin und Nürtingen. Hrsg. von P. H. und Gerhard Kurz. Stuttgart/Weimar 1994. S. 1–15.

Kurz, Gerhard: Mittelbarkeit und Vereinigung. Zum Verhältnis von Poesie, Reflexion und Revolution bei Hölderlin. Stuttgart 1975.

– Hölderlins poetische Sprache. In: Hölderlin-Jahrbuch 23 (1982/1983) S. 34–53.

– Hölderlin 1943. In: Hölderlin und Nürtingen. Hrsg. von Peter Härtling und G. K. Stuttgart/Weimar 1994. S. 103–128.

Nägele, Rainer: Literatur und Utopie. Versuche zu Hölderlin. Heidelberg 1978.

Ritter, Joachim: Landschaft. Zur Funktion des Ästhetischen in der modernen Gesellschaft. In: J. R.: Subjektivität. Sechs Aufsätze. Frankfurt a. M. 1974. S. 140–163.

Shelton, Roy C.: The Young Hölderlin. Bern / Frankfurt a. M. 1973.

Thurmeier, Gregor: Einfalt und einfaches Leben. Der Motivbereich des Idyllischen im Werk Friedrich Hölderlins. München 1980.

Volke, Werner (Hrsg.): Friedrich Hölderlin. Die Maulbronner Gedichte 1786–1788. Faksimile des ›Marbacher Quartheftes‹. Marbach a. N. 1977.

Hymne an die Freiheit

Wie den Aar im grauen Felsenhange
Wildes Sehnen zu der Sterne Bahn,
Flammt zu majestätischem Gesange
Meiner Freuden Ungestüm mich an;
Ha! das neue niegenoss'ne Leben
Schaffet neuen glühenden Entschluß!
Über Wahn und Stolz emporzuschweben,
Süßer unaussprechlicher Genuß!

Sint dem Staube mich ihr Arm entrissen,
Schlägt das Herz so kühn und selig ihr;
Angeflammt von ihren Götterküssen
Glühet noch die heiße Wange mir;
Jeder Laut von ihrem Zaubermunde
Adelt noch den neugeschaff'nen Sinn –
Hört, o Geister! meiner Göttin Kunde,
Hört, und huldiget der Herrscherin!

»Als die Liebe noch im Schäferkleide
Mit der Unschuld unter Blumen ging,
Und der Erdensohn in Ruh' und Freude
Der Natur am Mutterbusen hing,
Nicht der Übermut auf Richterstühlen
Blind und fürchterlich das Band zerriß;
Tauscht' ich gerne mit der Götter Spielen
Meiner Kinder stilles Paradies.

Liebe rief die jugendlichen Triebe
Schöpferisch zu hoher stiller Tat,
Jeden Keim entfaltete der Liebe
Wärm' und Licht zu schwelgerischer Saat;
Deine Flügel, hohe Liebe! trugen
Lächelnd nieder die Olympier;
Jubeltöne klangen – Herzen schlugen
An der Götter Busen göttlicher.

Freundlich bot der Freuden süße Fülle
Meinen Lieblingen die Unschuld dar;
35 Unverkennbar in der schönen Hülle
Wußte Tugend nicht, wie schön sie war;
Friedlich hausten in der Blumenhügel
Kühlem Schatten die Genügsamen –
Ach! des Haders und der Sorge Flügel
40 Rauschte ferne von den Glücklichen.

Wehe nun! – mein Paradies erbebte!
Fluch verhieß der Elemente Wut!
Und der Nächte schwarzem Schoß' entschwebte
Mit des Geiers Blick der Übermut;
45 Wehe! weinend floh' ich mit der Liebe
Mit der Unschuld in die Himmel hin –
Welke, Blume! rief ich ernst und trübe,
Welke, nimmer, nimmer aufzublüh'n!

Keck erhub sich des Gesetzes Rute,
50 Nachzubilden, was die Liebe schuf;
Ach! gegeißelt von dem Übermute
Fühlte keiner göttlichen Beruf;
Vor dem Geist in schwarzen Ungewittern,
Vor dem Racheschwerte des Gerichts
55 Lernte so der blinde Sklave zittern,
Frönt' und starb im Schrecken seines Nichts.

Kehret nun zu Lieb' und Treue wieder –
Ach! es zieht zu langentbehrter Lust
Unbezwinglich mich die Liebe nieder –
60 Kinder! kehret an die Mutterbrust!
Ewig sei vergessen und vernichtet,
Was ich zürnend vor den Göttern schwur;
Liebe hat den langen Zwist geschlichtet,
Herrschet wieder! Herrscher der Natur!«

⁶⁵ Froh und göttlichgroß ist deine Kunde,
Königin! dich preise Kraft und Tat!
Schon beginnt die neue Schöpfungsstunde,
Schon entkeimt die segenschwang're Saat:
Majestätisch, wie die Wandelsterne,
⁷⁰ Neuerwacht am off'nen Ozean,
Strahlst du uns in königlicher Ferne,
Freies kommendes Jahrhundert! an.

Staunend kennt der große Stamm sich wieder,
Millionen knüpft der Liebe Band;
⁷⁵ Glühend steh'n, und stolz, die neuen Brüder,
Stehn und dulden für das Vaterland;
Wie der Efeu, treu und sanft umwunden,
Zu der Eiche stolzen Höh'n hinauf,
Schwingen, ewig brüderlich verbunden,
⁸⁰ Nun am Helden Tausende sich auf.

Nimmer beugt, vom Übermut belogen,
Sich die freie Seele grauem Wahn;
Von der Muse zarter Hand erzogen
Schmiegt sie kühn an Göttlichkeit sich an;
⁸⁵ Götter führt in brüderlicher Hülle
Ihr die zauberische Muse zu,
Und gestärkt in reiner Freuden Fülle,
Kostet sie der Götter stolze Ruh!

Froh verhöhnt das königliche Leben
⁹⁰ Deine Taumel, niedre feige Lust!
Der Vollendung Ahndungen erheben
Über Glück und Zeit die stolze Brust. –
Ha! getilget ist die alte Schande!
Neuerkauft das angestammte Gut!
⁹⁵ In dem Staube modern alle Bande,
Und zur Hölle flieht der Übermut!

Dann am süßen heißerrungnen Ziele,
Wenn der Ernte großer Tag beginnt,
Wenn verödet die Tirannenstühle,
100 Die Tirannenknechte Moder sind,
Wenn im Heldenbunde meiner Brüder
Deutsches Blut und deutsche Liebe glüht;
Dann, o Himmelstochter! sing' ich wieder,
Singe sterbend dir das letzte Lied.

(SW 1,118–121)

GERHARD KAISER

Revolution als heilsgeschichtliches Ereignis

»Reich Gottes« war das Losungswort der Freunde Hegel und Hölderlin, als sie 1793 das Tübinger Stift, die Pflanzstätte der württembergischen evangelischen Theologen, verließen.[1] Diese Parole ist eschatologisch; sie spielt auf das biblisch verheißene endzeitliche Gottesreich an, hat aber zugleich die Französische Revolution als epochales Ereignis im Blick. Freiheit, Gleichheit und Brüderlichkeit – war das nicht der Anfang des Himmels auf Erden? War Brüderlichkeit, dieser so seltsam mit zwei juristisch-politischen Werten gereihte Gesinnungswert, nicht die in der Nachfolge Christi geforderte Lebensform (vgl. u. a. 1. Joh. 3,14 ff.)? Mit ihrer Losung stellten die beiden Jungtheologen die Revolution in heilsgeschichtliches Licht, und umgekehrt wurde der christlichen Heilszusage eines Neuen Himmels und einer Neuen Erde am Ende der Geschichte eine gesellschaftliche Konkretion zugedacht, wie das schon in christ-

---

1 Siehe Hölderlin an Hegel am 10. Juli 1794 (SW 3, 146–148, Br. 85).

lichen Sozialbewegungen bis hin zu den Bauern Thomas Müntzers geschehen war.

Die *Hymne an die Freiheit* (1792) ist ein dichterisches Zeugnis dieser Denkweise. In der Verbindung von Begrifflichkeit und Enthusiasmus ist Hölderlin noch auf den Spuren Schillers. Kreuzreimstrophen aus acht fünfhebigen Trochäenversen bieten Raum für den philosophischen Gesang, der eine hymnische Stimmung aus Gedanken entfaltet. Den Einsatz der Hymne bildet eine Ausformung des Elevatio-Motivs. Der zum Himmel steigende Adler ist ein biblisches Bild für den Aufschwung der Seele zu Gott, und er ist ein Bild Pindars für den Höhenflug des Gesangs. Antike und biblische Tradition sind verschmolzen. Den Adler treibt »wildes Sehnen« (2), den Gesang das »Ungestüm« der Freuden (4); der Vergleich gibt der Freude einen scharfen Sehnsuchtszug, der Sehnsucht ein Moment freudiger Zuversicht. Die erste Strophe geht von der Aussage in den Ausruf über. Grammatisch ist nicht auszumachen, ob ihre beiden letzten Zeilen eine Erfahrung oder einen Wunsch aussprechen. Solche Rede ist beschwörend, und wenngleich das Gedicht durchweg einen argumentativen und rhetorischen Duktus behält, prätendiert der Sänger doch, inhaltlich zum Unaussprechlichen vorzustoßen. Er verkündet evokativ eine visionäre Wirklichkeit.

Der Genuß, über Wahn und Stolz emporzuschweben, ist stilistisch aus der Empfindsamkeit, inhaltlich aus der Aufklärung gespeist. Sie setzt die Vernunft gegen Aberglauben und Standesdünkel und glaubt an Glück durch Tugend. Im Gegensatz zum niedrigen Stolz, der auf gesellschaftlicher Vorrangstellung beruht, ist die Majestät des Gesangs in göttlicher Hervorhebung des Sängers gegründet. Die Göttin hat ihn dem Staub entrissen, so daß er sich nun mit seinem Wort zu den Sternen emporschwingen kann. Ihr Entgegenkommen ergibt zusammen mit dem Aufschwung des Dichters eine Kreisbewegung. Staub meint hier die Sterblichkeit und Endlichkeit des Menschen. Die Demut des Sängers ist

Voraussetzung und Besiegelung der göttlichen Auserwählung. Auch in der Selbstdeutung verschlingen sich – wie maßgeblich schon beim Messias-Dichter Klopstock – biblische und antike Überlieferung. Der Poet als *vates*, als Seher – das ist eine römisch-antike Formel. Das Verlaufsschema ist biblisch. Es entspricht der Berufung zum Propheten durch den Gott Israels, die gerade den trifft und emporhebt, der sich im Staube fühlt.

Wir kennen aus der Englischen Revolution das alttestamentlich begründete kollektive Sendungsbewußtsein, »Chosen People of the Lord« zu sein. Bei Hölderlin erfolgen Ruf und Sendung eines einzelnen durch die Göttin Freiheit, in der das erste Ideal der Revolutionslosung lebendig wird. Daß diese Göttin der Republik, in der brüderlich freie und gleiche Menschen zusammenleben, doch »Herrscherin« (16) und »Königin« (66) sein kann, hat sie mit Christus gemein, der ja König und Bruder zugleich ist. Auch seine Herrschaft durch Liebe gründet in Freiheit und gibt Freiheit. Der Weiblichkeit der Hölderlinschen Gottheit gemäß erfolgt die Erhebung des Sängers als erotische Gnadenwahl durch Umarmung und Kuß. Sein Herz schlägt »kühn und selig ihr« (= für sie; 10).

Die Küsse der Göttin Freiheit haben der Freuden Ungestüm entflammt, das wiederum zum Gesang anflammt (11). Die Verwandlung des intransitiven Verbs ›flammen‹ durch Präfix in ein transitives dient bereits bei Klopstock der Dynamisierung. Die Glutmetaphorik ist ebenso Gemeingut dichterischer Liebesmetaphysik wie der »Laut von ihrem Zaubermunde« (13), der schöpferische Kraft besitzt: Er ruft »neugeschaff'nen Sinn« (14) hervor. Daß der Aufflug zu den Sternen, nicht zur Sonne geht, ist der erste Hinweis auf die geschichtliche Stunde. Sie ist nächtlich, aber die Sterne leuchten in ihr als ewiges Richtmaß und Orientierung. Die Göttin ist zwar hoch in der Unsichtbarkeit, aber im biblischen Verkündigungsruf »Hört« appelliert sie an die Menschen (16).

Die folgenden sechs Strophen gehören der direkten Rede der Göttin, die durch den Mund des Sänger-Propheten spricht und den Gang der Geschichte auslegt. Dabei entfaltet sie eine dreistufige Geschichtsdeutung, die im Ursprung christlich-heilsgeschichtlich ist. Nach christlicher Tradition folgt auf den paradiesischen Stand des Menschen in der Schöpfung der Sündenfall und Sündenstand; mitten in ihm eröffnet der Gottessohn Jesus Christus den Weg der Menschheit in ein neues, sündloses, ewiges Gottesreich. In Kreuzigung und Auferweckung Christi hat es – bei noch währender Sündhaftigkeit der Welt und sie durchkreuzend – schon begonnen. Die Französische Revolution, die als Umwälzung der Verhältnisse nicht in ein geradliniges aufklärerisches Fortschrittsschema paßt, gibt Anstöße zur geschichtsphilosophischen Entfaltung dieses heilsgeschichtlichen Umbruchmodells. In der Rede von Hölderlins Göttin stellt es sich so dar:

Der ursprüngliche Zustand der Erdensöhne ist – abermals in Kontamination biblischer und antiker Vorstellungen – ein arkadisches Schäferidyll und »Paradies« (24) der Unschuld, in dem die Göttin »der Götter Spiele« (23) für die Gemeinschaft mit den Menschen hingab, wie überhaupt ein festlicher Umgang zwischen Göttern und Menschen auf Erden stattfand. Drei Strophen sprechen von dieser vollkommenen Zeit, zwei von der auf sie folgenden Verfinsterung und Gottesferne. Die letzte Strophe der Göttin ruft zur Metanoia, zur Wende. Diese Strophe ist die Gelenkstelle zwischen der Schilderung dessen, was war (fünf Strophen als Zitat der Göttin durch den lyrischen Propheten), und dessen, was künftig sein soll (die letzten fünf Strophen in eigener Verkündigungsrede des Sängers). Im Paradies hing der Mensch am Mutterbusen der Natur; im Umkehrruf heißt es: »Kinder! kehret an die Mutterbrust!« (60)

Auffällig ist, daß das Verhältnis von Freiheit und Natur undeutlich bleibt, denn die kindlich an Mutter Natur hängenden Menschen heißen gleichzeitig »Kinder« (24) der

Freiheit. Daß Freiheit und Natur so zusammenrücken, hebt Hölderlins Gedicht von der philosophischen Diskussion der Zeit über den Urstand des Menschen ab. Von Rousseau über Kant bis zu Schiller herrscht Übereinstimmung darin, daß der Weg des Menschen aus seiner Ursprünglichkeit, dem »vorgestellten Paradiese«, in seine spezifische Geschichtlichkeit der »Übergang [...] aus der Vormundschaft der Natur in den Stand der Freiheit gewesen sei« – so Kant in seiner Darlegung *Mutmaßlicher Anfang der Menschengeschichte* (1786).[2] Und auf seiner Spur Schiller in der Vorlesung *Etwas über die erste Menschengesellschaft nach dem Leitfaden der Mosaischen Urkunde* (1790): »aus einem Paradies der Unwissenheit und Knechtschaft sollte er sich [...] zu einem Paradies der Erkenntniß und der Freiheit hinaufarbeiten«. In diesem Konzept gewinnt der biblische Sündenfall einen dialektisch positiven Sinn. Er ist ein Fall, »denn der Mensch wurde aus einem unschuldigen Geschöpf ein schuldiges«; aber er ist auch der entscheidende Schritt vorwärts, »denn der Mensch wurde dadurch aus einem Sklaven des Naturtriebes ein freihandelndes Geschöpf«. Damit ist der Geschichte eine Richtung vorgeschrieben. Der Mensch soll »den Stand der Unschuld, den er jetzt verlohr, wieder aufsuchen lernen durch seine Vernunft [...].«[3]

Auch in Hölderlins Gedicht ist deutlich, daß der paradiesische Zustand einer der Unbewußtheit und Unwillentlichkeit ist, wogegen die Wiederherstellung einen Willensentschluß fordert, das volle Erwachen des Bewußtseins voraussetzt und eine moralische Norm etabliert. Deshalb erneuert sich der Bund von Liebe und Unschuld als Bund von Liebe und Treue. Deshalb schließt die wiedergewonnene Gemeinschaft von Göttern und Menschen Erziehung ein. Aber glückliche Anfangszeit und glückliche Endzeit rücken in

---

2 Immanuel Kant, *Werke, Bd. 4: Schriften von 1783–1788*, hrsg. von Artur Buchenau und Ernst Cassirer, Berlin 1913, S. 333.
3 Alle Zitate s. Friedrich Schiller, *Werke*, Nationalausgabe, Bd. 17: *Historische Schriften*, hrsg. von Karl-Heinz Hahn, Weimar 1970, S. 399 f.

unserem Text durch das Walten der Freiheit in beiden Sphären so nahe zusammen, daß die wesentliche Überbietung des Anfangs durch das Ende zurücktritt. Weiter klingt zwar in Schillers Formulierungen eine Entsprechung von erstem und letztem Paradies an, doch dazwischen liegt ein geradliniger Prozeß, keine Umschlägigkeit, keine Umkehr. Indem Hölderlin, statt aus dem Paradies zur Freiheit zu führen, die Freiheit aus dem Paradies des Ursprungs entfliehen läßt, erfolgt der Absturz des Menschen in einen gänzlich negativen, verdorbten Zustand ohne weiterführende geschichtliche Funktion. Andererseits erscheint in unserer Hymne das gegenwärtige Zeitalter mit seinen Entstellungen lediglich als Zwischenspiel und Sichtungszeit. Alles, was schlecht ist am geschichtlichen Zustand, ist nur Abfall, der in einer Gegenbewegung verworfen und überwunden werden kann. Diese ist nicht, wie bei Schiller, Selbstbewegung des Menschen zur Selbstherrschaft. Sünde und Wiederherstellung, Abkehr und Wiederkehr der Göttin sind die leitenden – noch in der Säkularisierung radikal theologischen – Kategorien.

Die Entstellung der Welt, eingerahmt von ursprünglichem und endzeitlichem Glück, erscheint in der Rede der Göttin bei Hölderlin als Elementarkatastrophe, nicht als Folge menschlichen Tuns. Die erste Verderbnisstrophe entwickelt einen strengen Kontrast zur sehnsuchts- und hoffnungsvollen Anfangsstrophe: Dort Sterne – hier »der Nächte schwarzer Schoß« (43). Dort der aufschwebende Adler, hier der dem Chaos entschwebende Geier, der Aasvogel. Dort der göttliche Impuls zum Aufschwung, hier entzieht sich die Göttin Freiheit zusammen mit Liebe und Unschuld. Dort der menschliche Mut, hier der Übermut. Eine Zeit des Fluchs unter dem Urteilsspruch der Göttin, der von der »Elemente Wut« präludiert wird (42), löst den Glückszustand ab. Verglichen mit der biblischen Verdammung des sündigen Menschen ist die Verdammnis hier totalisiert. Die ursprüngliche Harmonie und Bedürfnislosigkeit soll wie eine Blume dahinwelken. Dagegen die Bibel: Im Schweiße deines Angesichts sollst du dein Brot essen!

Die Endlosigkeit der Strafe allerdings, welche die Göttin einst ausgesprochen hat, ist in ihrem neuerlichen Sprechen zu den Menschen bereits wieder aufgehoben; ja, man erführe nichts von der früheren Abwendung der Göttin, hätte sie sich nicht mit ihrem Bericht den Menschen wieder zugewandt. Wie der biblische Gott hat Hölderlins Göttin Freiheit die Fähigkeit zum Sinneswandel. Ihre göttliche Macht unterstellt sich der Selbstbestimmung zur Liebe, sie äußert sich als Liebe. Die Freiheit ist personal handelnde Gottesgestalt, nicht anonyme Weltmacht, nicht der unwandelbare absolute Gott der Philosophen. Sie steigt herab und fühlt mit. Ist das Miteinander von Natur und Freiheit gedanklich nur schwer zu vereinbaren – allenfalls könnte eine Art von vorbewußter Tendenz der Selbstbestimmung angenommen werden – liegt hier eine nähere Erklärungsmöglichkeit dafür, daß die Göttin und Herrscherin Freiheit majestätisch nicht ihre Herrschaft, sondern die Herrschaft der Liebe proklamiert und preist. Es ist die in ihr, der Freiheit, herrschende Liebe, die auf die Menschen ausstrahlt, die sie in Freiheit zurückzustrahlen berufen sind.

Die Zeitkritik Hölderlins ist originell lediglich durch die heilsgeschichtliche Perspektive. Der Übermut ist die eingedeutschte Gestalt der antiken Hybris: Anmaßung einer Haltung, wie sie nur Göttern zukommt, und gerade darin Selbstverfehlung freier Menschlichkeit, Ausdruck der Unfreiheit noch und erst recht des Tyrannen. Ähnlich bestimmt die biblische Sündenfallmythe die Sündhaftigkeit des Menschen als Ausfluß der Superbia. Die Machtanmaßung des Menschen über den Menschen läßt eine blinde Gesetzlichkeit, das Angstbild eines rächenden Richtergeists entstehen und führt in eine Sklavenhaltung, in die Schrecken des Nichts, der Vernichtung. Das Gesetz maßt sich an, nachzubilden, was die Liebe schuf, und führt in die Entstellung. Auch diese Konfrontation von Gesetz und Liebe ist biblisch – ein Kernstück der paulinischen und später der lutherischen Theologie, in welcher der junge Theologe Hölderlin aufwuchs.

Die Wiederherstellung beginnt mit der durch unbezwingliche Liebe bewirkten Rückkehr der Göttin Freiheit, ihrem Bruch des zunächst als unverbrüchlich gegebenen Urteils. Ihre Wiederkehr zu ewiger Versöhnung steht in Hölderlins Geschichtsentwurf an der gleichen Systemstelle wie christlich die Überbietung und Vollendung der Gottesoffenbarung im Alten Testament durch die Gottesoffenbarung im Neuen Testament, in der sich Gottes Zorn als Erscheinungsform der göttlichen Liebe, die Versöhnung Gottes als göttliche Selbstversöhnung in Christus mit und durch den Menschen erweist. Der Richter geht im Liebenden auf. Er muß nicht versöhnt werden; er versöhnt selber. So zielt auch bei Hölderlin der Appell der Göttin Freiheit an die Menschen nicht zuerst auf Bewährungsleistungen. Er zielt vielmehr auf die Öffnung der Menschen für die göttliche Botschaft der Liebe. Lutherisch gesprochen: die Göttin verlangt glaubende Überantwortung an die Liebe, statt des Vertrauens auf die selbstgemachte Werkgerechtigkeit. Sola fide soll der Mensch die Begnadigung durch die Göttin Freiheit annehmen.

Demgemäß ist die Antwort auf die Gnadenrede der Göttin das vom Eingang der Dichterrede her wiederaufgenommene Bekenntnis und Gotteslob des Dichters. Erst daraus fließt der Ruf nicht nur zu »Kraft«, sondern auch zu »Tat« (66). Aber deren Schilderung bleibt aus. Der Wendepunkt des Gedichts ist die Verkündigung einer göttlichen Offenbarungshandlung durch den Mund des Dichters, die, wie die Erlösung der Menschheit durch Christus, die Schöpfung erneuert. Das »neue niegenoss'ne Leben« (5), der »neugeschaff'ne Sinn« (14), aus dem der dichterische Gesang quillt, ist erstes Vorspiel dieser Neuschöpfung. Daß sie nur im evokativen Vorgriff präsent ist, daß die Götterrede in der Dichterrede den Vollzug der Rückkehr der Göttin in einem in sich zeitlosen Imperativ, nicht als Faktum vergegenwärtigt, daß die antwortende Dichterrede präsentisch von einem Beginn spricht, der sich aus diesem Imperativ erst ergeben soll, und von einer Vollendung, die doch noch »in königlicher Ferne« des kommenden Jahrhunderts liegt (71), potenziert und variiert im Strukturzitat des biblisch gedeuteten Kreuzes- und Erlösungsgeschehens noch einmal dessen Eigenart.

Das Neue Testament erzählt im Nachhinein von der vollzogenen Erlösungstat Gottes. Das Gedicht dagegen verheißt im Zitat einer göttlichen Erlösungsrede und in prophetischer Vergegenwärtigung den Beginn einer Zukunft der Erlösung. Biblisch ist das Entscheidende bereits geschehen; im Gedicht ist das Entscheidende erst gesagt. Gemeinsam aber ist die göttliche Initiative. Gemeinsam ist die Zeitverschränkung, daß die Ankunft des Gottes in der Nacht der menschlichen Geschichte als Beginn des Endes, paradox gesagt: als Gegenwart einer Zukunft gedacht wird. Die Freiheit ist bei währender Nacht der Unfreiheit aufgegangen, die Liebe bei noch anhaltendem Zwang. Das Heil ist - sei es als zugesagtes, sei es als bereits gewirktes - da und muß sich doch erst noch auswirken. In der Mitte der Geschichte zeigt sich das Ende, die Vollendung der Geschichte, an. Die Gegenwart glüht endzeitlich auf. Darin schließt der Tiefenbezug dieses Hölderlin-Gedichts auf das Christentum ab, der die antiken Traditionselemente hier letztendlich doch dominiert und integriert. Die Heilskrise, von der die Bibel spricht, ist das Modell der revolutionären Krise. Die Offenbarung der Göttin Freiheit führt zur gesellschaftlich-politischen Kehre, zur Revolution. Wie im Christentum die Erlösung durch Christus, so ist hier die Revolution durch die Freiheit Mitte und Zukunft der Geschichte.

Das freie kommende Jahrhundert schenkt sich abermals mit Korrespondenzen zwischen Vergangenheit und Zukunft, »schwelgerischer Saat« vormals (28) und jetzt. »Segenschwang're Saat« (68), Planetenbahnen und offener Ozean sind Naturassoziationen, die im Zusammenhang des Ganzen nicht nur metaphorisch zu verstehen sind, sondern die Sache der kosmischen revolutionären Welterneuerung wesentlich charakterisieren. Noch einmal dominieren Gesinnungen. Schon im Paradies ist die Tat schöpferisch, hoch und – seltsamerweise – »still« (26), also eher ein inneres als ein äußeres Wirken, eher ein Schaffen als ein veränderndes Eingreifen. Nun und zukünftig geht es um ein Wiedererkennen der ursprünglichen Einheit des Menschenstammes (das platonische Motiv der Anamnesis), um »der Vollendung Ahndungen« (91), um Durchstehen und Dulden für das Vaterland, das als Ort des universalen heilsgeschichtlichen Geschehens menschheitlich gedacht ist, um Bewährung in der Liebe, man möchte sagen: um Glaube, Liebe, Hoffnung in der endzeitlichen Prüfung. Es ist die in den Apostelbriefen und der Johannes-Apokalypse geforderte Haltung. Der Held, an dem Tausende sich aufranken, erscheint wie ein Märtyrer und Glaubenszeuge in der Verfolgung und Unterdrückung, kaum als revolutionärer Täter. Die im Blick auf ihn zu erlangende, von ihm bewährte Haltung läßt erkennen, daß in ihm der Sänger als Vorbild mitgemeint ist. Wie der sich anfangs über den Wahn erhebt und glühend aufschwingt, tun es nun »die neuen Brüder« (75). Das ist das Ende von Hybris-Superbia, der Gründungsakt eines republikanischen brüderlichen Liebesbundes, des »Heldenbundes meiner Brüder« (101). Darin liegt eine Umdeutung der republikanischen Conjuratio und der Revolutionslosung »Freiheit, Gleichheit, Brüderlichkeit«, wie sie sich vergleichbar in Schillers Bruderbünden (z. B. in *Wilhelm Tell*) findet.[4]

Weil sich der Held mehr im Geist als in Taten darstellt, kann der Dichter im Profil mit ihm zusammenfließen; aber auch die Umkehrung gilt. Der Geist, die Rede, das Wort können in Hölderlins Bild der revolutionären Erneuerung

4 Vgl. Kaiser (1978) S. 167–205.

darum fast befremdlich dominieren, weil sie etwas vom Schöpferwort an sich haben, das allein als Wort eine still-gewaltige Kraft in sich trägt. Es verändert nicht unmittelbar das Vorhandene, aber es ist anfänglich und anfänglich begründend. Deshalb kann und wird es die Muse sein, die der »freien Seele« (82) »in brüderlicher Hülle« Götter zuführt (85) und den Menschen vergöttert, so wie die Muse des Dichters es bereits jetzt im Gedicht vollbringt. Wir haben bisher die zeitlichen Relationen des Gedichts so gedeutet, daß in der dichterischen Verkündigung der Rückkehr der Göttin nur die Botschaft, nicht die Rückkehr selbst gegenwärtig wird. Man könnte aus der jetzt gewonnenen Perspektive auch sagen: In der Verkündigung vollzieht sich das Verkündigte, weil das Wort des Dichters schöpferisch ist. Im Wort ist das Heilsereignis da; das Wort eröffnet die Zukunft der Welt und des Menschen. Der demütige Evangelist folgt erzählend der Spur Gottes. Der hochgemute Sänger dieser Hymne stellt in den Kern des Gedichts die sprachliche Präsenz der Göttin im inspirierten Wort des Dichtergeists. Auch die Muse als Menschenbildnerin erinnert an Schiller. Sein Programm einer ästhetischen Erziehung des Menschen ist jedoch als Alternative zur Revolution gedacht, während bei Hölderlin die Muse als Lenkerin der Menschen bewirkend im Raum der Revolution auftritt. Sie kann es, weil sie weniger im Zeichen des ästhetischen »als ob« als des schöpferischen »es werde«, des prophetischen »Höre Israel« steht.

Die Hymne endet im Vorblick auf neuen Gesang, den der Sänger sterbend am Tag der beginnenden Ernte (Mk. 4,29 u. ö.; Mt. 13,39: »Die Ernte ist das Ende der Welt«) anstimmen wird. Der Schwanengesang des Dichters soll zum letzten Mal seiner Göttin Freiheit gelten. In äußerster Konsequenz der sich hier andeutenden, später bei Hölderlin entfalteten Analogie von Dichter und Heros könnte das Ende der Hymne als versteckter Hinweis auf einen Opfertod des Dichters gelesen werden. Die Brüderschaft von Heros,

Dichter, Christus, vielleicht auch Dionysos wäre zu ahnen. Blut und Liebe (als Vereinigung von Eros und Agape, 101 f.) erinnern an die wiederum eschatologische Kommunion mit ihren Einsetzungsworten: »Dieser Kelch ist das neue Testament in meinem Blut.« (Mt. 26,26–29, u. ö.)

Bei allen traditionellen Zügen muß das Neue der Gedichte des jungen Hölderlin gesehen werden. Klopstocks Oden und Hymnen verkündigen, wenn sie vom Göttlichen reden, weithin den biblischen Gott. In der Ode *Der Zürchersee* ist allerdings die Göttin Freude berufen, die schon bei Hagedorn auftritt. Die seelenhafte Belebung der Gestalt, ähnlich wie die von Mutter Natur in der gleichen Klopstock-Ode, zeugt von den psychischen Energien, die da frei werden, wo das Christentum als religiöse Kraft ins Säkulare ausstrahlt. Auch Schillers Lyrik kennt Personifikationen von Tugenden und Werten, wie die zeitgenössische Dichtung ganz allgemein, aber Hölderlin eigentümlich in den Tübinger Hymnen ist die Evokation eines Götterhimmels von Ideen, die in der Folge der Gedichte, aber auch jeweils in ihrem Inneren reigenartig verschwistert auftreten und bis zur Lebendigkeit beschwingt sind. Freiheit, Freundschaft, Liebe, Natur, Unschuld, Harmonie realisieren in dieser Verknüpfung eine Art herrschaftsfreier Göttergesellschaft. Der Name der »Himmelstochter« (103), das Wort Freiheit, wird in unserem Text nicht genannt. Er steht lediglich in der Überschrift, da aber als bloßer Begriff. In dieser Trennung des Zusammengehörigen entsteht eine Bewegung der Hymne vom Titel in den Text hinein, aber auch eine Sperre gegen die geläufig-allzugeläufige Allegorisierung von Werten durch ihre Personifizierung; diese Leerstelle deutet zugleich auf den Ort, wo der spätere Hölderlin die Göttermythe dichtet, die sich allein dichterisch legitimiert, und zwar in einer unter dieser Last bis zum Zerbrechen gespannten Sprache, während die frühe Hymne Unsäglichkeit nur rhetorisch proklamiert. Schon in diesen Frühgedichten ist aber die Göttergesellschaft eine durch den Gesang getragene Sphäre, die diesen wiederum trägt, und zwar nicht lediglich formal. Streifte man der Freiheit, die dieses Gedicht verkündet, ihre Göttlichkeit wie eine allegorische Verhüllung ab, dann bräche seine Botschaft, seine Geschichts- und Revolutionsdeutung in sich zusammen. Denn Freiheit als sich liebend schenkende Gottheit steht auch inhaltlich gegen die bloße Allegorisierung menschlicher Autonomie.

Damit stellt sich zuletzt die Frage nach der politischen Signifikanz dieser Hymne. Goethe und Schiller sprechen die Gesellschaft über das Individuum an. Hölderlin aber feiert und beseelt ein Vaterland (»Deutsches Blut und deutsche Liebe«, 102), in dem das Individuum überhaupt erst wirklich Mensch werden kann, dem es sich deshalb rückhaltlos hinzugeben bereit ist. Hier nimmt Hölderlin an einem religiös gefärbten Patriotismus teil, der gegen Ende des 18. Jahrhunderts das Vaterland nach Analogie der Kirche zu denken beginnt, außerhalb derer es kein Heil gibt. Dieser Patriotismus setzt im württembergischen Pietismus bei Friedrich Carl von Moser an und ergreift in der napoleonischen Zeit Fichte, Novalis, Schleiermacher, Ernst Moritz Arndt und andere, die im pietistischen Strahlungsbereich stehen. Hölderlins Vaterland ist das geistigste und geistlichste dieser Patrioten; es meint das Reich Gottes auf Erden. Das ist weniger als ein politisches Konzept, weil in Revolution und Erneuerung aus einem politischen Handlungszusammenhang mit praktischer Zielsetzung in einen göttlichen Einbruch des universalen Heils umdeutet. Doch darin übersteigt die Parole »Reich Gottes« zugleich politisch-pragmatische Konzepte. Politisches Handeln kann dort nicht ankommen, aber »wildes Sehnen« (2) kann dort Richtung nehmen.[5]

---

[5] Die Interpretation folgt im wesentlichen meiner Hölderlindarstellung in: Kaiser (1988), vor allem S. 426–432. Dort sind auch meine Bezüge auf die wissenschaftliche Literatur nachgewiesen. Zum ideengeschichtlichen Zusammenhang siehe Kaiser (1973). Die Linien zu Hölderlin hat neuerdings Jochen Schmidt ausgezogen.

Literaturhinweise

Kaiser, Gerhard: Pietismus und Patriotismus im literarischen Deutschland. Ein Beitrag zum Problem der Säkularisation. Frankfurt a. M. ²1973.
– Von Arkadien nach Elysium. Schiller-Studien. Göttingen 1978.
Schmidt, Jochen: Deutschland und Frankreich als Gegenmodelle in Hölderlins Geschichtsdenken: Evolution statt Revolution. In: Dichter und ihre Nation. Hrsg. von Helmut Scheuer. Frankfurt a. M. 1992. S. 176–192.

An unsre großen Dichter

Des Ganges Ufer hörten des Freudengotts
  Triumph, als allerobernd vom Indus her
    Der junge Bacchus kam, mit heilgem
      Weine vom Schlafe die Völker weckend.

5 O weckt, ihr Dichter! weckt sie vom Schlummer auch,
  Die jetzt noch schlafen, gebt die Gesetze, gebt
    Uns Leben, siegt, Heroën! ihr nur
      Habt der Eroberung Recht, wie Bacchus.

(SW 1,206)

GÜNTER MIETH

Hölderlin und die großen Dichter

Am 30. Juni 1798 sandte Hölderlin an Schiller fünf Gedichte, darunter die Kurzode *An unsre großen Dichter*. In dem Begleitbrief heißt es aufschlußreich: »Sie wissen es selbst, daß jeder große Mann den andern, die es nicht sind, die Ruhe nimmt, und daß nur unter Menschen, die sich gleichen, Gleichgewicht und Unbefangenheit besteht. Deswegen darf ich Ihnen wohl gestehen, daß ich zuweilen in geheimem Kampfe mit Ihrem Genius bin, um meine Freiheit gegen ihn zu retten [...]« (SW 3,297 f.). Schiller nahm jedoch nur die beiden kürzesten Gedichte in den *Musen-Almanach für das Jahr 1799* auf, der im Oktober 1798 erschien: neben dem Gedicht *An unsre großen Dichter* – mit einer bezeichnenden Überschriftsänderung – die Ode *Sokrates und Alcibiades*.[1]

---

1 Christian Gottfried Körner bemerkte nach dem Erhalt des *Musen-Almanachs* in einem Brief an Schiller, daß die Kurzode eine weitere Ausführung verdient hätte. Auf die spätere Erweiterung der Kurzode, die zu einem völ-

Man wird wohl schon der Überschrift des Gedichts Indizien für den erwähnten »geheimen Kampf« entnehmen können. Da wendet sich ein noch weithin unbekannter, junger Dichter an »unsre großen« Dichter, so wie er es schon einmal früher mit dem Gedicht *Der Jüngling an die klugen Ratgeber* versucht hatte. Im Grunde etwas Unerhörtes: Der junge Dichter richtet sich als Gleicher unter Gleichen an die »großen Dichter« und appelliert an sie, gibt nunmehr ihnen Ratschläge. Bei den »großen Dichtern« ist sicher neben Schiller an Goethe, aber auch an Herder und Klopstock zu denken. Differenziert wird das Verhältnis zu ihnen in der jambischen Überschrift dennoch: Distanz stellt sich durch das Attribut »großen« her, Nähe durch das Possessivpronomen »unsre«. Schiller eliminierte in der Veröffentlichung das Adjektiv »großen«. Mit dieser inhaltlich motivierten Änderung rückt die poetische Aussage in eine völlig andere Perspektive.[2]

Unübersehbar: Diese Kurzode umfaßt zwei einander zugeordnete, logisch und stilistisch miteinander verknüpfte Strophen im alkäischen Versmaß. In der ersten Strophe wird als mythologisches Exempel für das dringend gebotene Wirken der großen Dichter der Zug des Dionysos nach Indien mit fast erzählerischem Grundgestus evoziert. Die zweite Strophe führt aus der geographischen und zeitlichen Ferne (Imperfekt) in die Gegenwart (Präsens) und formuliert mit appellativem Grundgestus die Forderungen an die großen Dichter, es dem antiken Heros gleichzutun. Während die erste Strophe in Form eines Satzgefüges (Hauptsatz, Nebensatz, Partizipialkonstruktion) eine Aussage enthält, ist die zweite Strophe aus fünf Imperativsätzen geformt.

---

lig neuen Gedicht unter der Überschrift *Dichterberuf* führte, kann hier nicht eingegangen werden.

[2] Es wäre zu fragen, weshalb Schiller dieses Gedicht, dessen Adressatenbezug und die in ihm artikulierte dichterische Positionsbestimmung mit seinen eigenen Auffassungen kollidierten, dennoch veröffentlichte.

Der in der ersten Strophe aufgerufene Indien-Zug des Dionysos schließt sich an die antike Tradition an. Als Quellen wären neben Ovid und Horaz[3] vor allem Diodorus Siculus, einer der bedeutendsten – für Hölderlin wichtigen – antiken Mythographen (1. Jh. v. Chr.) zu nennen. Dionysos kommt – in Ost-West-Richtung – von Indien über Kleinasien nach Griechenland. In Hölderlins Ode hingegen bewegt sich sein Eroberungszug in der entgegengesetzten Richtung bis zum äußersten östlichen Punkt. Diese Umkehrung der Richtung nach Indien findet sich ebenfalls bereits in der Antike, und zwar in dem spätantiken Versepos *Dionysiaka* von Nonnos, dem bedeutendsten griechischen Epiker der Kaiserzeit (5. Jh.). Als historischer Hintergrund dieser Umkehrung ist der Eroberungszug Alexanders des Großen ausgemacht worden. Ganz offensichtlich schließt sich Hölderlin an diese hellenistische Fortbildung des Mythos an.

Aber auch in der zeitgenössischen Literatur waren Anregungen zu finden, so etwa in der Übersetzung, die Herder von dem Gedicht *An einen jungen Helden* des (im 17. Jahrhundert lateinisch dichtenden) Jakob Balde angefertigt hatte. Darin liest man: »Bacchus selbst, er gehorchte seinem Führer, bis er ein Gott kam / Rebumkränzt; es jauchzten um den Sieger / Frohe Chöre; der Indus samt dem Ganges / Huldigt' ihm; der Olymp empfing den Freudegeber Jacchus.«[4] Neben diesem durch Herder neuentdeckten deutschen Horaz wäre aber auch noch auf die *Götterlehre* von Karl Philipp Moritz (1795) hinzuweisen, wo nachzulesen steht: »Der Zug des Bacchus nach Indien ist eine schöne und erhabne Dichtung. Mit einem Kriegsheer von Männern und Weibern, das mit freudigem Getümmel

---

3 Der Entwurf der Ode ist in einer Handschrift überliefert, die Übersetzungsversuche von Horaz enthält.

4 Zit. n. Albrecht Seifert, der diesen Zusammenhang nachgewiesen hat. (Albrecht Seifert, *Untersuchungen zu Hölderlins Pindar-Rezeption*, München 1982, S. 143.)

einherzog, breitete er seine wohltätigen Eroberungen bis an den Ganges aus. Er lehrte die besiegten Völker höhern Lebensgenuß, den Weinbau und Gesetze.«[5]

Diese Hölderlin überkommenen mythologischen Anregungen und Traditionen vermögen aber vielleicht doch noch nicht den Gedankenkreis völlig abzustecken, in dem die Kurzode steht. Es ist – wohl zu Recht – vermutet worden, daß an der poetischen Rezeption dieser Variante des Dionysos-Mythos auch Hölderlins zeitgeschichtliche Erfahrungen mitgewirkt haben: Bonapartes Siegeszüge. Man weiß um Hölderlins Begeisterung, mit der er Bonapartes Erfolge verfolgt hat. Im Gedicht freilich – dies sei an dieser Stelle schon angemerkt – artikuliert sich eine unübersehbare Distanz zu kriegerischen Eroberungen.

Die erste Strophe sei nunmehr etwas näher betrachtet. Sie setzt mit dem Ganges am fernsten Punkt ein, den Dionysos erreicht hat. Eine kühne Metapher (zwei Genitive schließen das Verb »hörten« ein) verdeutlicht das Unerhörte des Vorgangs. Das Alleroberndedes »jungen« Bacchus artikuliert sich nicht nur in der syntaktischen Struktur der Strophe (mit der Endstellung der Partizipialkonstruktion), sondern wohl auch in deren Musikalität. In den ersten beiden Versen fällt die Dominanz des »r« (siebenmal) auf, im letzten Vers sind die Labiale v, w und f dominant. Die ganze Strophe scheint auf das am Ende stehende »weckend« hinzueilen, bewirkt durch die assonantische Wendung »mit heilgem Weine«.[6]

---

[5] Karl Philipp Moritz, *Götterlehre oder Mythologische Dichtungen der Alten*, Leipzig 1966, S. 140.
[6] Das Attribut »heilig« war zunächst auf Bacchus bezogen. Der handschriftliche Entwurf lautet:

> Der freundlichste von allen Eroberern
> Der ho   Bacchus kam an den Indus einst
> Und hin zum Ganges und besiegt' und
> Wekte mit heiligem Wein die Völker,
>   (MA 3,106)

In der Handschrift stand statt »ho« zunächst »heilge«.

Daß Bacchus als »Freudengott« erscheint, ist zuvörderst auf die antike Mythologie zurückzuführen. Schon bei Hesiod, dessen Werk Hölderlin seit seiner Tübinger Zeit kannte, erscheint Dionysos mit der Freude verbunden. Zu denken ist natürlich auch an die wirklichkeitsverändernde Macht der Freude in Schillers Gedicht *An die Freude*, dessen mächtige Wirkung auf Hölderlin bezeugt ist. In diesen gedanklichen Umkreis gehört die politische Funktion, die der Begeisterung, dem Enthusiasmus in der Französischen Revolution und der ihr zugewandten deutschen Lyrik zukam. Begeisterung galt als republikanische Kraft, die politische und geistige Verfassung ganzer Völker verwandelnd.[7] Genau diesem politischen Vorstellungsfeld entsprang auch die – die ganze Ode durchziehende – Metaphorik vom Schlafen und Erwachen der Völker. Der »alleroberndе« Dionysos »weckt« mit »heilgem Weine« vom »Schlafe« die »Völker«, versetzt sie folglich in einen völlig anderen gesellschaftlich-politischen und kulturellen Zustand. Die politische Dimension, die Hölderlins Art der Mythenrezeption enthält, ist unübersehbar.

In der zweiten Strophe fällt die appellative Struktur ins Auge, weshalb diese Ode zu Recht unter die Genrebezeichnung »Das appellative Gedicht« eingereiht worden ist.[8] Die Wortwiederholungen (»weckt«, »gebt«), die kurzen Imperative (insgesamt fünf) erscheinen als stilistische Mittel der Intensivierung. In den kurzen Sätzen wird die Aufforderung an die »großen« Dichter gleichsam gehämmert, noch

---

7 Vgl. dazu folgende Zitate aus dem *Hyperion*: »Wie unvermögend ist doch der gutwilligste Fleiß der Menschen gegen die Allmacht der ungeteilten Begeisterung. Sie weilt nicht auf der Oberfläche, faßt nicht da und dort uns an, braucht keiner Zeit und keines Mittels; Gebot und Zwang und Überredung braucht sie nicht; auf allen Seiten, in allen Tiefen und Höhen ergreift sie im Augenblick' uns, und wandelt, ehe sie da ist für uns, ehe wir fragen, wie uns geschiehet, durch und durch in ihre Schönheit, ihre Seligkeit uns um.« (SW 2,21.) Und: »O Regen vom Himmel! o Begeisterung! Du wirst den Frühling der Völker uns wiederbringen.« (SW 2,40.)
8 So von Gerhard Kaiser, 1988.

verstärkt durch die Spitzenstellung des »O«. Die zweimalige direkte Anrede, die Alliteration (»gebt die Gesetze«) und die Dominanz des Vokals »e« dienen weiterhin der expressiven Verstärkung des Appells.

Die zweite Strophe ist mit der ersten in doppelter Weise verklammert. Da ist zunächst – ganz augenfällig – das Verb »wecken«. Und da ist übergreifend die – wie vielleicht gesagt werden kann – ähnliche historische Funktion: von Dionysos in mythischer Zeit beispielhaft ausgeübt, von den »großen« Dichtern in der Gegenwart nachzuahmen. Dieser inhaltliche Bezug zwischen Dionysos und den Dichtern ist durch die Mythologie vorgegeben. Schon in der antiken Literatur (so etwa bei Horaz) ist Dionysos/Bacchus der Gott der Dichter. Auch dessen Auffassung als Heroe ist schon bei Hesiod belegt. Den »großen« Dichtern der (deutschen) Gegenwart wird nun eine ähnliche Wirksamkeit aufgebürdet. Schon Dionysos hat in seiner kulturstiftenden Art »Gesetze« gebracht. Bei Hölderlin heißt es später »der [...] den Grimm bezähmte der Völker« (SW 1,345).

Mit dem Appell an die großen Dichter, die Völker zu wecken, nimmt Hölderlin hier – wie anderswo – die in der Aufklärung wurzelnde revolutionäre Metaphorik auf. So wie Dionysos mit der befreienden, erlösenden Wirkung des »heiligen Weines« den Völkern waches Bewußtsein vermittelte, sollen sich die Dichter mit dem – freilich nicht eigens genannten – Medium des Wortes eine radikale Zustandsveränderung der Völker zum Zweck setzen. Auch hier fließen Denktraditionen antiker und biblischer, aber auch pietistischer Provenienz ein. Im Unterschied zum Pietismus denkt Hölderlin allerdings nicht an die Erweckung, Wiedergeburt des Einzelnen, sondern ganzer Völker. Angegangen werden soll offensichtlich gegen ein in politischen Fesseln und juristischen Formen erstarrtes, »totes« Dasein.

(Neue) »Gesetze« sollen gegeben werden und (neues) »Leben«. Mit der Identifizierung von Dichter und Gesetzgeber wird nicht nur abermals an Dionysos erinnert. An

Jean-Jacques Rousseau (mit seinem *Contrat social*) kann gedacht werden, den Hölderlin später in die Nähe von Dionysos rückte.[9] Aber auch in Herders Schrift *Über die Wirkung der Dichtkunst auf die Sitten der Völker in alten und neuen Zeiten* (1781) erscheint der Dichter gleichzeitig als Gesetzgeber. Dies einmal vorausgesetzt, fällt es nicht schwer, den höchst allgemeinen Appell »gebt die Gesetze« einigermaßen zu konkretisieren. Sowohl Hölderlins Weltanschauung in diesen Jahren als auch den Adressatenbezug vor Augen, kann man ohne weiteres an Rousseaus Ideale der Freiheit und Gleichheit denken, womit Hölderlin denn auch eigentlich nur an Schillers eigene Jugendideen erinnert.

Hinter der Überzeugung vom Dichter als Gesetzgeber steht immer noch eine ungebrochene aufklärerisch-revolutionäre Hoffnung auf die Möglichkeit des Erwachens der Völker.[10] Der Vergleich des Dichters mit Dionysos ist im Werk Hölderlins bis dahin unerhört.[11] Den großen Dichtern ist es aufgegeben, eine »Revolution der Gesinnungen und Vorstellungsarten«[12] zu bewirken, sich als Initiatoren einer revolutionären Umwälzung zu begreifen. Der Dionysos-Mythos dient als Legitimation für die Aufforderung zu politisch-revolutionärer Poesie, da die Völker aus eigener Kraft nicht fähig sind, zu erwachen. Nur die Wortmacht der »großen Dichter« vermag den Verjüngungsprozeß der Völker zu initiieren. Offenbar geht es Hölderlin immer noch um die Vermittlung zwischen dem von Frankreich ausgehenden revolutionären Geschichtsgang und deutscher Erstarrung. Hier ist die Funktion des Dichters angesiedelt, da die Völker selbst bar jedweder revolutionär-geistigen Aktivität aus eigenem Antrieb sind. Gefordert wird eine Poesie,

---

9 In der Hymne *Der Rhein*.
10 Vgl. das »jetzt noch« in Vers 6.
11 Zur Bedeutung von Dionysos in Hölderlins späterem Werk vgl. Bernhard Böschenstein, *»Frucht des Gewitters«. Hölderlins Dionysos als Gott der Revolution*, Frankfurt a. M. 1989.
12 Vgl. dazu Hölderlins Brief vom 10. Januar 1797 an Johann Gottfried Ebel.

die direkt, spontan in das Leben der Völker eingreift. Dieses Recht »der Eroberung« steht allein den großen Dichtern zu. Aufgebürdet wird ihnen damit eine wahrhaft heroische (»Heroen«) historische Funktion: eine Sonderrolle im weltgeschichtlichen Gang, während der deutschen Nation noch keine Sonderrolle im Rahmen der »Völker« zugesprochen wird. Mit der erwarteten Wirkung der »großen« deutschen Dichter auf die »Völker« eröffnet sich ein die Wirklichkeit und die dichterische Möglichkeit überschreitender poetischmythischer Raum.

Den Dichtern kommt es der Kurzode entsprechend allerdings zu, nicht nur »die Gesetze«, sondern auch »Leben« zu geben. Mit diesem Begriff wird die rein politische Vorstellungswelt deutlich überschritten, wie überhaupt mit der Wendung »Ihr nur habt der Eroberung Recht wie Bacchus« kriegerisch-politische Realität transzendiert wird. Zu entnehmen ist dieser Aussage, daß sich Hölderlin zu diesem Zeitpunkt von jedweder rein kriegerischen »Eroberung« distanzierte oder zu distanzieren begann.[13] Noch ist die politische Terminologie des Krieges (»Triumph«, »alleroberend«, »siegt«, »Eroberung«) beibehalten, deren Inhalte werden jedoch den Dichtern übertragen.

Wie der direkte literarische Eingriff der »großen Dichter« in die Geschichte der Völker vorzustellen und an welche radikalen Wandlungen dabei zu denken ist, kann man wohl der großen Abschiedsrede des Empedokles an die Agrigentiner entnehmen, deren Entwurf nicht viel später als die Kurzode niedergeschrieben wurde. Ein Auszug aus diesem Versuch einer geistigen »Eroberung«:

---

13 Vielleicht nicht ohne Belang für diese Aussage ist die Eroberung der Schweiz durch Frankreich und die Proklamierung der *République helvétique* im Frühjahr 1798. Hölderlins Freund Casimir Ulrich Böhlendorff war während dieser Zeit Hauslehrer in der Schweiz und veröffentlichte darüber 1802 die *Geschichte der Helvetischen Revolution*.

> So wagts! was ihr geerbt, was ihr erworben,
> Was euch der Väter Mund erzählt, gelehrt,
> Gesetz und Brauch, der alten Götter Namen,
> Vergeßt es kühn, und hebt, wie Neugeborne,
> Die Augen auf zur göttlichen Natur,
> Wenn dann der Geist sich an des Himmels Licht
> Entzündet, süßer Lebensothem euch
> Den Busen, wie zum erstenmale tränkt,
> Und goldner Früchte voll die Wälder rauschen
> Und Quellen aus dem Fels, wenn euch das Leben
> Der Welt ergreift, ihr Friedensgeist, und euchs
> Wie heilger Wiegensang die Seele stillet,
> Dann aus der Wonne schöner Dämmerung
> Der Erde Grün von neuem euch erglänzt
> Und Berg und Meer und Wolken und Gestirn,
> Die edeln Kräfte, Heldenbrüdern gleich,
> Vor euer Auge kommen, daß die Brust
> Wie Waffenträgern euch nach Taten klopft,
> Und eigner schöner Welt, dann reicht die Hände
> Euch wieder, gebt das Wort und teilt das Gut,
> O dann ihr Lieben – teilet Tat und Ruhm,
> Wie treue Dioskuren; jeder sei,
> Wie alle, – wie auf schlanken Säulen, ruh
> Auf richt'gen Ordnungen das neue Leben
> Und euern Bund befest'ge das Gesetz.
>
> (SW 2,340 f.)

Die letzten beiden Verse korrespondieren mit der Aufforderung an die »großen Dichter«, »Gesetze« und »Leben« zu geben. Aber darüber hinaus enthält diese Passage Anklänge an Rousseaus Ideen und die Ideale der Französischen Revolution, freilich immer wieder über sie hinausgehend.

Erwähnt wird auch der »Friedensgeist«, woraus sich ein weiterer interpretatorischer Aspekt ergibt. Die (geistigen) »Eroberungen« der »großen Dichter« sollen doch wohl die kriegerischen Eroberungen beenden oder sie ersetzen.

Dichterische Taten sind letztlich gleichsam friedensstiftender Natur. Diese Funktion der Dichter – »wie Bacchus« – korrespondiert nun genau mit dem Dionysos-Mythos. Nach Benjamin Hederichs *Gründlichem mythologischem Lexikon*, dem am Ende des 18. Jahrhunderts wichtigsten mythologischen Nachschlagewerk, hat Bacchus »die Streitigkeiten ganzer Städte und Völker beygeleget und allenthalben Friede gestiftet, Zusammenkünfte der Menschen geordnet, und andere dergleichen Dinge mehr eingeführt [...]«[14] Dionysos ist folglich in der Ode als derjenige zu verstehen, der durch die revolutionären Eroberungen Frieden stiftet.

Noch einmal muß an den Zeitpunkt der Entstehung der Kurzode erinnert werden. Hölderlin richtete den dringenden Appell an die »großen Dichter« im Jahre 1798. Schiller arbeitete in dieser Zeit am *Wallenstein*, Goethe am *Faust* (und gab die *Propyläen* heraus). Beiden dramatischen Werken liegt eine völlig andere geschichtsphilosophische Sicht als dem *Empedokles* – und der Ode *An unsre großen Dichter* – zu Grunde, und sie folgen einer völlig anderen ästhetischen Konzeption. Die Auffassung von der Möglichkeit des dichterischen Eingreifens in den geschichtlichen Gang und die beabsichtigte poetische Wirkung auf den Leser/Zuschauer ist bei Hölderlin anders geartet als bei Schiller und Goethe (Differenzierungen zwischen diesen beiden Weimarer Klassikern außer acht gelassen). So bleibt nur zu konstatieren: Das Gedicht mußte echolos verhallen. Friedrich Schiller hatte ja auch schon mit der Änderung der Überschrift den Adressatenbezug verallgemeinert und damit die eigentliche Zielrichtung verändert.

Wäre zuletzt noch zu fragen: Ist in dieser Kurzode nicht bereits im Keim der Vergleich von Hölderlin selbst mit den großen Dichtern – und mit Dionysos – enthalten? Das weitere Werk kann darüber Aufschluß geben.

14 *Benjamin Hederichs gründliches mythologisches Lexicon*, Leipzig 1770, Sp. 505.

Literaturhinweise

Behre, Maria: »Des dunkeln Lichtes voll« – Hölderlins Mythokonzept Dionysos. München 1987.
Heise, Wolfgang: Hölderlin. Schönheit und Geschichte. Berlin und Weimar 1988.
Kaiser, Gerhard: Geschichte der deutschen Lyrik von Goethe bis Heine. 2. Tl. Frankfurt a. M. 1988. S. 475–477.
Müller-Seidel, Walter: Die Geschichtlichkeit der deutschen Klassik. Literatur und Denkformen um 1800. Stuttgart 1983. S. 191–208.

Der Tod fürs Vaterland

Du kömmst, o Schlacht! schon wogen die Jünglinge
   Hinab von ihren Hügeln, hinab in's Tal,
     Wo keck herauf die Würger dringen,
        Sicher der Kunst und des Arms, doch sichrer

5 Kömmt über sie die Seele der Jünglinge,
   Denn die Gerechten schlagen, wie Zauberer,
     Und ihre Vaterlandsgesänge
        Lähmen die Kniee den Ehrelosen.

O nimmt mich, nimmt mich mit in die Reihen auf,
10   Damit ich einst nicht sterbe gemeinen Tods!
     Umsonst zu sterben, lieb' ich nicht, doch
        Lieb' ich, zu fallen am Opferhügel

Für's Vaterland, zu bluten des Herzens Blut
   Für's Vaterland – und bald ist's gescheh'n! Zu euch
15   Ihr Teuern! komm' ich, die mich leben
        Lehrten und sterben, zu euch hinunter!

Wie oft im Lichte dürstet' ich euch zu seh'n,
   Ihr Helden und ihr Dichter aus alter Zeit!
     Nun grüßt ihr freundlich den geringen
20   Fremdling und brüderlich ist's hier unten;

Und Siegesboten kommen herab: Die Schlacht
   Ist unser! Lebe droben, o Vaterland,
     Und zähle nicht die Toten! Dir ist,
        Liebes! nicht Einer zu viel gefallen.

                      (SW 1,216–217)

Manfred Koch

Die pfingstliche Schlacht

I

In seiner Autobiographie *Doppelleben* beschreibt Gottfried Benn verschiedene Strategien der nationalsozialistischen Propaganda in den letzten Kriegsjahren. Die Presseabteilung beim Oberkommando der Wehrmacht, auf die Benn sich bezieht, betrieb zum einen ganz primitiv die wüste Verunglimpfung der feindlichen Nationen: »Italien: [...] Lumpenhunde; die Russen: [...] Haßräusche der Steppe« usw.[1] Für anspruchsvollere Gemüter hingegen wurde die Literatur in Stellung gebracht:

> Es gibt aber [...] auch eine sanfte Tour, die arbeitet mit Hölderlin und Rilke. Es ist äußerst interessant, zu verfolgen, wie stark diese beiden Lyriker in der gesamten politischen Propaganda der letzten Jahre Verwendung finden. ›Dir ist, Liebes, keiner zu viel gefallen‹ ist das am häufigsten gebrauchte Zitat des einen [...].[2]

Die falsche Zitierung – »keiner« statt »nicht Einer« – und der Verzicht auf den ersten Teil des vorletzten Verses – »Und zähle nicht die Toten« – bewirken gleichermaßen ein Zurückdrängen des individuellen Aspekts. Das macht vor dem zeitgeschichtlichen Hintergrund durchaus Sinn: nach der Kriegswende 1943 ging es der »wehrgeistigen Führung« mit Hölderlin und Rilke vor allem um eine vage, metaphysisch verbrämte Sinngebung des Todes überhaupt – bei möglichst weitreichender Ausblendung der Einzelnen, die den realen Tod auf den Schlachtfeldern und in den Städten

---

1 Gottfried Benn, *Doppelleben*, Wiesbaden 1950, S. 145.
2 Ebd., S. 146.

zu erleiden hatten, und ihrer ungeheuren Zahl im ganzen. Trotz seiner kämpferischen Eingangsverse fungierte das gerade auch im Gedenkjahr 1943 dauernd zitierte Gedicht im Kalkül der Propagandisten wohl weniger als Schlachtgesang denn als auratisches Medium der Bewältigung eines allgegenwärtig gewordenen Sterbens. Bereits Jahre vor dem Krieg – bei der Berliner Olympiade 1936 – hatten die Nationalsozialisten allerdings ihr Verständnis vom Agon dieser Spiele dokumentiert, indem sie die letzten drei Verse der Ode (ab »Lebe droben«) in einer Seitenhalle des Olympiastadions in Stein meißeln ließen: der Einzug der »Jugend der Welt« als Gang in den Hades.

Die nationalsozialistische Aneignung dieses Gedichts ist eindeutig eine Verfälschung. Nachweislich ist *Der Tod fürs Vaterland* ein Text, der weder den Kampf noch das Sterben für ein ›Vaterland‹ verherrlicht, das durch bloße Abstammung, durch ›Blutszugehörigkeit‹ charakterisiert ist. Dafür genügt der Blick auf die Vorstufen (die Schlußfassung der Ode stammt aus dem Jahr 1799, publiziert wurde sie 1800 in Neuffers *Taschenbuch für Frauenzimmer*; die alkäische Ode *Die Schlacht* aus dem Jahr 1798, die sich vom späteren *Tod fürs Vaterland* vor allem durch eine zusätzliche Eingangsstrophe unterscheidet,[3] wurde von Beißner in der Stuttgarter Ausgabe nicht als eigenständige Fassung aus den Handschriften konstituiert, vgl. StA 1,605–608; darin folgt ihm Schmidt in der Edition des Klassiker-Verlags. *Die Schlacht* findet sich dagegen in den Leseausgaben von Mieth und Knaupp).[4] Der erste Entwurf aus den Jahren 1796/97 lautet:

---

3 Vgl. Hock (1980/81) S. 194 f.; FHA 5,403–411.
4 Zum folgenden vgl. Hock (1978/79); Schmidt, S. 192–195. – Die beiden Aufsätze von Hock (1978/79 und 1980/81) sind grundlegende, detaillierte Interpretationen des Fragments von 1796/97 und der Ode von 1799, die überdies zahlreiche Parallelstellen aus Hölderlins Werk und aus der zeitgenössischen Patriotismus-Diskussion geben.

O Schlacht fürs Vaterland
Flammendes blutendes Morgenrot
Des Deutschen, der, wie die Sonn, erwacht

Der nun nimmer zögert, der nun
Länger das Kind nicht ist
Denn die sich Väter ihm nannten,
Diebe sind sie,
Die den Deutschen das Kind
Aus der Wiege gestohlen
Und das fromme Herz des Kinds betrogen,

Wie ein zahmes Tier, zum Dienste gebraucht.

(SW 1,624)

Der Deutsche »erwacht« »wie die Sonn« zum Kampf (hier ist das »hinab« der späteren Fassung angelegt) nicht gegen fremde Völker, sondern gegen die eigenen Unterdrücker. Die 2. Strophe thematisiert diese Er-hebung in einer Bildlichkeit, die durchgängig eine Ausführung der lexikalisierten Metapher ›Vaterland‹ darstellt. Die Kinder werden mündig, sie dulden nicht länger die Bevormundung durch ›Landes-Väter‹, die nicht nur jede Fürsorge vermissen lassen, sondern ihren männlichen Nachwuchs bereits vom Tag der Geburt an als Soldaten für den späteren Verkauf ins Ausland vorgesehen haben (7–9). Alle kindlich-frommen Sehnsüchte nach Identifikation mit dem Gemeinwesen, in dem man aufwächst, werden damit betrogen. Diese Art der Polemik, die die normativen Gehalte des Vater-Begriffs gegen Fürsten ausspielt, die im Zeitalter des aufgeklärten Absolutismus von Landes-Herren zu Landes-Vätern mutiert sein wollten, war verbreitet im 18. Jahrhundert. Das vielleicht bekannteste Beispiel ist Schillers *Kabale und Liebe*, das Stück, das unter den deutschen Dramen die eindrucksvollste Szene über die Verschleppung der Söhne eines Territorialfürstentums in fremde Dienste enthält (II,2). Schiller bereichert die Vater-Assoziationen um die Dimension des

Religiösen: wenn die mißbrauchten Kinder sich selbst nicht zu wehren vermögen, so wird der himmlische Vater die angemaßten Landesväter am Ende aller Tage bestrafen: »Es leb unser Landesvater – am Jüngsten Gericht sind wir wieder da!« Der bürgerlichen Opposition des 18. Jahrhunderts, die die wahren gesellschaftlichen Verhältnisse nach dem Modell der liebevollen Beziehungen innerhalb der Familie gestaltet sehen wollte, mußte die Usurpation des Vater-Titels durch die Kinderhandel betreibenden Fürsten besonders verhaßt sein.

Hölderlins Entwurf liest sich, als sei die Prophezeiung der Schillerschen Landeskinder eingetreten. Das finale ›Gericht‹ ist tatsächlich über den Absolutismus hereingebrochen: die Französische Revolution. Trotz aller Irritationen über deren Verlauf in den Jahren der Schreckensherrschaft und des Direktoriums hat Hölderlin grundsätzlich am Programm des Republikanismus festgehalten. Der Entwurf beschwört das »Morgenrot / Des Deutschen« als Anschluß an die Französische Revolution, deren Ausbruch die (spätere) Hymne »*Wie wenn am Feiertage*« in einer analogen Metaphorik als kosmisches ›Tagen‹, als Aufgang der Sonne einer neuen Zeit deutet (SW 1,239, V. 19). Konkreter Anlaß für Hölderlins neuerliche Revolutionshoffnungen zur Zeit der Entstehung des Entwurfs war der Einmarsch französischer Revolutionsarmeen in Süddeutschland im Jahr 1796. Deutlich sollen die deutschen Kinder, die bisher gezögert haben (4), nun vollbringen, was die *enfants de la patrie* vor Jahren im eigenen Land vorexerziert haben und wozu sie jetzt auf der anderen Seite des Rheins Hilfestellung zu leisten scheinen. Gegen die Haustyrannen der deutschen Duodezfürstentümer wird damit – so die Hoffnung – ein Gemeinwesen erstritten, das den Namen »Vaterland« verdient: eine Republik freier, rechtlich gleichgestellter Menschen, die durch das Band der Brüderlichkeit vereint sind.

II

Über die Zuordnung des Vaterland-Begriffs auch der Endfassung von 1799 zur normativ gehaltvollen *patrie* der Französischen Revolution und ihrer Menschenrechtserklärung besteht in der neueren Hölderlinforschung Einigkeit. Ebenso unbestritten ist, daß spezifisch deutsche Traditionen berücksichtigt werden müssen, will man den eigenartig hochgespannten und zugleich innerlichen Ton von Hölderlins Vaterlandsgedicht begreifen. Aus dieser deutschen Tradition (und Rousseau) stammen zum großen Teil jene Elemente, auf die Leser der zweiten Hälfte des 20. Jahrhunderts verständlicherweise mit Beklemmung reagieren: das eschatologische Pathos der Entscheidungsschlacht, die in manichäischer Trennung die reinen Gottesjünglinge (oben) auf offenbar von der Hölle heraufmarschierende Ehrlose (unten) prallen läßt; die Ästhetisierung des ›nicht gemeinen‹, sinnerfüllten Todes (vgl. Kurz, S. 115–118). Zu Recht ließe sich fragen, ob uns heute nicht eine Haltung angemessen wäre, die gegen Hölderlin davon ausgeht, daß für jeden Einzelnen sein Sterben in letzter Instanz immer »umsonst« ist und – um der Vermeidung neuer kollektiver Todeseruptionen willen – dafür plädiert, die Sucht nach dem ausgezeichneten, das gewöhnliche Dahinscheiden glanzvoll überstrahlenden Tod zu bändigen. Selbst wer bedauert, einer Zeit anzugehören, der die universalistischen Ideen, die für Hölderlin noch das Sterben lohnten, zu routinierten Phrasen des politischen Alltagsgeschäfts verkommen, wird angesichts des hyperbolischen Tons dieser Ode, die sehnsüchtiger den Tod für die Freiheit als das Leben in ihr beschwört, ein Frösteln zurückbehalten.

›Vaterland‹ war im Deutschland der zweiten Hälfte des 18. Jahrhunderts ein Begriff, der wie ›Liebe‹, ›Freundschaft‹ oder ›Natur‹ mit dem Attribut ›heilig‹ versehen werden konnte. Unter Vaterland wurde dann verstanden eine Vereinigung von Menschen, die sich aus eigenstem inneren

Antrieb, aus lauteren spontanen Impulsen der Einzelseelen ergeben sollte. Den theologischen Hintergrund dieses Vaterland-Begriffs hat Gerhard Kaiser in seiner Studie über *Pietismus und Patriotismus im literarischen Deutschland* herausgearbeitet. In detaillierten Analysen beschreibt Kaiser, wie die religiösen Energien, die im Pietismus der Spener, Francke, Zinzendorf, Bengel und Oetinger originär die Triebkräfte der Gemeindebildung abgaben, als patriotisches Liebesverlangen in die säkulare Sphäre des Staats diffundierten und zur Zielvorstellung eines ›Vaterlands‹ führten, das noch alle Konnotationen einer durch inbrünstigen Enthusiasmus verschmolzenen Gemeinschaft der Seligen aufwies. Es ist dieser Transfer religiöser Erfahrungsgehalte ins Politische, der in der weiteren deutschen Tradition das Nachdenken über den Zusammenhalt der Gesellschaft geprägt hat und viele Theoretiker den Aspekt der *communio* (des unmittelbaren Gemeinschaftsgefühls) gegenüber dem der *communicatio* (der gesellschaftlichen Einheit, die durch Diskussion und politische Auseinandersetzung erreicht wird) privilegieren ließ. Verheerende Folgen hatte diese Entwicklung bekanntlich, wo Sozialität nicht mehr – wie im 18. Jahrhundert – unter leitenden Werten wie Freiheit und Egalität angestrebt, sondern als genetische Schicksalsgemeinschaft immer schon vorausgesetzt wurde. Die eigentliche Sphäre des Politischen – die diskursive Willensbildung in gesellschaftlichen und staatlichen Institutionen – konnte dann als mechanischer, ›artfremder‹ Zwangsapparat einer Volkstümlichkeit konfrontiert werden, die – weil durch ›tiefere Bande‹ immer schon vereinigt – der Prozeduren rationaler Verständigung nicht bedurfte.

In diesem Prozeß erfahren ganze Bildfelder, die ursprünglich dem christlichen Bereich entstammen, nationalistische Umdeutungen. So ist das »Blut«, das in Hölderlins Ode am »Opferhügel / Für's Vaterland« (12 f.) vergossen werden soll, im zeitgenössischen Kontext nicht völkisch-rassisch determiniert, sondern religiös. Von Erweckungserlebnissen konnten pietistische Gläubige auch im Kollektiv überkommen werden, die ekstatische Gemeindebildung vollzog sich dann phantasmagorisch als ein Vereinigungstaumel in Strömen vom Blute Christi. Hölderlins Ode spricht in diesem Sinn von seelischer Überwältigung und »Herzens Blut« (13), das darzubringen sei; sie zielt so deutlich weniger auf das reale Hauen und Stechen als auf ein pneumatisches Blutbad, das in der patriotischen Schlacht die Gemüter verschmilzt. Das Zurücktreten der geschichtlichen Realia in der Fassung von 1799 läßt Hölderlins Kampf fürs Vaterland wieder näher an den Bußkampf ums himmlische Vaterland rücken – der Sieg am Ende gewinnt wieder stärker die Konnotation der glaubensgewissen Erlösung. Die »Jünglinge« sollen zwar eine historische Schlacht für sich entscheiden, ihr eigentlicher Gewinn besteht indessen in der Feier eines »patriotischen Pfingst- oder Auferstehungsfests« (Kaiser, S. 66).

Der vergleichsweise abstrakte Charakter der Endfassung hat den späteren Mißbrauch des Gedichts begünstigt. Beginnend mit dem Titel präsentiert es an profilierten Stellen immer wieder Pathosformeln, die ungenaue Lektüre leicht vom historischen Kontext ablösen und umdeuten kann. Dies hängt mit der von Hölderlin selbst intendierten appellativen Funktion des Gedichts zusammen. *Der Tod fürs Vaterland* will nicht individuiertes Erlebnisgedicht, sondern selbst einer der öffentlichen »Vaterlandsgesänge« sein, die der 7. Vers aufruft. Im näheren Kontext wird mit »Vaterlandsgesängen« sicher an die Marseillaise erinnert (vgl. SW 1,626); bereits der Titel aber läßt eine weit in die Vergangenheit zurückreichende Ahnenkette von Vaterlandssängern auferstehen. Topisch ist seit der Antike die Preisung des ruhmvollen Todes fürs Vaterland; mit den überlieferten Anfängen der Lyrik in unserem Kulturkreis – beim Spartaner Tyrtaios (7. Jh. v. Chr.) – ist das Motiv da. Zum klassischen Vorbild des ›Opferhügels‹ oder des ›Altars‹, an dem die ›Jünglinge‹ ihr Leben für das Gemeinwohl dahingeben, wird die Felsgruppe der Thermopylen in den Perserkriegen, wie sie der Lyriker Simonides (ca. 556–467 v. Chr.) besingt:

> Die an den Thermopylen gefallen,
> glorreich ihr Los,
> schön ihr Verhängnis,
> ein Altar ihr Grab,
> [...].[5]

Die Grundelemente: schöner Tod für das Gemeinwesen – Jünglinge – Opferhügel, finden sich alle bereits bei Simonides.

Topisch ist in dieser Tradition weiter das Bewußtsein der Dichter, durch ihren Gesang sowohl Inspiratoren der kämpfenden Jünglinge wie Stifter des rühmenden Andenkens zu sein, das ihnen die Nachwelt bewahrt. So ergibt sich ein historischer Nexus, in dem in einer ständigen Dialektik heroische Begebenheiten und Gesang einander anregen und auslegen; der Dichter der Gegenwart deutet das Kampfgeschehen seiner Zeit und seine historische Aufgabe im Kontinuum dessen, was von alters her an Heldentaten fürs Gemeinwesen und deren Preisung durch Tyrtaios, Simonides, Pindar, Horaz und andere überliefert ist (Horaz' berühmter Vers »dulce et decorum est pro patria mori« [carm. III,2, V. 13] ist schon ein bewußtes Einrücken in diese Tradition). Der vaterländische Odendichter, den Hölderlin in dieser Dichterreihe als unmittelbaren Vorgänger ansieht, ist Klopstock. Klopstocks Preisgedicht *Auf das Jubelfest der Souveränität in Dänemark* (1760) gibt selbst ein Beispiel für die beschriebene Praxis des Ahnenaufrufs: es besingt jubilatorisch eine vaterländische Freiheit (»O Freyheit! Silberton dem Ohre«), die die Patrioten, notfalls um den Preis des eigenen Lebens, erringen werden und beglaubigt dies durch direkte Anführung der Vorbilder Horaz und Simonides. Klopstock reklamiert hierbei, wie viele Zeitgenossen, die

---

5 *Griechische Lyrik*, hrsg. von Walter Marg, Stuttgart 1964, S. 77.

Möglichkeit wahrer vaterländischer Verhältnisse auch für Monarchien: wenn nur ein »Gesez« herrsche, der Monarch also nicht Despot, sondern legitimierter Prinzipal des Volkes sei:

> O Freyheit, Freyheit! nicht der Demokrat allein
> Weiß, wer du bist!
> Der guten Könige glükliche Sohn
> Der weiß es auch!
>
> Nicht für ein Vaterland nur,
> Wo das Gesez und Hunderte herrschen;
> Auch für ein Vaterland,
> Wo das Gesez, und Einer herrscht,
> Lokt, wenn der Tod sein grosses Herz verdient,
> Auf einem hohen Thermopylä!
> Oder auf einem andern Altare des Ruhms
> Lokt er sein Haar, und stirbt! – –
>
> Unsterblichkeit dir! Mit Blumenkränzen umwindet
> Die Muse dein heiliges blutiges Haar!
>
> Süß und ehrenvoll ists fürs Vaterland sterben,
> [...].[6]

In Klopstocks Drama *Hermanns Schlacht* ist der Schauplatz ein »Felsen an dem Thale, in welchem [jene] Schlacht entschieden wird«, mit der die rauhen Germanen die Freiheit ihres Vaterlands verteidigen. Die kultische Auszeichnung dieses Felsens wird dadurch verstärkt, daß sich bereits vor der Schlacht, die ihn zur Weihestätte des Vaterlands machen wird, »Trümmer eines zerfallenen Altars« auf ihm finden. Dort hantieren nun »Druiden« und »Barden«, die gleichsam Sachwalter der himmlischen Vertikalachse sind, aus der die Streitenden ihre »Begeisterung« beziehen:

---

6 *Klopstocks Oden und Elegien*, Faks.-Dr. der Ausg. Darmstadt 1771, hrsg. von Jörg-Ulrich Fechner, Stuttgart 1974, S. 52 f.

> Opfert sehr ernstvoll, Druiden! und ihr, o Barden, überlaßt euch heut' eurer Begeistrung ganz! Unsre Väter und Brüder bluten! Eure Gesänge stärken des Streitenden Arm. Viel Blut der Eroberer müsse heut durch eure Gesänge fließen! (2. Szene)[7]

In gleichmäßigen Abständen werden die Barden vom alten Fürsten aufgefordert zu singen, an einer Stelle mit dezidiertem Hinweis auf die Abwärtsrichtung, die ihre Töne nehmen sollen.

> So ist es recht, so ganz vor an den Rand des Felsen. Von daher rufen eure Hörner lauter ins Thal. O Schlacht, Schlacht, blutige schöne Todesschlacht, wie ungestüm klopft mein Herz nach dir hin! Singt, Barden! (3. Szene)

Hölderlin hat die Lektüre der *Hermannsschlacht* rituell als Nachfolge Klopstocks und seiner Barden inszeniert. Gemeinsam mit seinem Bruder las er das Stück auf dem geschichtsträchtigen Ulrichstein, dem »Winkel von Hahrdt« (SW 3,240, Br. 127, 13. Oktober 1796). Wenn auch im Brief davon nicht ausdrücklich die Rede ist, so kann man sich doch vorstellen, wie Hölderlins Stimme die oben zitierten Sätze vom Felsen hinab in den Wald bei Nürtingen erschallen läßt.

III

Einer Anekdote zufolge soll Klopstock, als er Rouget de Lisle, dem Verfasser der Marseillaise, vorgestellt wurde, gesagt haben: »Sie sind ein gefährlicher Mann, mehr als fünfzig tausend brave Deutsche haben Sie erschlagen« (zit. n. Kaiser, S. 193 f.). Die Äußerung gibt pointiert jenen Glauben an die Macht der »Vaterlandsgesänge« wieder, der sich

---

7 *Klopstocks sämmtliche Werke*, Bd. 6, Leipzig 1854, S. 55 (das folgende Zitat ebd., S. 65).

in der 2. Strophe von *Der Tod fürs Vaterland* artikuliert. Konkret nährte er sich von Berichten über unglaubliche, ›zauberische‹ Erfolge der von revolutionärem Geist beseelten französischen Revolutionsarmeen über zahlenmäßig und technisch überlegene Gegner. Indessen sind auch die Vaterlandsgesänge, die die Feinde lähmen (in den Knien, die Hölderlin nach antikem Vorbild wiederholt als das schlechthin seelische Gelenk kennzeichnet; vgl. SW 1,362, V. 4 f.), so gut wie die sterbensbereiten Jünglinge und der Vaterlandsaltar ein Topos, der für verschiedene Zwecke funktionalisierbar ist. Einer der erfolgreichsten Mythen des Ersten Weltkriegs – ›Langemarck‹, wo deutsche Jünglinge mit dem Deutschlandlied auf den Lippen sich todesverachtend in feindliche Stellungen geworfen haben sollen – stellt seine nationalistische Variante dar.

Für das Verständnis von Hölderlins Ode ist aber der Gesang von kaum zu überschätzender Bedeutung. Denn das Ich dieses Gedichts bleibt, bei allem Enthusiasmus, dem eigentlichen Handeln seltsam fern. Gründe für diese Distanz sollen abschließend in einer genaueren Lektüre gesucht werden.

Nicht mit der Aktivität von Subjekten, sondern mit dem Advent eines überwältigenden Geschehens setzt die Ode (im ›fließenden‹ alkäischen Versmaß gehalten) ein: »Du kömmst, o Schlacht!« Die »Jünglinge« werden mitgerissen in diesem offenbarungsartigen Ereignis, das auf der beschriebenen Vertikalachse vom Himmel herab sich nach unten ins Tal ergießt. Die »Würger« – kriegskunsterfahrene und technisch versierte Söldnertruppen der Despoten – werden überwältigt, nicht eigentlich im Handgemenge, sondern in einer Art enthusiastischer Überschwemmung. Diese niederschmetternde Herabkunft des überlegenen Geistes hat Hölderlin in zwei Enjambements gestaltet: lenkt der erste Zeilensprung »Jünglinge / Hinab« noch die Gedanken auf physische Überwältigung, so wird das machtvollere geistige Unwetter, das in Gestalt der »Seelen« über die »Ehrelosen«

kommt, im größeren Strophenenjambement gegeben (4/5). Jetzt erst, nach der Wendung ins Spirituelle, folgt der Hinweis auf die »Vaterlandsgesänge« der Kämpfenden.

In Strophe 3 erscheint erstmals ein Ich, das nun aber selbst nicht in die Schlacht eingreift, sondern eine grandiose Imagination seiner ersehnten Teilhabe entwirft. In diesem Wunschbild wiederum ist sein Interesse weniger auf Kampf und Sieg, sondern von vornherein auf den schönen Tod gerichtet. »Zu fallen am Opferhügel / Für's Vaterland« ist die genaue Mitte des Gedichts (dies spricht gegen die Annahme der FHA, die Zahl der Strophen gehe auf einen Eingriff Neuffers zurück). Die tektonisch entscheidenden Stellen – Titel, Anfang (»hinab«), Mitte und Schlußvers – sind Todespartien.

Die Artikulation des Todesverlangens in der zweiten Gedichthälfte verstärkt den Sog nach unten, der von Beginn an wirksam ist. »Zu euch« (14), beim ersten Lesen zunächst als Vereinigungswunsch auf die Jünglinge beziehbar, wird über den Spannungsbogen von vier Versen hinweg schließlich als Sehnsucht verstanden, zu den »Helden« und »Dichtern aus alter Zeit« in eine imaginäre Unterwelt heimzukehren. Die vage Topographie eines historischen Schlachtfelds, die das Gedicht trotz aller Typisierung erahnen läßt, wird damit endgültig in einen metaphysischen Rahmen gestellt: dem vor Strophe 1 zu ergänzenden Himmel ›oben‹ als Ursprungsort der spirituellen Woge korrespondiert der Hades der verstorbenen Heroen und Sänger ›unten‹. Die eigentliche Bewegung des Gedichts geschieht zwischen diesen beiden Polen; es ist, als spiele die reale geschichtliche Auseinandersetzung nur beiher im Vollzug einer ungleich größer dimensionierten Niederkunft des Geistes, die in eine totale Entfaltung der geschichtlichen Taten und ihrer poetischen Überlieferung mündet. Das Ich des Gedichts scheint die Preisgabe seiner Individuation im patriotischen Taumel zu ersehnen, gerade weil es im Selbstverlust Stimme des Vaterlands werden will. Gelänge dieser Gesang im Untergang, dann hätte der »geringe Fremdling« (19 f.) die Größe erreicht, die ihm beim Eintritt in die Gefilde der übermächtigen Vaterlandshelden und -sänger freundliche Aufnahme sicherte.

In der Rede vom »geringen Fremdling« wird ein schüchterner, zaghafter Tonfall vernehmbar, der mit der Nennung des »Ich« in Strophe 3 erstmals angeschlagen wird und bis zur angesprochenen Passage sich leise verstärkt. Ein unbestreitbar anrührendes Moment der Ode liegt im Kontrast von martialischer Thematik im Vordergrund und einer letztlich hilflosen Kindlichkeit, die als subjektiver Impuls im Hintergrund spürbar ist. Nirgendwo wird dies faßlicher als bei dem dialektalen »O nimmt mich, nimmt mich« (9). Es ist die schwäbische Muttersprache des ›frommen Kindes‹, in der die Sehnsucht nach einer grenzenlosen Liebesvereinigung sich artikuliert.

In den Versen 15 und 16 ist die Rede davon, daß die großen Vorbilder der Vergangenheit ihn »leben / Lehrten und sterben«. Die Pause des Enjambements läßt für einen Moment die Möglichkeit aufscheinen, daß es ein Bleiben im Leben geben könnte. Vers 16 aber endet wieder mit »hinunter«. Die kunstvollen Doppelungen (›hinab – hinab‹, 2; ›nimmt mich, nimmt mich‹, 9; ›Für's Vaterland – Für's Vaterland‹, 13 f.; ›Zu euch – zu euch hinunter‹, 14, 16) verstärken alle den Sog nach unten. Zwar endet das Gedicht mit dem Ausblick auf ein lebendiges Vaterland, das moralische Energien aus der Idealisierung seiner gefallenen Freiheitshelden bezieht. Die Gewichte sind aber so verteilt, daß weniger der Tod für das Aufblühen des Vaterlands als vielmehr die Vaterlandsidee für den Todeswunsch funktionalisiert wird: »und bald ist's gescheh'n!« (14)

Die zunehmende Abstraktheit des Gedichts im Übergang von erstem Entwurf zur Endfassung ist wohl auch der Rücksichtnahme auf Publikationsmöglichkeiten geschuldet. Entscheidend für die schließliche Dominanz der Todeserotik dürfte aber ein bei Hölderlin in den Jahren 1798/99 zu beobachtendes Schwanken zwischen wilder Kampfeslust für die Sache des Republikanismus einerseits (vgl. die Briefe SW 3, Nr. 173 und Nr. 184) und einer immer deutlicher sich abzeichnenden Sehnsucht nach Frieden andererseits sein (vgl. Kirchner, S. 7–33). Die Hoffnung auf eine Wiederbelebung des revolutionären Impulses aus Frankreich und der gleichzeitige Wunsch nach einem Ende der Schlachten, die die Französische Revolution ausgelöst hatte, waren allenfalls spekulativ – in der Figur des Umschlags von äußerster Zerrissenheit in Versöhnung – zu vermitteln. Realgeschichtlich bestand wenig Aussicht auf einen Frieden, der die proklamierten Ideale des revolutionären Kampfes eingelöst und auf Dauer verwirklicht hätte. Was derart im Tagesgeschehen in schmerzhaftem Widerspruch zueinander stand, führt das Gedicht in der entgrenzenden Imagination der brüderlichen Ruhe, die die Opfer der Freiheitsschlacht finden, zusammen. Im süßen Rausch des gemeinsamen patriotischen Todes ergäbe sich eine Lösung aller Spannungen, die zugleich absolutes Sinnereignis und höchste Erfahrung der Liebe unter den Menschen wäre. Die Gegensätze der geschichtlichen Lebenswelt durch Hingabe ans Unbedingte hinter sich zu lassen, war eine Versuchung, der Hölderlin sich zeit seines mündigen Lebens ausgesetzt sah. Ihr hat er ab der zweiten Hälfte der neunziger Jahre immer entschiedener den Gedanken des Aushaltens von Differenzen und der Mühe ihrer Vermittlung entgegengestellt. Es ist vielleicht kein Zufall, daß Hölderlin das Gedicht *Der Tod fürs Vaterland*, das dem Zug ins Ungebundene nachgibt, zusammen mit einem anderen wie *Die Launischen* publizieren läßt, in dem das Im-»Gleise«-Bleiben und Sich-»Zügel«-Anlegen-Lassen als Lebensmöglichkeit für die Dichter herausgestellt wird (SW 1,216).

Trotz seiner vordergründigen Kriegsrhetorik kann auch *Der Tod fürs Vaterland* als Ausdruck einer Tendenz gelesen werden, die Hölderlin zu einer immer deutlicheren Auszeichnung Deutschlands als dem Ursprungsort friedlich-spiritueller Umwälzungen führt. Die Wirren der Revolutionskämpfe lassen ihn schon 1797 freiheitliche Verhältnisse eher von einer im Stillen reifenden »Revolution der Gesinnungen und Vorstellungsarten« als von anhaltenden militärischen Auseinandersetzungen erhoffen (SW 3,252, Br. 133; 10. Januar 1797 an Ebel). Mit dieser Verschiebung verliert aber auch tatsächlich die *patrie* der Tatrevolution – Frankreich – an Bedeutung gegenüber dem Vaterland der Geistrevolution: Deutschland. Kurze Zeit nach *Der Tod fürs Vaterland* schließt Hölderlin die Ode *Gesang des Deutschen* ab, die für diese Phase am prägnantesten den Gedanken einer Mission Deutschlands formuliert: das rückständige ›Germanien‹, das kulturell lange Zeit der ängstliche Nachahmer der übermächtigen Franzosen war, erweist sich an der Schwelle zum neuen Jahrhundert als das Land, in dessen Poesie und Philosophie der neunziger Jahre Idee und Gefühl einer letzten, alle Differenzen natürlicher, sozialer, kultureller und nationaler Art übergreifenden Einheit am Leben erhalten werden. Deutschland ist das »Land der Liebe« (SW 1,224). Deshalb ist es berufen, den Völkern eines sich in Kriegen zerfleischenden Europa »wehrlos« »Rat« zu erteilen (SW 1,337). Diese Vision einer apostolischen Sendung der Deutschen zur Menschheitsvereinigung – sie findet sich in ähnlicher Form etwa bei Schiller, Novalis, Schleiermacher (vgl. Wiedemann, bes. S. 544–550) – ist auch bei Hölderlin nicht frei von Untertönen eines späten Triumphs: die Lehrlinge des 18. Jahrhunderts werden zu Meistern des 19., die als ›wilde‹ Barbaren ›verhöhnten‹ Deutschen (vgl. SW 1,224) zu Bewahrern der europäischen Kultur. Die Inversion, mit der im *Tod fürs Vaterland* der »geringe Fremdling« zur Größe der Helden und Sänger der Vergangenheit aufsteigt, betrifft in dieser Figur das ganze deutsche Vaterland und seine Kultur: das jünglingshaft-unbeholfene, »blöde« (d. h. ›scheue‹, SW 1,224) Deutschland vollbringt jetzt aus der reinen spirituellen Kraft seines Wortes heraus die Revolutionierung der europäischen Welt. Abstrahiert man bei der Betrachtung unserer Ode vom äußeren Schlacht-Szenario,

dann erkennt man unschwer auch in ihr jenen Geist und
Gesang des Deutschen, der die eigentliche Macht einer
letztlich religiösen, nämlich allvereinigenden Umkehrung
des Abendlands ist. So schön die Schlußverse der Hymne
Germanien (SW 1,337) aber die friedensstiftende Mission
Deutschlands evozieren, so naheliegend bleibt auch hier
eine skeptische Frage: wie rein und versöhnend kann ein
Universalismus sein, den alle anderen Nationen von Einer
zu lernen haben?

Literaturhinweise

Gaier, Ulrich: Hölderlins vaterländische Sangart. In: Hölderlin-Jahrbuch 25 (1986/87) S. 12–59.
Hock, Erich: Hölderlins Gedichtfragment *O Schlacht fürs Vaterland*. In: Hölderlin-Jahrbuch 21 (1978/79) S. 144–169.
– Hölderlins Ode *Der Tod fürs Vaterland*. In: Hölderlin-Jahrbuch 22 (1980/81) S. 158–202.
Kaiser, Gerhard: Pietismus und Patriotismus im literarischen Deutschland. 2. erg. Aufl. Frankfurt a. M. 1973.
Kirchner, Werner: Hölderlin. Aufsätze zu seiner Homburger Zeit. Göttingen 1967.
Kurz, Gerhard: Hölderlin 1943. In: Hölderlin und Nürtingen. Hrsg. von Peter Härtling und G. K. Stuttgart 1994. S. 103–128.
Prignitz, Christoph: Der Gedanke des Vaterlands im Werk Hölderlins. In: Jahrbuch des freien deutschen Hochstifts (1976) S. 88–113.
Schmidt, Jochen: Deutschland und Frankreich als Gegenmodelle in Hölderlins Geschichtsdenken: Evolution statt Revolution. In: Dichter und ihre Nation. Hrsg. von Helmut Scheuer. Frankfurt a. M. 1993. S. 176–199.
Wiedemann, Conrad: Deutsche Klassik und nationale Identität. In: Klassik im Vergleich. Hrsg. von Wilhelm Voßkamp. Stuttgart/Weimar 1993. S. 541–569.

Emilie vor ihrem Brauttag

Emilie an Klara

Ich bin im Walde mit dem Vater draus
Gewesen, diesen Abend, auf dem Pfade,
Du kennest ihn, vom vor'gen Frühlinge.
Es blühten wilde Rosen nebenan,
5 Und von der Felswand überschattet' uns
Der Eichenbüsche sonnenhelles Grün;
Und oben durch der Buchen Dunkel quillt
Das klare flüchtige Gewässer nieder.
Wie oft, du Liebe! stand ich dort und sah
10 Ihm nach aus seiner Bäume Dämmerung
Hinunter in die Ferne, wo zum Bach'
Es wird, zum Strome, sehnte mich mit ihm
Hinaus – wer weiß, wohin?

       Das hast du oft
Mir vorgeworfen, daß ich immerhin
15 Abwesend bin mit meinem Sinne, hast
Mirs oft gesagt, ich habe bei den Menschen
Kein friedlich Bleiben nicht, verschwende
Die Seele an die Lüfte, lieblos sei
Ich öfters bei den Meinen. Gott! ich lieblos?

20 Wohl mag es freudig sein und schön, zu bleiben,
Zu ruhn in einer lieben Gegenwart,
Wenn eine große Seele, die wir kennen,
Vertraulich nahe waltet über uns,
Sich um uns schließt, daß wir, die Heimatlosen,
25 Doch wissen, wo wir wohnen.

                             Gute! Treue!
Doch hast du recht. Bist du denn nicht mir eigen?
Und hab' ich ihn den teuern Vater nicht,
Den Heiligjugendlichen, Vielerfahrnen,
Der, wie ein stiller Gott auf dunkler Wolke,
30 Verborgenwirkend über seiner Welt
Mit freiem Auge ruht, und wenn er schon
Ein Höhers weiß, und ich des Mannes Geist
Nur ahnen kann, doch ehrt er liebend mich,
Und nennt mich seine Freude, ja! und oft
35 Gibt eine neue Seele mir sein Wort.

   Dann möcht' ich wohl den Segen, den er gab,
Mit einem, das ich liebte, gerne teilen,
Und bin allein – ach! ehmals war ichs nicht!

   Mein Eduard! mein Bruder! denkst du sein
40 Und denkst du noch der frommen Abende,
Wenn wir im Garten oft zusammensaßen
Nach schönem Sommertage, wenn die Luft
Um unsre Stille freundlich atmete,
Und über uns des Äthers Blumen glänzten;
45 Wenn von den Alten er, den Hohen, uns
Erzählte, wie in Freude sie und Freiheit
Aufstrebten seine Meister; tönender
Hub dann aus seiner Brust die Stimme sich,
Und zürnend war und liebend oft voll Tränen
50 Das Auge meinem Stolzen; ach! den letzten
Der Abende, wie nun, da Großes ihm
Bevorstand, ruhiger der Jüngling war,
Noch mit Gesängen, die wir gerne hörten,
Und mit der Zithar uns die Trauernden
55 Vergnügt'!

Ich seh ihn immer, wie er ging.
Nie war er schöner, kühn, die Seele glänzt'
Ihm auf der Stirne, dann voll Andacht trat
Er vor den alten Vater. Kann ich Glück
Von dir empfangen, sprach er, heil'ger Mann!
60 So wünsche lieber mir das größte, denn
Ein anders, und betroffen schien der Vater.
Wenns sein soll, wünsch' ich dirs, antwortet' er.
Ich stand beiseit, und wehemütig sah
Der Scheidende mich an und rief mich laut;
65 Mir bebt' es durch die Glieder, und er hielt
Mich zärtlich fest, in seinen Armen stärkte
Der Starke mir das Herz, und da ich aufsah
Nach meinem Lieben, war er fortgeeilt.

»Ein edel Volk ist hier auf Korsika«;
70 Schrieb freudig er im letzten Briefe mir,
»Wie wenn ein zahmer Hirsch zum Walde kehrt
Und seine Brüder trifft, so bin ich hier,
Und mir bewegt im Männerkriege sich
Die Brust, daß ich von allem Weh genese.

75 Wie lebst du, teure Seele! und der Vater?
Hier unter frohem Himmel, wo zu schnell
Die Frühlinge nicht altern, und der Herbst
Aus lauer Luft dir goldne Früchte streut,
Auf dieser guten Insel werden wir
80 Uns wiedersehen; dies ist meine Hoffnung.

Ich lobe mir den Feldherrn. Oft im Traum'
Hab' ich ihn fast gesehen, wie er ist,
Mein Paoli, noch eh' er freundlich mich
Empfing und zärtlich vorzog, wie der Vater
85 Den Jüngstgebornen, der es mehr bedarf.

Und schämen muß ich vor den andern mich,
Den furchtbarstillen, ernsten Jünglingen.
Sie dünken traurig dir bei Ruh und Spiel;
Unscheinbar sind sie, wie die Nachtigall,
90 Wenn von Gesang sie ruht; am Ehrentag'
Erkennst du sie. Ein eigen Leben ists! –
Wenn mit der Sonne wir, mit heil'gem Lied'
Heraufgehn übern Hügel, und die Fahnen
Ins Tal hinab im Morgenwinde wehn,
95 Und drunten auf der Ebne fernher sich,
Ein gärend Element, entgegen uns
Die Menge regt und treibt, da fühlen wir
Frohlockender, wie wir uns herrlich lieben;
Denn unter unsern Zelten und auf Wogen
100 Der Schlacht begegnet uns der Gott, der uns
Zusammenhält.

                Wir tun, was sich gebührt,
Und führen wohl das edle Werk hinaus.
Dann küßt ihr noch den heimatlichen Boden,
Den trauernden, und kommt und lebt mit uns,
105 Emilie! – Wie wirds dem alten Vater
Gefallen, bei den Lebenden noch Einmal
Zum Jüngling aufzuleben und zu ruhn
In unentweihter Erde, wenn er stirbt.

Denkst du des tröstenden Gesanges noch,
110 Emilie, den seiner teuern Stadt
In ihrem Fall der stille Römer sang,
Noch hab' ich einiges davon im Sinne.

Klagt nicht mehr! kommt in neues Land! so sagt' er.
Der Ozean, der die Gefild' umschweift,
115 Erwartet uns. Wir suchen selige
Gefilde, reiche Inseln, wo der Boden
Noch ungepflügt die Früchte jährlich gibt,
Und unbeschnitten noch der Weinstock blüht,

Wo der Olivenzweig nach Wunsche wächst,
120 Und ihren Baum die Feige keimend schmückt,
Wo Honig rinnt aus hohler Eich' und leicht
Gewässer rauscht von Bergeshöhn. – Noch manches
Bewundern werden wir die Glücklichen. –
Es sparte für ein frommes Volk Saturnus Sohn
125 Dies Ufer auf, da er die goldne Zeit
Mit Erze mischte. – Lebe wohl, du Liebe!«

Der Edle fiel des Tags darauf im Treffen
Mit seiner Liebsten Einem, ruht mit ihm
In Einem Grab'.

                    In deinem Schoße ruht
130 Er, schönes Korsika! und deine Wälder
Umschatten ihn, und deine Lüfte wehn
Am milden Herbsttag freundlich über ihm,
Dein Abendlicht vergoldet seinen Hügel.

Ach! dorthin möcht' ich wohl, doch hälf es nicht.
135 Ich sucht' ihn, so wie hier. Ich würde fast
Dort weniger, wie hier, mich sein entwöhnen.
So wuchs ich auf mit ihm, und weinen muß ich
Und lächeln, denk' ich, wie mirs ehmals oft
Beschwerlich ward, dem Wilden nachzukommen,
140 Wenn nirgend er beim Spiele bleiben wollte.
Nun bist du dennoch fort und lässest mich
Allein, du Lieber! und ich habe nun
Kein Bleiben auch, und meine Augen sehn
Das Gegenwärtige nicht mehr, o Gott!
145 Und mit Phantomen peiniget und tröstet
Nun meine Seele sich, die einsame.
Das weißt du, gutes Mädchen! nicht, wie sehr
Ich unvernünftig bin. Ich will dirs all'
Erzählen. Morgen! Mich besucht doch immer
150 Der süße Schlaf, und wie die Kinder bin ich,
Die besser schlummern, wenn sie ausgeweint.

Emilie an Klara

Der Vater schwieg im Leide tagelang,
Da ers erfuhr; und scheuen mußt' ich mich,
Mein Weh ihn sehn zu lassen; lieber ging
155 Ich dann hinaus zum Hügel und das Herz
Gewöhnte mir zum freien Himmel sich.
Ich tadelt' oft ein wenig mich darüber,
Daß nirgend mehr im Hause mirs gefiel.
Vergnügt mit allem war ich ehmals da,
160 Und leicht war alles mir. Nun ängstigt' es
Mich oft; noch trieb ich mein Geschäft, doch leblos,
Bis in die Seele stumm in meiner Trauer.

Es war, wie in der Schattenwelt, im Hause.
Der stille Vater und das stumme Kind!

165 Wir wollen fort auf eine Reise, Tochter!
Sagt' eines Tags mein Vater, und wir gingen,
Und kamen dann zu dir. In diesem Land',
An deines Neckars friedlichschönen Ufern,
Da dämmert' eine stille Freude mir
170 Zum erstenmale wieder auf. Wie oft
Im Abendlichte stand ich auf dem Hügel
Mit dir, und sah das grüne Tal hinauf,
Wo zwischen Bergen, da die Rebe wächst,
An manchem Dorf vorüber, durch die Wiesen
175 Zu uns herab, von luft'ger Weid' umkränzt,
Das goldne ruhige Gewässer wallte!
Mir bleibt die Stelle lieb, wo ich gelebt.

Ihr heiterfreien Ebenen des Mains,
Ihr reichen, blühenden! wo nahe bald
180 Der frohe Strom, des stolzen Vaters Liebling,
Mit offnem Arm' ihn grüßt, den alten Rhein!

Auch ihr! Sie sind wie Freunde mir geworden,
Und aus der Seele mir vergehen soll
Kein frommer Dank, und trag' ich Leid im Busen,
So soll mir auch die Freude lebend bleiben.

Erzählen wollt' ich dir, doch hell ist nie
Das Auge mir, wenn dessen ich gedenke.
Vor seinen kindischen, geliebten Träumen
Bebt immer mir das Herz.

       Wir reisten dann
Hinein in andre Gegenden, ins Land
Des Varustals, dort bei den dunkeln Schatten
Der wilden heil'gen Berge lebten wir,
Die Sommertage durch, und sprachen gern
Von Helden, die daselbst gewohnt, und Göttern.

Noch gingen wir des Tages, ehe wir
Vom Orte schieden, in den Eichenwald
Des herrlichen Gebirgs hinaus, und standen
In kühler Luft auf hoher Heide nun.

»Hier unten in dem Tale schlafen sie
Zusammen, sprach mein Vater, lange schon
Die Römer mit den Deutschen, und es haben
Die Freigebornen sich, die stolzen, stillen,
Im Tode mit den Welteroberern
Versöhnt, und Großes ist und Größeres
Zusammen in der Erde Schoß gefallen.
Wo seid ihr, meine Toten all? Es lebt
Der Menschengenius, der Sprache Gott,
Der alte Braga noch, und Hertha grünt
Noch immer ihren Kindern, und Walhalla
Blaut über uns, der heimatliche Himmel;
Doch euch, ihr Heldenbilder, find' ich nicht.«

Emilie vor ihrem Brauttag 83

Ich sah hinab und leise schauerte
Mein Herz, und bei den Starken war mein Sinn,
Den Guten, die hier unten vormals lebten.

215 Itzt stand ein Jüngling, der, uns ungesehn,
Am einsamen Gebüsch beiseit gesessen,
Nicht ferne von mir auf. O Vater! mußt'
Ich rufen, das ist Eduard! – Du bist
Nicht klug, mein Kind! erwidert' er und sah
220 Den Jüngling an; es mocht' ihn wohl auch treffen,
Er faßte schnell mich bei der Hand und zog
Mich weiter. Einmal mußt' ich noch mich umsehn.
Derselbe wars und nicht derselbe! Stolz und groß,
Voll Macht war die Gestalt, wie des Verlornen,
225 Und Aug und Stirn' und Locke; schärfer blickt
Er nur, und um die seelenvolle Miene
War, wie ein Schleier, ihm ein stiller Ernst
Gebreitet. Und er sah mich an. Es war,
Als sagt' er, gehe nur auch du, so geht
230 Mir alles hin, doch duld' ich aus und bleibe.

Wir reisten noch desselben Abends ab,
Und langsamtraurig fuhr der Wagen weiter
Und weiter durchs unwegsame Gebirg.
Es wechselten in Nebel und in Regen
235 Der Bäum' und des Gebüsches dunkle Bilder
Im Walde nebenan. Der Vater schlief,
In dumpfem Schmerze träumt' ich hin, und kaum
Nur eben noch, die lange Zeit zu zählen,
War mir die Seele wach.

      Ein schöner Strom
240 Erweckt' ein wenig mir das Aug; es standen
Im breiten Boot die Schiffer am Gestad;
Die Pferde traten folgsam in die Fähre,
Und ruhig schifften wir. Erheitert war

Die Nacht, und auf die Wellen leuchtet'
245 Und Hütten, wo der fromme Landmann schlief,
Aus blauer Luft das stille Mondlicht nieder;
Und alles dünkte friedlich mir und sorglos,
In Schlaf gesungen von des Himmels Sternen.

Und ich sollt' ohne Ruhe sein von nun an,
250 Verloren ohne Hoffnung mir an Fremdes
Die Seele meiner Jugend! Ach! ich fühlt'
Es itzt, wie es geworden war mit mir.
Dem Adler gleich, der in der Wolke fliegt,
Erschien und schwand mir aus dem Auge wieder,
255 Und wieder mir des hohen Fremdlings Bild,
Daß mir das Herz erbebt' und ich umsonst
Mich fassen wollte. Schliefst du gut, mein Kind!
Begrüßte nun der gute Vater mich,
Und gerne wollt' ich auch ein Wort ihm sagen.
260 Die Tränen doch erstickten mir die Stimme,
Und in den Strom hinunter mußt' ich sehn,
Und wußte nicht, wo ich mein Angesicht
Verbergen sollte.

Glückliche! die du
Dies nie erfahren, überhebe mein
265 Dich nicht. Auch du, und wer von allen mag
Sein eigen bleiben unter dieser Sonne?
Oft meint' ich schon, wir leben nur, zu sterben,
Uns opfernd hinzugeben für ein Anders.
O schön zu sterben, edel sich zu opfern,
270 Und nicht so fruchtlos, so vergebens, Liebe!
Das mag die Ruhe der Unsterblichen
Dem Menschen sein.

Bedaure du mich nur!
Doch tadeln, Gute, sollst du mir es nicht!
Nennst du sie Schatten, jene, die ich liebe?

275 Da ich kein Kind mehr war, da ich ins Leben
   Erwachte, da aufs neu mein Auge sich
   Dem Himmel öffnet' und dem Licht, da schlug
   Mein Herz dem Schönen; und ich fand es nah;
   Wie soll ichs nennen, nun es nicht mehr ist
280 Für mich? O laßt! Ich kann die Toten lieben,
   Die Fernen; und die Zeit bezwingt mich nicht.
   Mein oder nicht! du bist doch schön, ich diene
   Nicht Eitlem, was der Stunde nur gefällt,
   Dem Täglichen gehör ich nicht; es ist
285 Ein anders, was ich lieb'; unsterblich
   Ist was du bist, und du bedarfst nicht meiner,
   Damit du groß und gut und liebenswürdig
   Und herrlich seist, du edler Genius!

   Laßt nur mich stolz in meinem Leide sein,
290 Und zürnen, wenn ich ihn verleugnen soll;
   Bin ich doch sonst geduldig, und nicht oft
   Aus meinem Munde kömmt ein Männerwort.
   Demütigt michs doch schon genug, daß ich
   Was ich dir lang verborgen, nun gesagt.

   Emilie an Klara

295 Wie dank' ich dir, du Liebe, daß du mir
   Vertrauen abgewonnen, daß ich dir
   Mein still Geheimnis endlich ausgesprochen.

   Ich bin nun ruhiger – wie nenn' ichs dir?
   Und an die schönen Tage denk ich, wenn ich oft
300 Hinausging mit dem Bruder, und wir oben
   Auf unserm Hügel beieinander saßen,
   Und ich den Lieben bei den Händen hielt,
   Und mirs gefallen ließ am offnen Feld'
   Und an der Straß', und ins Gewölb' hinauf
305 Des grünen Ahorns staunt', an dem wir lagen.

Ein Sehnen war in mir, doch war ich still.
Es blühten uns der ersten Hoffnung Tage,
Die Tage des Erwachens.

                         Holde Dämmerung!
So schön ists, wenn die gütige Natur
310 Ins Leben lockt ihr Kind. Es singen nur
Den Schlummersang am Abend unsre Mütter.
Sie brauchen nie das Morgenlied zu singen.
Dies singt die andre Mutter uns, die gute,
Die wunderbare, die uns Lebenslust
315 In unsern Busen atmet, uns mit süßen
Verheißungen erweckt.

                         Wie ist mir, Liebe!
Ich kann an Jugend heute nur, und nur
An Jugend denken.

                         Sieh! ein heitrer Tag
Ists eben auch. Seit frühem Morgen sitz' ich
320 Am lieben Fenster, und es wehn die Lüfte,
Die zärtlichen, herein, mir blickt das Licht
Durch meine Bäume, die zu nahe mir
Gewachsen sind, und mählig mit den Blüten
Das ferne Land verhüllen, daß ich mich
325 Bescheiden muß, und hie und da noch kaum
Hinaus mich find' aus diesem freundlichen
Gefängnis; und es fliegen über ihnen
Die Schwalben und die Lerchen, und es singen
Die Stunde durch genug die Nachtigallen,
330 Und wie sie heißen all die Lieblinge
Der schönen Jahrszeit; eigne Namen möcht'
Ich ihnen geben, und den Blumen auch,
Den stillen, die aus dunklem Beete duften,
Zu mir herauf wie junge Sterne glänzend.

335 Und wie es lebt und glücklich ist im Wachstum,
    Und seiner Reife sich entgegen freut!

    Es findet jedes seine Stelle doch,
    Sein Haus, die Speise, die das Herz ihm sättigt,
    Und jedes segnest du mit eignem Segen,
340 Natur! und gibst dich ihnen zum Geschäft,
    Und trägst und nährst zu ihrer Blütenfreud'
    Und ihrer Frucht sie fort, du gütige!

    Und klagtest du doch öfters, trauernd Herz!
    Vergaßest mir den Glauben, danktest nicht,
345 Und dachtest nicht, wenn dir dein Tun zu wenig
    Bedeuten wollt', es sei ein frommes Opfer,
    Das du, wie andre, vor das Leben bringest,
    Wohlmeinend, wie der Lerche Lied, das sie
    Den Lüften singt, den freudegebenden –

350 Nun geh' ich noch hinaus und hole Blumen
    Dem Vater aus dem Feld' und bind' ihm sie
    In Einen Strauß, die drunten in dem Garten,
    Und die der Bach erzog; ich will's schon richten,
    Daß ihm's gefallen soll. Und dir? dir bring' ich
355 Genug des Neuen. Da ist's immer anders.
    Itzt blühn die Weiden; itzt vergolden sich
    Die Wiesen; itzt beginnt der Buche Grün,
    Und itzt der Eiche – nun! leb wohl indessen!

Emilie an Klara

    Ihr Himmlischen! das war er. Kannst du mir
360 Es glauben? – Beste! – wärst du bei mir! – Er!
    Der Hohe, der Gefürchtete, Geliebte! –
    Mein bebend Herz, hast du so viel gewollt?

Da ging ich so zurück mit meinen Blumen,
Sah auf den Pfad, den abendrötlichen,
365 In meiner Stille nieder, und es schlief
Mir sanft im Busen das Vergangene,
Ein kindlich Hoffen atmete mir auf;
Wie wenn uns zwischen süßem Schlaf und Wachen
Die Augen halb geöffnet sind, so war
370 Ich Blinde. Sieh! da stand er vor mir mein
Heroë und ich Arme war, wie tot,
Und ihm, dem Brüderlichen, überglänzte
Das Angesicht, wie einem Gott, die Freude.

»Emilie!« – das war sein frommer Gruß.
375 Ach! alles Sehnen weckte mir und all
Das liebe Leiden, so ich eingewiegt,
Der goldne Ton des Jünglings wieder auf!
Nicht aufsehn durft' ich! keine Sylbe durft'
Ich sagen! O, was hätt' ich ihm gesagt!

380 Was wein' ich denn, du Gute? – laß mich nur!
Nun darf ich ja, nun ists so töricht nimmer,
Und schön ists, wenn der Schmerz mit seiner Schwester
Der Wonne sich versöhnt, noch eh' er weggeht.

O Wiedersehn! das ist noch mehr, du Liebe!
385 Als wenn die Bäume wieder blühn, und Quellen
Von neuem fröhlich rauschen –

                              Ja! ich hab'
Ihn oft gesucht und ernstlich oft es mir
Versagt, doch wollt' ich sein Gedächtnis ehren.

Die Bilder der Gespielen, die mit mir
390 Auf grüner Erd' in stummer Kindheit saßen,
Sie dämmern ja um meine Seele mir,
Und dieser edle Schatte, sollt' er nicht?

Das Herz im Busen, das unsterbliche,
Kann nicht vergessen, sieh! und öfters bringt
395 Ein guter Genius die Liebenden
Zusammen, daß ein neuer Tag beginnt,
Und ihren Mai die Seele wieder feiert.

O wunderbar ist mir! auch er! – daß du
Hinunter mußtest, Lieber! ehe dir
400 Das deine ward, und dich die frohe Braut
Zum Männerruhme segnete! Doch starbst
Du schön, und oft hab' ich gehört, es fallen
Die Lieblinge des Himmels früh, damit
Sie sterblich Glück und Leid und Alter nicht
405 Erfahren. Nimmermehr vergeß ich dich,
Und ehren soll er dich. Dein Bild will ich
Ihm zeigen, wenn er kömmt; und wenn der Stolze
Sich dann verwundert, daß er sich bei mir
Gefunden, sag' ich ihm, es sei ein Andrer,
410 Und den er lieben müsse. O, er wirds!

Emilie an Klara

Da schrieb er mir. Ja! teures Herz! er ists,
Den ich gesucht. Wie dieser Jüngling mich
Demütiget und hebt! Nun! lies es nur!
»So bist du's wieder, und ich habe dich
415 Gegrüßt, gefunden, habe dich noch Einmal
In deiner frommen Ruh gestört, du Kind
Des Himmels! – Nein Emilie! du kanntest
Mich ja. Ich kann nicht fragen. Wir sind's,
Die Längstverwandten, die der Gott getraut,
420 Und bleiben wird es, wie die Sonne droben.
Ich bin voll Freude, schöne Seele! bin
Der neuen Melodien ungewohnt.
Es ist ein anders Lied, als jenes, so
Dem Jünglinge die Parze lehrend singt

Bis ihm, wie Wohllaut, ihre Weise tönt;
Dann gönnt sie ihm, du Friedliche! von dir
Den süßern Ton, den liebsten, einzigen
Zu hören. Mein? o sieh! du wirst in Lust
Die Mühe mir und was mein Herz gebeut,
Du wirst es all in heil'ge Liebe wandeln.
Und hab' ich mit Unmöglichem gerungen,
Und mir die Brust zu Treu und Ruh gehärtet,
Du wärmest sie mit frommer Hoffnung mir,
Daß sie vertrauter mit dem Siege schlägt.
Und wenn das Urbild, das, wie Morgenlicht,
Mir aus des Lebens dunkler Wolke stieg,
Das himmlische mir schwindet, seh ich Dich,
Und eine schöne Götterbotin, mahnst
Du lächelnd mich an meinen Phöbus wieder;
Und wenn ich zürne, sänftigest du mich.
Dein Schüler bin ich dann, und lausch' und lerne.
Von deinem Munde nehm' ich, Zauberin,
Des Überredens süße Gabe mir,
Daß sie die Geister freundlich mir bezwingt,
Und wenn ich ferne war von dir, und wund
Und müd dir wiederkehre, heilst du mich
Und singst in Ruhe mich, du holde Muse!

Emilie! daß wir uns wiedersahn!
Daß wir uns einst gefunden, und du nun
Mich nimmer fliehst und nahe bist! Zu gern,
Zu gern entwich dein stolzes Bild dem Wandrer,
Das zarte, reine, da du ferne warst,
Du Heiligschönes! Doch ich sah dich oft,
Wenn ich des Tags allein die Pfade ging,
Und Abends in der fremden Hütte schwieg.

O heute! grüße, wenn du willst, den Vater!
Ich kenn' ihn wohl; auch meinen Namen kennt er;
Und seiner Freunde Freund bin ich. Ich wußte nicht,

Daß er es war, da wir zuerst einander
460 Begegneten, und lang erfuhr ichs nicht.
Bald grüß ich schöner dich. – Armenion.«

    Emilie an Klara

    Er woll' ihn morgen sprechen, sagte mir
Mein Vater, morgen! und er schien nicht freundlich.
Nun sitz ich hier und meine Augen ruhn
465 Und schlummern nicht – ach! schämen muß ich mich,
Es dir zu klagen – will ich stille werden,
So regt ein Laut mich auf; ich sinn und bitte,
Und weiß nicht, was? und sagen möcht' ich viel,
Doch ist die Seele stumm – o fragen möcht' ich
470 Die sorgenfreien Bäume hier, die Strahlen
Der Nacht und ihre Schatten, wie es nun
Mir endlich werden wird.

                      Zu still ists mir
In dieser schönen Nacht, und ihre Lüfte
Sind mir nicht hold, wie sonst. Die Törin!
475 So lang er ferne war, so liebt' ich ihn;
Nun bin ich kalt, und zag' und zürne mir
Und andern. – Auch die Worte, so ich dir
In dieser bösen Stunde schreibe, lieb'
Ich nicht, und was ich sonst von ihm geschrieben,
480 Unleidlich ist es mir. Was ist es denn?
Ich wünsche fast, ich hätt' ihn nie gesehn.
Mein Friede war doch schöner. Teures Herz!
Ich bin betrübt, und anders, denn ichs war,
Da ich um den Verlornen trauerte.
485 Ich bin es nimmer, nein! ich bin es nicht.
Ich bin nicht gut, und seellos bin ich auch.
Mich läßt die Furcht, die häßliche, nicht ruhn.

O daß der goldne Tag die Ruhe mir,
Mein eigen Leben wiederbrächt'! –

       Ich will
490 Geduldig sein, und wenn der Vater ihn
Nicht ehrt, mir ihn versagt, den Teuren,
So schweig' ich lieber, und es soll mir nicht
Zu sehr die Seele kränken; kann ich still
Ihn ehren doch, und bleiben, wie ich bin.

  Emilie an Klara

495 Nun muß ich lächeln über alles Schlimme,
Was ich die vor'ge Nacht geträumt; und hab'
Ich dir es gar geschrieben? Anders bin
Ich itzt gesinnt.

     Er kam und mir frohlockte
Das Herz, wie er herab die Straße ging,
500 Und mir das Volk den fremden Herrlichen
Bestaunt'! und lobend über ihn geheim
Die Nachbarn sich besprachen, und er itzt
Den Knaben, der an ihm vorüberging,
Nach meinem Hause fragt'; ich sahe nicht
505 Hinaus, ich konnt', an meinem Tische sitzend,
Ihn ohne Scheue sehn – wie red' ich viel?
Und da er nun herauf die Treppe kam,
Und ich die Tritte hört' und seine Türe
Mein Vater öffnete, sie draußen sich
510 Stillschweigend grüßten, daß ich nicht
Ein Wort vernehmen konnt', ich Unvernünft'ge
Wie ward mir bange wieder? Und sie blieben
Nicht kurze Zeit allein im andern Zimmer,
Daß ich es länger nicht erdulden konnt',
515 Und dacht': ich könnte wohl den Vater fragen
Um dies und jenes, was ich wissen mußte.

Emilie vor ihrem Brauttag 93

Dann hätt' ichs wohl gesehn in ihren Augen,
Wie mir es werden sollte. Doch ich kam
Bis an die Schwelle nur, ging lieber doch
520 In meinen Garten, wo die Pflanzen sonst,
In andrer Zeit, die Stunde mir gekürzt.

Und fröhlich glänzten, von des Morgens Tau
Gesättiget, im frischen Lichte sie
Ins Auge mir, wie liebend sich das Kind
525 An die betrübte Mutter drängt, so waren
Die Blumen und die Blüten um mich rings,
Und schöne Pforten wölbten über mir
Die Bäume.

         Doch ich konnt' es itzt nicht achten,
Nur ernster ward und schwerer nur, und bänger
530 Das Herz mir Armen immer, und ich sollte
Wie eine Dienerin von ferne lauschen,
Ob sie vielleicht mich riefen, diese Männer.
Ich wollte nun auch nimmer um mich sehn,
Und barg in meiner Laube mich und weinte,
535 Und hielt die Hände vor das Auge mir.

Da hört' ich sanft des Vaters Stimme nah,
Und lächelnd traten, da ich noch die Tränen
Mir trocknete, die beiden in die Laube:
»Hast du dich so geängstiget, mein Kind!
540 Und zürnst du, sprach der Vater, daß ich erst
Vor mich den edeln Gast behalten wollt'?
Ihn hast du nun. Er mag die Zürnende
Mit mir versöhnen, wenn ich Unrecht tat.«

So sprach er; und wir reichten alle drei
545 Die Händ' einander, und der Vater sah
Mit stiller Freud' uns an –

»Ein Trefflicher
Ist dein geworden, Tochter! sprach er itzt,
Und dein, o Sohn! dies heiligliebend Weib.
Ein freudig Wunder, daß die alten Augen
550 Mir übergehen, seid ihr mir, und blüht,
Wie eine seltne Blume mir, ihr Beiden!

Denn nicht gelingt es immerhin den Menschen,
Das Ihrige zu finden. Großes Glück
Zu tragen und zu opfern gibt der Gott
555 Den Einen, weniger gegeben ist
Den Andern; aber hoffend leben sie.

Zwei Genien geleiten auf und ab
Uns Lebende, die Hoffnung und der Dank.
Mit Einsamen und Armen wandelt jene,
560 Die Immerwache; dieser führt aus Wonne
Die Glücklichen des Weges freundlich weiter,
Vor bösem Schicksal sie bewahrend. Oft,
Wenn er entfloh, erhuben sich zu sehr
Die Freudigen, und rächend traf sie bald
Das ungebetne Weh.

565   Doch gerne teilt
Das freie Herz von seinen Freuden aus,
Der Sonne gleich, die liebend ihre Strahlen
An ihrem Tag' aus goldner Fülle gibt;
Und um die Guten dämmert oft und glänzt
570 Ein Kreis voll Licht und Lust, so lang sie leben.

O Frühling meiner Kinder, blühe nun,
Und altre nicht zu bald, und reife schön!«

So sprach der gute Vater. Vieles wollt'
Er wohl noch sagen, denn die Seele war
575 Ihm aufgegangen; aber Worte fehlten ihm.

Emilie vor ihrem Brauttag 95

Er gab ihn mir und segnet' uns und ging
Hinweg.

      Ihr Himmelslüfte, die ihr oft
Mich tröstend angeweht, nun atmet
Ihr heiligend um unser goldnes Glück!

580 Wie anders wars, wie anders, da mit ihm
Dem Liebenden, dem Freudigen ich itzt
Ich Freudige zu unsrer Mutter auf,
Zur schönen Sonne sah! nun dämmert' es
Im Auge nicht, wie sonst im sehnenden,
585 Nun grüßt' ich helle dich, du stolzes Licht!
Und lächelnd weiltest du, und kamst und schmücktest
Den Lieben mir, und kränztest ihm mit Rosen
Die Schläfe, Freundliches!

                      Und meine Bäume,
Sie streuten auch ein hold Geschenk herab,
590 Zu meinem Fest, vom Überfluß der Blüten!

Da ging ich sonst; ach! zu den Pflanzen flüchtet'
Ich oft mein Herz, bei ihnen weilt' ich oft
Und hing an ihnen; dennoch ruht' ich nie,
Und meine Seele war nicht gegenwärtig.

595 Wie eine Quelle, wenn die jugendliche
Dem heimatlichen Berge nun entwich,
Die Pfade bebend sucht, und flieht und zögert,
Und durch die Wiesen irrt und bleiben möcht',
Und sehnend, hoffend immer doch enteilt:
600 So war ich; aber liebend hat der stolze,
Der schöne Strom die flüchtige genommen,
Und ruhig wall' ich nun, wohin der sichre
Mich bringen will, hinab am heitern Ufer.

                      (SW 2,579–600)

Sabine Doering

Heroische Mädchenbildung

Die Versdichtung *Emilie vor ihrem Brauttag* nimmt in Hölderlins Werk eine deutliche Sonderstellung ein. Kein anderes seiner Gedichte hat einen vergleichbaren Umfang, und auch die Form des Briefgedichtes verwendet Hölderlin kein weiteres Mal. Bemerkenswert ist jedoch vor allem die Entstehungsgeschichte, denn es handelt sich hier um eine Auftragsarbeit, die Hölderlin weitere Publikationsmöglichkeiten eröffnen sollte. Im Juni 1799 bat er seinen Freund Neuffer, den Stuttgarter Verleger Steinkopf für den Plan einer »poetischen Monatsschrift« (SW 3,353) zu interessieren, die er unter dem Titel *Iduna* herausgeben wollte und für die er prominente Mitarbeiter zu gewinnen hoffte. Steinkopf reagierte auf diesen Vorschlag, der nie realisiert wurde, zurückhaltend und bot Hölderlin zunächst an, für die nächste Ausgabe von Neuffers *Taschenbuch für Frauenzimmer von Bildung* »eine ganz kleine Erzählung oder einen Roman über Emilie« zu verfassen, »der der Charakter eines recht edlen, vortrefflichen Mädchens gegeben werden müsse« (StA 7/1,131). Dieser Auftrag entsprach den Interessen von Herausgeber und Verleger, hatte doch bereits die vorangehende Ausgabe des Taschenbuches seine Leserinnen auf die Figur der Emilie neugierig gemacht: »Das Titelkupfer stellt Emiliens Bildniß vor, deren Geschichte im nächsten Jahre erzählt werden soll.« (StA 1,599, vgl. Abbildung S. 98.)

Mit unverkennbarer »Eilfertigkeit« (SW 3,366) unterzog sich der Dichter des *Hyperion* dieser poetischen Aufgabe, die ihn auf ein überwiegend weibliches Lesepublikum festlegte. Für die Ausarbeitung seines Gedichtes benötigte er weniger als einen Monat, und bereits Anfang Juli 1799 konnte er Neuffer das angeforderte Werk mit einem ausführlichen Begleitbrief übersenden, in dem er die »eigene

Form« (SW 3,367) seiner Dichtung erläutert, für die es kein »sinnlich Muster« (ebd.) als Vorbild oder Vergleich gebe. Hölderlin war es offenkundig deutlich bewußt, daß seine *Emilie* nicht den Vorstellungen Steinkopfs entsprechen konnte, der von ihm eine Prosaerzählung erwartete; und im Bemühen, dem möglichen Vorwurf bloßer Willkür und Regellosigkeit zu begegnen, skizziert er seine Vorstellungen über die Kongruenz von poetischen Inhalten und Formen: Nur wirklich heroischen Gegenständen sei die strenge Form des klassischen Trauerspiels angemessen; neue Darstellungsformen müßten hingegen für »moderne« Stoffe gefunden werden, zu denen er ausdrücklich »sentimentale« Inhalte und insbesondere Liebesgeschichten zählt (SW 3,367 f.). Auffällig ist an dieser Unterscheidung, daß Hölderlin sich auch noch in der Abgrenzung an der Dichtung hohen Stils orientiert und seine *Emilie* eher antiken Trauerspielen als der zeitgenössischen Almanachdichtung an die Seite stellt. Steinkopf und Neuffer blieben freilich skeptisch gegenüber der zu erwartenden Reaktion auf Hölderlins Werk, das gleichwohl verabredungsgemäß im *Taschenbuch für Frauenzimmer von Bildung, auf das Jahr 1800* erschien.

Der Anspruch, den Hölderlin mit der *Emilie* verband, spiegelt sich bereits in der Wahl des Blankverses, desselben Versmaßes, das er auch seinen *Empedokles*-Dichtungen zugrunde legte, in denen er den Tod des antiken Philosophen in Form einer Tragödie zu gestalten versuchte. Für eine Liebesgeschichte mit heiterem Ausgang schien ihm allerdings eine dramatische Gestaltung unangemessen, vielmehr wählte er für die Darstellung von Emilies Empfindungen und Erlebnissen die literarische Form des unkommentierten Briefes. So ist dieses Werk nicht im engeren Sinne der im 18. Jahrhundert beliebten Gattung der Verserzählung zuzurechnen, wie sie vor allem von Wieland gepflegt wurde, denn der Darstellung fehlt der feste Standort eines außenstehenden epischen Erzählers. Vielmehr schildern nur die

Emilie

Titelkupfer aus dem
*Taschenbuch für Frauenzimmer von Bildung,
auf das Jahr 1799.* Hrsg. von C. L. Neuffer.
Stuttgart: Steinkopf, 1799

ersten beiden der insgesamt sieben Briefe Emilies an Klara Vorfälle, die zu Beginn der Korrespondenz längst zurückliegen, im dritten Brief beschreibt die Briefschreiberin ihre unmittelbare Gegenwart, in den übrigen Briefen berichtet sie zum Teil mit starker innerer Beteiligung von den jeweils jüngsten Ereignissen, ohne daß ihre persönliche Darstellung durch einen Erzählerkommentar oder durch Antwortbriefe relativiert wird. In dieser subjektiven Grundstruktur entspricht Hölderlins *Emilie* viel stärker seinem Briefroman *Hyperion* (1797/99) als den Verserzählungen seiner Zeitgenossen, was durch die analoge Bezeichnung ›Briefgedicht‹ stärker zum Ausdruck gebracht wird.[1]

Auch mit der zeitgenössischen Idyllendichtung zeigt das Briefgedicht weniger Übereinstimmungen, als es die suggestive Rede von *Hölderlins Idylle* – so der Titel der ersten monographischen Studie zu diesem Werk aus dem Jahr 1925 – nahelegt. Emil Lehmann führte Hölderlins Charakterisierung seines Stoffes als »sentimentalisch« auf Schillers Unterscheidung von naiver und sentimentalischer Dichtung zurück und sah in dem Briefgedicht das Beispiel einer »sentimentalischen Idylle« verwirklicht, einer Gattung, für die Schiller selbst kein Beispiel gegeben hat (Lehmann, S. 44 f.; auch Foryś, S. 204). Diese Deutung von Hölderlins Gedicht aus dem Geiste der Schillerschen Dichtungstheorie übersieht, daß in Hölderlins Brief vom 3. Juli 1799 das »Sentimentalische« nicht dem Naiven, sondern dem »Heroischen« entgegengesetzt ist und eher als auf Schiller auf seine eigenen Vorstellungen vom »Wechsel der Töne« verweist. Vor allem aber spielen idyllische Zustandsbeschreibungen in Hölderlins Gedicht eine eher geringe Rolle (Böschenstein-Schäfer, S. 118 f.), zentraler als sinnlich-anschauliche Schilderungen ist die Darstellung der Entwicklung Emilies und

---

1 Vgl. Wilhelm Grenzmann, »Briefgedicht«, in: *Realexikon der deutschen Literaturgeschichte*, Bd. 1, Berlin ²1958, S. 193–195; Bengt Algot Sørensen, »Das deutsche Rokoko und die Verserzählung im 18. Jahrhundert«, in: *Euphorion* 48 (1954) S. 50–64.

die harmonische Verbindung unterschiedlicher Lebensformen.

In dem Begleitbrief an Neuffer begründet Hölderlin seine Überlegungen zur Gestaltung seines Gedichtes zwar damit, daß Liebesgeschichten einer eigenen Form bedürfen; doch die eigentliche Liebeshandlung – die Begegnung von Emilie und Armenion, ihre Trennung, Emilies Bangen und die glückliche Zusammenkunft der Liebenden – umfaßt nur einen Teil der Darstellung. Am Beispiel von Emilies Bruder Eduard berichtet Hölderlin ausführlich über den korsischen Freiheitskampf und konfrontiert seine Leserinnen mit der Frage des angemessenen Verhaltens angesichts revolutionärer Veränderungen; daneben demonstriert er in Emilies Entwicklung, wie sie in ihrem Rückblick auf Kindheit und Jugend dargestellt wird, ein Musterbeispiel weiblicher Erziehung und Bildung. Beide Themenkomplexe greifen weit über den Rahmen einer bloßen Liebesgeschichte hinaus.

Im ersten Brief ihrer Korrespondenz schildert Emilie ihrer Freundin Klara ihre gegenwärtige Lebenssituation, die sie mit deutlicher Unruhe und einer unbestimmten Sehnsucht erfüllt (12 ff.). Mit ihrem Vater, dessen überlegene Fürsorge und Liebe sie als geradezu göttlich empfindet, führt sie ein zurückgezogenes Leben, das von der Erinnerung an ihren Bruder Eduard überschattet wird, der im korsischen Freiheitskampf gefallen ist. Ausführlich berichtet Emilie von Eduards Begeisterung für den Feldherrn Pasquale Paoli und seiner freudigen Bereitschaft, das eigene Leben für das »edle Werk« (102) des Unabhängigkeitskampfes zu riskieren. Hölderlin ruft hier einen Abschnitt der europäischen Geschichte in Erinnerung, der seinen Zeitgenossen noch gut vertraut sein mußte und dessen Darstellung seinem Briefgedicht tatsächlich einen entschieden »modernen« Charakter verleiht: die Auflehnung der Korsen gegen die genuesische Vorherrschaft und die wirtschaftliche Ausbeutung ihrer Insel. Nach jahrzehntelangem Kampf um die Unabhängigkeit gegenüber der Republik Genua konnte

Pasquale Paoli im Jahr 1757 eine eigenständige korsische Republik ausrufen, die er auf der Basis eines politischen und gesellschaftlichen Reformprogrammes zu regieren versuchte. Die korsische Republik hatte allerdings nur kurzen Bestand, die Insel geriet in den folgenden Jahren zunächst unter französische, dann unter englische und 1796/97 schließlich wieder unter französische Vorherrschaft. Das wechselvolle politische Schicksal Korsikas fand im übrigen Europa viel Anteilnahme, und noch um die Wende zum 19. Jahrhundert, zur Zeit des berühmteren korsischen Feldherrn Napoleon Bonaparte, war Paoli dem deutschen Publikum »als Repräsentant einer freiheitsliebenden, seit langem um ihre Unabhängigkeit kämpfenden Nation vertraut« (Prignitz, S. 45).

Vor diesem realgeschichtlichen Hintergrund entwirft Hölderlin das fiktive Leben des Jünglings Eduard, der Familie und Heimat verläßt, um sich dem »Männerkriege« (73) anzuschließen. Eine zusätzliche Legitimation gewinnt für ihn der Kampf um die Befreiung Korsikas dadurch, daß er diese Insel in der Dichtung des Horaz präfiguriert sieht: In seinem Brief an Vater und Schwester, den Emilie ausschnittsweise zitiert, erinnert er an den »stillen Römer« (111) und führt aus dessen 16. Epode die Beschreibung der Insel der Seligen an, die er freilich nicht als utopische Gegenwelt, sondern als konkrete historische Möglichkeit begreift. Dieser Optimismus findet allerdings keine Erfüllung: Nachdem er seine Angehörigen eingeladen hat, gemeinsam mit ihm in einer Umgebung zu leben, die der längst vergangenen »goldnen Zeit« (125) entspricht, stirbt Eduard in der Schlacht; Vater und Schwester bleiben einsam in Deutschland zurück.

Emilies erster Brief verharrt ganz in der Trauer um den Bruder, dessen heroischer Kampf für Freiheit und politische Unabhängigkeit trotz seiner Erfolglosigkeit zunächst voller Bewunderung dargestellt wird. Ein Gegengewicht erfährt die Darstellung Eduards erst in der Schilderung Armenions, dem Emilie und ihr Vater während ihrer Reise in das Gebiet der Varusschlacht begegnen. Ebenso wie der Ort dieses Zusammentreffens verweist der Name Armenion auf Hermann bzw. Arminius den Cherusker, der im 18. Jahrhundert als Vorkämpfer für die Freiheit und Einigkeit Deutschlands gefeiert wurde. Doch obwohl Armenions stolze Erscheinung an Hermann erinnert, kann er nicht mit dieser historischen Gestalt identifiziert werden; ebensowenig ist er eine bloße Reinkarnation Eduards, wie es Emilies spontaner Ausruf (217 f.) nahelegen könnte. Vielmehr werden Armenions unzweifelhaft heroische Anlagen von anderen Eigenschaften relativiert, die ihn vor einem dem Schicksal Eduards vergleichbaren Lebensweg bewahren und eine dauerhafte Verbindung mit Emilie ermöglichen: »Derselbe wars und nicht derselbe!« (223)

Für Eduard ist wie für Hyperions Gefährten Alabanda die Freiheitsliebe mit Stolz und Zorn verbunden (49), der Tod in der Schlacht erscheint ihm als höchstes Glück (58 ff.). Der gemeinsame Kampf ermöglicht ihm die Erfahrung gegenseitiger Liebe (98), sein Leben ist dem Kriegsgott geweiht. Die eigenen Ziele verabsolutierend, verkennt Eduard so die Berechtigung anderer Lebensformen und möchte auch Vater und Schwester zu einer heroischen Existenz á la Korsika veranlassen (103–126). Dieser einseitigen Ausrichtung auf das Heroische, die Fremdes zu bekämpfen oder zu assimilieren sucht, steht in Armenion die Vorstellung der harmonischen Verbindung von Gegensätzen zu einer komplexen Ganzheit gegenüber. In Anspielung auf die platonische Lehre der Seelenverwandtschaft sieht Armenion Emilie und sich als »Längstverwandte« (419) und begreift die Liebe zu dem naturverbundenen Mädchen als Möglichkeit des Ausgleichs. Anders als Eduard will er seinen heroischen Zorn nicht im Befreiungskampf steigern, sondern möchte ihn durch Emilies Gesang geheilt wissen (446 f.). Erst die liebende Verbindung mit dem anders beschaffenen Partner ermöglicht eine harmonische Existenz, die der Mensch weder allein in der Ausbildung seiner ihm eigenen Anlagen noch in der Assoziation mit Gleichgesinnten erreichen kann.

Mit dieser Gegenüberstellung von Eduard und Armenion, die die Überlegenheit der auf Ausgleich bedachten Lebensführung gegenüber der kriegerischen Auseinandersetzung demonstriert, relativiert Hölderlin bei aller Bewunderung für die Lauterkeit ihrer Ziele den Anspruch revolutionärer Bestrebungen und ergreift für reformerische Veränderungen Partei. Der heroische Jüngling ist gefallen, ohne seine Ziele verwirklichen zu können; dem liebenden Paar dagegen wird eine Zukunft vorausgesagt, in der es voll »Licht und Lust« vorbildlich auf seine Umgebung wirken kann (570). In dieser Konstellation mußten Hölderlins Leserinnen eine vorsichtig distanzierende Stellungnahme zu den vergangenen Auseinandersetzungen auf Korsika wie zu den gegenwärtigen Aktionen Napoleons sehen, vor allem auch ein Plädoyer gegen die gewaltsamen Auswüchse der Französischen Revolution.

Das Grundprinzip der Orientierung am Entgegengesetzten und des Ausgleichs von Gegensätzen bestimmt ebenso Emilies Entwicklung. In ihrem letzten Brief an Klara kann sie von der Verbindung mit Armenion berichten, auf der der väterliche Segen ruht und der eine glückliche Zukunft verheißen ist. Dieser erfüllte Moment vor ihrem »Brauttag«, auf den nach Hölderlins eigenem Kommentar sein ganzes Briefgedicht abzielt (SW 3,370), schließt eine längere Entwicklung ab, in der Emilie sich zur Partnerin Armenions heranbildet. Obwohl Armenion sie vor allem als naturverbundenes »Kind / Des Himmels« (416 f.) wahrnimmt, das sich des Gesangs als Ausdrucksmedium bedient, ist Emilie zu diesem Zeitpunkt längst kein naives Naturwesen mehr. Vielmehr spiegeln die Briefe an Klara ihre zunehmende Fähigkeit zur Reflexion und kritischen Befragung ihres eigenen Lebensweges, die sie freilich erst allmählich erlangt hat: Im Rückblick ihrer ersten beiden Briefe steht sie am Ausgangspunkt ihrer Entwicklung zunächst als Schweigende ihrem Vater und ihrem Bruder gegenüber. Das selbstgenügsame, ganz auf das Hören konzentrierte Schweigen Emilies verbindet sie mit der Gestalt der Diotima in Hölderlins Roman, die sich vor der Begegnung mit Hyperion ebenfalls nur selten der Sprache bedient. Während Diotima durch Hyperion jedoch zunehmend sprachmächtiger wird, läßt die Nachricht von Eduards Tod Emilie zunächst tiefgreifend verstummen: »Es war, wie in der Schattenwelt, im Hause. / Der stille Vater und das stumme Kind!« (163 f.) Diese Stummheit Emilies ist weder eine Form der innigen Konzentration auf ein Gegenüber noch der naturhaften Seinsverbundenheit, sondern wird von ihr selbst als totengleiche Erstarrung beschrieben. Aus dieser Unfähigkeit zur Rede löst sich Emilie nur langsam: Dem Vorschlag ihres Vaters zur Reise in die Neckargegend stimmt sie passiv zu (165 f.), und erst allmählich wird sie wieder als Teilnehmerin eines Gespräches geschildert, das sich mit den bevorzugten Themen ihres Bruders – Helden und Göttern (194) – beschäftigt. Die unerwartete Begegnung mit Armenion schließlich beendet endgültig Emilies Stummheit, indem sie sie zu dem spontanen Ausruf veranlaßt: »O Vater! mußt' / Ich rufen, das ist Eduard!« (217 f.) In diesem Ausruf bleibt Emilie ganz auf die Männer bezogen, die ihr vergangenes und zukünftiges Leben bestimmen.

Erst in der Korrespondenz mit Klara, die nach den geschilderten Ereignissen einsetzt, gelingt es ihr, ihre eigenen Empfindungen darzustellen und ihre Hoffnungen und Befürchtungen zu artikulieren. Bereits in ihrem ersten Brief beschreibt Emilie ihre gegenwärtige Sehnsucht und rechtfertigt ihre Ruhelosigkeit gegenüber den möglichen Einwänden ihrer Briefpartnerin (13–38). Der weitere Verlauf ihrer Korrespondenz spiegelt ihr zunehmendes Selbstbewußtsein: Am Ende des zweiten Briefes formuliert sie zwar noch ihre Scham darüber, ein »Männerwort« zu verwenden (292), den dritten Brief eröffnet sie jedoch mit dem Dank an Klara, ihr die Möglichkeit der vertrauten Aussprache ermöglicht zu haben (295–297). In demselben Brief beschreibt Emilie ihre veränderte Einstellung gegenüber der Natur, in der sie sich nun nicht mehr allein schweigend bewegt, sondern der sie als schöpferische Namensgeberin gegenübertreten möchte (331 f.). Folgerichtig schließt dieser Brief mit dem selbstbewußten Bekenntnis zum Wert ihres eigenen Erzählens (354–358). Gegenüber der Empfängerin ihrer Briefe erweist sich Emilie somit als reflektierend und überlegt, gegenüber Vater und Geliebtem bleibt sie jedoch weiterhin still und sieht sich sogar zeitweilig selbst in der inferioren Rolle der Dienerin (531), der es nicht gestattet ist, den Männern, die immerhin über ihre Zukunft entscheiden, nahezutreten. Erst die patriarchalische Zusammenführung der Liebenden behebt Emilies Unsicherheit, und im gemeinschaftlichen Händedruck (544 f.) wird sie von den beiden Männern als gleichwertig aufgenommen.

In seiner abschließenden Rede entwirft Emilies Vater nicht nur die verheißungsvolle Zukunft der beiden Liebenden, die über den engen Kreis privaten Glücks wirksam sein werden, sondern interpretiert ihren bisherigen Lebensweg auch als geleitet durch die »Genien« der Hoffnung und des Dankes (557 f.), die hier nicht als individuelle Haltungen, sondern als überpersönliche Kräfte angesehen werden, die das Schicksal eines Einzelnen beeinflussen können, sofern er sich ihrer Leitung anvertraut. Beide Begriffe nehmen in Hölderlins Dichtung um die Jahrhundertwende eine zentrale Stellung ein, eine Ode aus dem Zyklus der *Nachtgesänge* ist sogar direkt *An die Hoffnung* gerichtet (SW 1,316 f.), die als »des Äthers Tochter« der derzeitigen Trauer und Einsamkeit ein Ende setzen kann. In Hölderlins Briefgedicht entsprechen den genannten überindividuellen Genien zwei menschliche Grundhaltungen: Der Hoffnung ist das Sehnen zugeordnet, dem Dank das Bleiben. Daß dies keine zufällige Verbindung ist, zeigt wiederum Hölderlins Brief an Neuffer, der ausdrücklich das »Sehnen und Hoffen« als wesentlichen Bestandteil dieses Werkes beschreibt (SW 3,368). Sehnsucht ist zunächst Ausdruck des Ungenügens an der Gegenwart: Emilie und ihr Bruder empfinden ihr Leben im Vaterhaus als defizitär und geben sich nicht mit den eingeschränkten Möglichkeiten ihrer Existenz zufrieden (12, 306, 375, 584, 599). Sie verfallen jedoch weder in Resignation noch in Verbitterung – beides sind mögliche Reaktionen auf die Unzufriedenheit mit dem Gegebenen –, sondern sie werden von der Hoffnung auf Erfüllung, sei es in der Liebe oder im Kampf, getragen (17, 140, 143 f., 266, 598). Erst diese erhoffte Erfüllung wird ihnen ein ruhiges Verweilen erlauben, was im gegenwärtigen Zustand noch unmöglich ist. Armenions Beispiel zeigt, daß die Sehnsucht nicht aus eigener Kraft gestillt werden kann, denn sein Versuch, nach der Begegnung mit Emilie standhaft in seinem »Bleiben« zu verharren (228–230), hat den Charakter eines selbstauferlegten Zwanges und kann von ihm nicht dauerhaft verwirklicht werden. Die glückliche Verbindung der Liebenden wird durch das Zusammenwirken zweier Sphären vorbereitet, sie ist weder das Ergebnis allein menschlichen Strebens noch das bloße Resultat schicksalshafter Mächte. In seinem Briefgedicht demonstriert Hölderlin damit geradezu modellhaft den harmonischen Einklang der Sphären des Menschlichen und des Göttlichen, der hier durch keine äußeren Einflüsse gestört wird.

Der fürsorglichen Leitung durch die freundlichen Genien korrespondiert auf menschlicher Seite die Entwicklung Emilies, die es ihr ermöglicht, am Ende ihres Briefwechsels als Braut ihre ursprüngliche Sehnsucht gestillt und ihre Frage nach dem Ziel ihres Drängens (13) in Armenion beantwortet zu wissen (602 f.). Die dankbare Einsicht in diesen Zustand neuer Harmonie wird für sie durch zweierlei vorbereitet: durch die sprachermöglichende Kraft weiblicher Freundschaft und vor allem durch die von ihrem Vater geförderte Anteilnahme an Politik und Geschichte. Beide Bildungsfaktoren stimmen darin überein, daß sie Eigenschaften und Interessen fördern, die bei Emilie zunächst schwach ausgeprägt und nicht den traditionell weiblichen Tugenden zuzurechnen sind.

Das hier zugrunde liegende Modell der Persönlichkeitsbildung durch die Konfrontation mit Themen, die nicht zum ursprünglichen Lebenskreis der Heranwachsenden gehören, begegnet Hölderlins Leserinnen nicht allein in der erzählten Liebesgeschichte. Vielmehr kann dieses Briefgedicht selbst als Medium der Leserbildung verstanden werden, da es in Analogie zu Emilies Reifeprozeß auch seinen Leserinnen, den »Frauenzimmern von Bildung«, zumindest die Möglichkeit eröffnet, sich nicht nur an der glücklich verlaufenden Liebesgeschichte zu erfreuen, sondern auch über Probleme des angemessenen politischen Handelns in Umbruchsituationen wie über die Bedingungen der Mädchenbildung nachzudenken. Damit greift Hölderlins Gedicht weit über den Anspruch bloßer Unterhaltungsliteratur hinaus, wie er es ja selbst in seinem kommentierenden Begleitbrief dargelegt hat. Schon die skeptische Reaktion Neuffers zeigt jedoch, daß dieser Anspruch nur von wenigen »gebildeten« Lesern verstanden worden sein dürfte.

Literaturhinweise

Böschenstein-Schäfer, Renate: Idylle. 2., durchges. und erg. Aufl. Stuttgart 1977. (Sammlung Metzler. 63.)
Binder, Wolfgang: Hölderlins Namenssymbolik (1961/62). In: W. B.: Hölderlin-Aufsätze. Frankfurt a. M. 1970. S. 134–260.
Doering, Sabine: Aber was ist diß? Formen und Funktionen der Frage in Hölderlins dichterischem Werk. Göttingen 1992.
Foryś, Ryszard Fryderyk: Hölderlins Idylle *Emilie vor ihrem Brauttag*. Zur Gattungsproblematik. In: Mickiewicz-Blätter 13 (1968) S. 200–207.
Lehmann, Emil: Hölderlins Idylle *Emilie vor ihrem Brauttag*. Reichenberg i. B. 1925.

Prignitz, Christoph: Freiheitskrieg oder Reform? Hölderlins Verserzählung *Emilie vor ihrem Brauttag*. Hamburg 1992.
Rockel, Gerd: Die Haltung des Dankes und ihre Bedeutung im Denken und Dichten Hölderlins. Hamburg 1964.
Schäfer, Eckart: Die 16. Epode des Horaz als Gegenstand der Rezeption. In: Der altsprachliche Unterricht 21.1 (1978) S. 50–64.

Der Wanderer

Einsam stand ich und sah in die Afrikanischen dürren
  Ebnen hinaus; vom Olymp regnete Feuer herab,
Reißendes! milder kaum, wie damals, da das Gebirg hier
  Spaltend mit Strahlen der Gott Höhen und Tiefen
                                             gebaut.
Aber auf denen springt kein frischaufgrünender Wald nicht
  In die tönende Luft üppig und herrlich empor.
Unbekränzt ist die Stirne des Bergs und beredsame Bäche
  Kennet er kaum, es erreicht selten die Quelle das Tal.
Keiner Herde vergeht am plätschernden Brunnen der
                                             Mittag,
  Freundlich aus Bäumen hervor blickte kein gastliches
                                             Dach.
Unter dem Strauche saß ein ernster Vogel gesanglos,
  Aber die Wanderer flohn eilend, die Störche, vorbei.
Da bat ich um Wasser dich nicht, Natur! in der Wüste,
  Wasser bewahrte mir treulich das fromme Kamel.
Um der Haine Gesang, ach! um die Gärten des Vaters
  Bat ich vom wandernden Vogel der Heimat gemahnt.
Aber du sprachst zu mir: auch hier sind Götter und
                                             walten,
  Groß ist ihr Maß, doch es mißt gern mit der Spanne
                                             der Mensch.

Und es trieb die Rede mich an, noch Andres zu suchen,
  Fern zum nördlichen Pol kam ich in Schiffen herauf.
Still in der Hülse von Schnee schlief da das gefesselte Leben,
  Und der eiserne Schlaf harrte seit Jahren des Tags.
Denn zu lang nicht schlang um die Erde den Arm der
                                             Olymp hier,
  Wie Pygmalions Arm um die Geliebte sich schlang.
Hier bewegt' er ihr nicht mit dem Sonnenblicke den
                                             Busen,
  Und in Regen und Tau sprach er nicht freundlich zu ihr;

Und mich wunderte des und törig sprach ich: o Mutter
  Erde, verlierst du denn immer, als Witwe, die Zeit?
Nichts zu erzeugen ist ja und nichts zu pflegen in Liebe,
30 Alternd im Kinde sich nicht wieder zu sehn, wie der Tod.
Aber vielleicht erwarmst du dereinst am Strahle des
                                                    Himmels,
  Aus dem dürftigen Schlaf schmeichelt sein Othem dich
                                                    auf;
Daß, wie ein Samkorn, du die eherne Schale zersprengest,
  Los sich reißt und das Licht grüßt die entbundene Welt,
35 All' die gesammelte Kraft aufflammt in üppigem Frühling,
  Rosen glühen und Wein sprudelt im kärglichen Nord.

Also sagt' ich und jetzt kehr' ich an den Rhein, in die
                                                    Heimat,
  Zärtlich, wie vormals, weh'n Lüfte der Jugend mich an;
Und das strebende Herz besänftigen mir die vertrauten
40 Offnen Bäume, die einst mich in den Armen gewiegt,
Und das heilige Grün, der Zeuge des seligen, tiefen
  Lebens der Welt, es erfrischt, wandelt zum Jüngling
                                                    mich um.
Alt bin ich geworden indes, mich bleichte der Eispol,
  Und im Feuer des Süds fielen die Locken mir aus.
45 Aber wenn einer auch am letzten der sterblichen Tage,
  Fernher kommend und müd bis in die Seele noch jetzt
Wiedersähe dies Land, noch Einmal müßte die Wang' ihm
  Blüh'n, und erloschen fast glänzte sein Auge noch auf.
Seliges Tal des Rheins! kein Hügel ist ohne den Weinstock,
50 Und mit der Traube Laub Mauer und Garten bekränzt,
Und des heiligen Tranks sind voll im Strome die Schiffe,
  Städt' und Inseln sie sind trunken von Weinen und Obst.
Aber lächelnd und ernst ruht droben der Alte, der Taunus,
  Und mit Eichen bekränzt neiget der Freie das Haupt.

Und jetzt kommt vom Walde der Hirsch, aus Wolken das
  Tagslicht,
  Hoch in heiterer Luft siehet der Falke sich um.
Aber unten im Tal, wo die Blume sich nähret von
  Quellen,
  Streckt das Dörfchen bequem über die Wiese sich aus.
Still ists hier. Fern rauscht die immer geschäftige Mühle,
  Aber das Neigen des Tags künden die Glocken mir an.
Lieblich tönt die gehämmerte Sens' und die Stimme des
  Landmanns,
  Der heimkehrend dem Stier gerne die Schritte gebeut,
Lieblich der Mutter Gesang, die im Grase sitzt mit dem
  Söhnlein;
  Satt vom Sehen entschliefs; aber die Wolken sind rot,
Und am glänzenden See, wo der Hain das offene Hoftor
  Übergrünt und das Licht golden die Fenster umspielt,
Dort empfängt mich das Haus und des Gartens heimliches
  Dunkel,
  Wo mit den Pflanzen mich einst liebend der Vater erzog;
Wo ich frei, wie Geflügelte, spielt' auf luftigen Ästen,
  Oder ins treue Blau blickte vom Gipfel des Hains.
Treu auch bist du von je, treu auch dem Flüchtlinge blieben,
  Freundlich nimmst du, wie einst, Himmel, die Heimat,
  mich auf.

Noch gedeihn die Pfirsiche mir, mich wundern die Blüten.
  Fast, wie die Bäume, steht herrlich mit Rosen der Strauch.
Schwer ist worden indes von Früchten dunkel mein
  Kirschbaum,
  Und der pflückenden Hand reichen die Zweige sich
  selbst.
Auch zum Walde zieht mich, wie sonst, in die freiere
  Laube
  Aus dem Garten der Pfad oder hinab an den Bach,
Wo ich lag, und den Mut erfreut' am Ruhme der Männer
  Ahnender Schiffer; und das konnten die Sagen von euch,

Daß in die Meer' ich fort, in die Wüsten mußt', ihr
                                        Gewalt'gen!
  Ach! indes mich umsonst Vater und Mutter gesucht.
  Aber wo sind sie? du schweigst? du zögerst? Hüter des
                                        Hauses!
  Hab' ich gezögert doch auch! habe die Schritte gezählt,
85 Da ich nahet', und bin, gleich Pilgern, stille gestanden.
  Aber gehe hinein, melde den Fremden, den Sohn,
  Daß sich öffnen die Arm' und mir ihr Segen begegne,
    Daß ich geweiht und gegönnt wieder die Schwelle mir sei!
  Aber ich ahn' es schon, in heilige Fremde dahin sind
90 Nun auch sie mir, und nie kehret ihr Lieben zurück.

  Vater und Mutter? und wenn noch Freunde leben, sie
                                        haben
    Andres gewonnen, sie sind nimmer die Meinigen mehr.
  Kommen werd' ich, wie sonst, und die alten, die Namen
                                        der Liebe
    Nennen, beschwören das Herz, ob es noch schlage, wie
                                        sonst,
95 Aber stille werden sie sein. So bindet und scheidet
  Manches die Zeit. Ich dünk' ihnen gestorben, sie mir.
  Und so bin ich allein. Du aber, über den Wolken,
  Vater des Vaterlands! mächtiger Äther! und du
  Erd' und Licht! ihr einigen drei, die walten und lieben,
100 Ewige Götter! mit euch brechen die Bande mir nie.
  Ausgegangen von euch, mit euch auch bin ich gewandert,
    Euch, ihr Freudigen, euch bring' ich erfahrner zurück.
  Darum reiche mir nun, bis oben an von des Rheines
    Warmen Bergen mit Wein reiche den Becher gefüllt!
  Daß ich den Göttern zuerst und das Angedenken der
105   Helden
  Trinke, der Schiffer, und dann eures, ihr Trautesten! auch
  Eltern und Freund'! und der Mühn und aller Leiden
  Heut' und morgen und schnell unter den Heimischen sei.
                                        (SW 1,272–276)

Maria Behre

Das Messen der Zeit

Das Motiv des Wanderers als Titel eines Gedichts – allein dieses Thema scheint alle Erwartungen an Hölderlins Texte zu erfüllen und im Bereich des Wohlbekannten zu verbleiben. Hölderlins Lebenslauf zeugt von entscheidenden Wanderungen und Selbstaussagen als Wanderer. Nach der Monographie von David Constantine[1] liegt in der Dichotomie von Fremde und Heimat, durch die alle Wanderungen strukturiert sind, das veranschaulichende Erfahrungsmoment der Philosophie des deutschen Idealismus, in dessen Struktur von These und Antithese die Differenz von heimatlichem Ausgangspunkt und herausdrängender, produktiv verunsichernder Gegenbewegung zu erkennen sei. Die Thesen finden schließlich auf einer anderen Ebene eine komplexe Zusammenführung als Synthese.

Das Wandern bildet in diesem Vergleich von lebensweltlicher und philosophischer Bewegung den Gegensatz zum müßig-distanzierten, geschichtsphilosophischer Spekulation Ruhe bietenden ›Spaziergang‹ bei Schiller und zum sehnsüchtig in Vergangenheit und Zukunft Halt suchenden ›Wallen‹ bei Novalis, insofern als bei Hölderlin eine extensive, exzentrische Beanspruchung aller geistigen und körperlichen Energien auf dem Weg des Wanderers vorliegt. Wandern tendiert nach Luthers Wortverständnis auf die Überwindung einer weiten Distanz[2] und ist von einer klaren Korrelation von Ausgangs- und Zielpunkt bestimmt. Die Überwindung der Schwierigkeiten auf dem langen Weg von einem Ort zum anderen rechtfertigt sich aus der Erwartung, am Ziel etwas zu erlangen, das gegenüber dem Ur-

1 David Constantine, *Hölderlin*, München 1993.
2 Hermann Paul, *Deutsches Wörterbuch*, Tübingen 1992, S. 1021.

sprünglichen ein qualitativ Besseres ist. Dadurch wird der Wanderer zum Sinnbild des Mutigen, Forschenden, der sein Handeln von Kausalität, Finalität und Teleologie her bestimmt. Auch die Vorstellung, der Wanderer sei der Flüchtende, basiert auf der klaren Perspektive auf ein Asyl.

Die Ausgangsfrage dieser Interpretation besteht darin, ob die direkte Korrelation des aus Hölderlins Biographie gewonnenen Wanderer-Bildes mit dem in der Philosophie entwickelten epochenspezifischen dialektischen Dreischritt das Gedicht als lyrischen Vorgang erschöpft. Ist das Gedicht Zeugnis einer solchen in sich abgeschlossenen Bewegung und darin – anders als das Leben – die Projektion eines Ruhepunktes? Geht es um die Verklärung der eigenen Heimat oder um die Transzendierung auf eine Ruhe jenseits der Lebenszeit aus dem Bewußtsein, nur ›Gast auf Erden‹ zu sein? Die These der Interpretation verneint diese Fragen und zielt darauf, die Bildlichkeit und Gedankenführung des Gedichts als Panorama der möglichen Verhältnisse zur Bewegung in der Zeit zu lesen und darin eine eigene Qualität des Lyrischen und speziell des Elegischen zu gewinnen. Dadurch wird das philosophische Denken in der Dimension des Raumes und der Linearität des Fortschreitens durch eine Bildanalytik abgelöst, die den Schreib- und Leseprozeß des Gedichts als Rückkehr zur offenen Dialogik des Dialektischen konstituiert.

Betrachtet man das Gedicht[3] als Durchstreifung von Raumdistanzen und Raumdimensionen, so findet man eine dreischrittige Gliederung der sechs Strophen vor: in der ersten Strophe erscheint der Süden, in der zweiten der Norden, und nach dem Ausmessen und Ermessen dieser polaren Gegensätze folgt der Weg in die Heimat als Ort in der Mitte zwischen den Extremen. Sucht man nach den geographischen Details als Konstituenten der südlichen und nörd-

---

3 Zur Entstehungsgeschichte und zur Form des Gedichts vgl. Andreas Müller, Die beiden Fassungen von Hölderlins Elegie »Der Wanderer«, in: *Hölderlin-Jahrbuch* (1948/49) S. 103–131.

lichen Landschaft, den Räumen der Wanderung, so sind keine spezifischen Landschaften zu erkennen, weder durch Namen von Orten oder Tieren noch Pflanzen. Das Lyrische Ich bewegt sich auf die Landschaften zu: »sah in die Afrikanischen dürren / Ebnen hinaus« (1 f.), »Fern zum nördlichen Pol kam ich in Schiffen herauf« (20). Es sind Tendenzen, Orientierungen, Richtungen, die die Räume repräsentieren. Sie werden nicht als Zielpunkte ausgemalt. Das zeigt sich vor allem daran, daß der einzig vorkommende geographische Eigenname, der »Olymp«, in beiden Räumen erscheint: Im Süden ist er vom Feuer bestimmt (2), im Norden vom Eis (21). In antiker kosmologischer Deutung repräsentiert der Olymp die Erhebung, die Anhöhe, den Ort der Wetterbestimmung, an dem sich die Sonne zeigt (oder auch nicht); er kennzeichnet darüber hinaus das Ordnungsprinzip griechischer Antike, markiert den perspektivischen Standort der Griechen, für die Afrika im Süden liegt und die Donau aufwärts der Norden. Die Richtungen erscheinen im Gedicht unter der Wortform, die als Terminus auch die Winde benennt: Nord (36) und Süd (44).

Aufgrund dieser Indizien liegt es nahe, die Räume des Nordens und Südens als Perspektiven des Ichs zu verstehen, die es in Auseinandersetzung mit der Kunstepoche der Antike gewinnt und die es vom Götter- und Dichterberg Olymp herleitet. Je mehr sich die ersten beiden Strophen als Stellungnahme zur Position der Antike erweisen, um so mehr gewinnt die Landschaft des Rheintals die Bedeutung eines nah an die Erscheinungen heranrückenden Blicks auf Vertrautes. Allerdings führt auch diese dritte Wanderbewegung nicht zu einem Ziel, da sich in der ruhigen Erinnerung an eine vergangene Kindheit und in dem Ausblick auf ein Zur-Ruhe-Kommen des weisen Weitgereisten kein Endpunkt erkennen läßt. Vielmehr führt die Wanderbewegung nicht zu einer Beschleunigung im Hinblick auf das kommende Ende, sondern zu einer Retardierung mit vielen, äußerst beunruhigenden Fragen.

Die einfache Konzeption eines Dreischritts von unbefriedigenden Nord- und Südfahrten und befriedigender Heimkehr wird somit überwunden. Von der Raumkategorie her läßt sich die Entwicklung, in der das Ich sich zeigt, nicht fassen, obgleich der Topos des Wanderers solches nahelegt.

In der ersten Strophe der Heimkehr, der dritten des Gedichts, sind die Wirkungen des Nordens und Südens zusammengefaßt: »Alt bin ich geworden indes, mich bleichte der Eispol, / Und im Feuer des Süds fielen die Locken mir aus« (43 f.). Die Einflüsse des Nord- und Südraums werden am Körper des Ichs ablesbar, insofern das Durchleben der Lebenszeit und das Vergehen der allgemeinen Zeit an ihm sichtbare Zeichen setzen. War schon in dem ersten Entwurf, dem ersten Keimwort zu diesem Gedicht, der Satz »Süd und Nord ist in mir«[4] als lebensgeschichtlicher und lebensanalytischer Erfahrungssatz überliefert, so wird der räumliche Überblick auf die Orte der Wanderung gesprengt durch den Wechsel des Erfahrungsmediums und des Bezugssystems von der Raum- zur Zeiterfahrung.

Es geht nicht um die Verinnerlichung des Raumes als Gleichnis psychischer Extreme und Entwicklungsprozesse. Dann wäre die Selbstanalyse des Ichs bereits abgeschlossen, und die literarischen Bilder gewännen die Funktion von Veranschaulichung in allegorisch sinnfälligen Gleichnissen. Die innere Unruhe des Ichs ist nicht darstellbar ohne den Blick in eine Wirklichkeit, in der es sich orientieren kann, deren Prinzipien es kritisch mit den eigenen Ansprüchen prüfen muß. Dieser Prozeß bleibt innerhalb des Gedichtverlaufs völlig offen. Die Bilder werden im ›Wandern‹ entwickelt, vor allem auf der Basis der Vielschichtigkeit der Zeiterfahrung.

Erst mit dieser Interpretationsperspektive ist der lineare Schematismus eines Dreischritts auf der Ebene des planen

---

4 Vgl. Friedrich Hölderlin, *Sämtliche Werke*, hrsg. von Friedrich Beißner, Bd. 1.2, Stuttgart 1947, S. 513.

Fortschritts durchbrochen. Das Ich, das in diesem Text als »Wanderer« auftritt, dichtet aus der Prämisse: ›Alle Zeiten sind in mir‹.

Ein Gang durch das Gedicht unter Akzentuierung der Zeiterfahrung eröffnet den Blick auf die reiche Semantik aus dem Bereich der Zeitdimension. In der ersten Strophe über den Süden werden als südliche Energien die Vorzeit einer Weltenschöpfung im Chaos der Gebirgsentstehung, die Tageszeit des Mittags und die Jahreszeit des Sommers genannt. Dem Wanderer scheint es unmöglich, sich Widrigkeiten wie dem Einfluß der Hitze zu entziehen. Deshalb grenzt er sich von den Wandervögeln, den Zugvögeln, ab, die ihren Aufenthalt rhythmisch geordnet regelmäßig wechseln können in triebbestimmter Einheit mit der Natur.

Diese Instanz wird nun angesprochen, und sie antwortet mit einem vorsokratischen Aphorismus: »auch hier sind Götter« (17). Der Plural ruft antike Vorstellungen auf, es folgt jedoch unmittelbar ein von anderer – von biblisch-alttestamentlicher – Weisheit inspirierter Spruch: »Groß ist ihr Maß, doch es mißt gern mit der Spanne der Mensch«, abgeleitet von der Frage bei Jesaias: »Wer misset die Wasser mit der Faust und fasset den Himmel mit der Spanne?« (Jes. 5,12) Das Erfassen der reinen Dialektik, der Zusammenführung der Pole, gelingt in der überlegenen Perspektive der Götter. Der Mensch setzt dagegen bei seiner kleineren Dimension an, die nicht in der räumlichen Zusammenstellung von zwei einander sich ergänzenden Gegenseiten liegt, nicht das ›Hier‹ und ›Dort‹ verbindet. Der Mensch setzt auf die Zeitdimension, ›seine Spanne‹.

In der zweiten Strophe wird dieser Aspekt direkt und deutlich genannt, als Erkenntnis im Schrecken in einer Frage an die Natur formuliert: »o Mutter / Erde, verlierst du denn immer, als Witwe, die Zeit?« (27 f.). Wurde in der ersten Strophe der Süden als Ort der Beschleunigung (»eilend«, 12) gezeigt, herrscht nun Verlangsamung bis zum

Stillstand, zur Erstarrung. Die Radikalität der Frage fordert die Verneinung als rhetorisch provozierte Gegenbewegung heraus. Das Modell ist der Jahreszeitenrhythmus, nach dem auf den Winter Frühling (»Samkorn«, 33), Sommer (»Rosen«, 36) und Herbst (»Wein«, ebd.) folgen.

In der dritten Strophe wird diese Wirkkraft der Jahreszeit am eigenen Leib imaginiert, die Palingenese des Alten zum Jugendlichen vollzogen, im Angesicht des Rheins. Der Strom repräsentiert das Zeitbild der ewigen Verjüngung, geschaut im Bild des immer neu Herbeiströmenden. Die Bedeutung dieses Ortes wird durch die Extremierung einer Zeitsituation hervorgehoben, »auch am letzten der sterblichen Tage« (45) gelingt es noch »Einmal« (47). Durch die enge Zusammenführung des Naturwüchsigen und Kultivierten im Lob des Weinstockwuchses in Stadt und Land sowie in der Nähe von Rheinwasser und Rheinwein im Blick auf die Schiffstransporte wird ein Panorama entworfen, das eine magische, zauberische, unglaubliche Umwandlungskraft (42) besitzt. Diese Wirkung wendet den Blick vom individuellen »Ich« auf ein allgemeines »Einer«; es herrscht die allmächtige Natur; in ihr sind alle Kulturleistungen ununterscheidbar integriert.

Dies ändert sich in der vierten Strophe radikal. Waren die ersten drei Strophen durch Redeformen geprägt (»Aber du sprachst zu mir«, 17; »Und es trieb die Rede mich an«, 19; »und törig sprach ich«, 27; »Also sagt' ich«, 37), verändert sich der Blick in der Wende vom Weiten zum Nahen und Augenblicklichen (»Und jetzt«, 55); von abstrakten Formen des Nordens und des Südens ist nicht mehr die Rede. Die Heimkehr wird als soziales Geschehen in einer Dorfgemeinschaft vollzogen. Einzelne Tiere und einzelne Geräusche lassen Details von Vorschein kommen und den Ton der Idylle anklingen; die Geschäftigkeit des Alltags weicht der Ruhe des Feierabends, dies wird von den Tieren gespürt; die Dorfgemeinschaft erfährt den Zeitenwechsel durch die wechselnden Töne: die Glocken, die Stimme des

Landmanns und des Hirten sowie den Schlafgesang der ihr Kind wiegenden Mutter.

Aber auch dieses Bild dient nicht als Rahmen für die Erfahrung des heimkehrenden Ichs; seine Ankunft vollzieht sich ganz in der Erinnerung und in der Hoffnung des »Einst« mit doppeldeutiger Verortung, in der Vergangenheit und der Zukunft (68, 72). Insofern bilden die Strophen 3 und 4 eine Einheit, in der Projektion der Heimkehr auf einen singulären Augenblick des »Einmal« und »Einst«. Auch die Qualität dieses Augenblicks der erinnerten Vergangenheit und erträumten Zukunft wird benannt; er bedeutet Freiheit, die Freiheit, in Obhut der Liebe und Sicherheit zu wachsen (68), die Freiheit, sich durch das Luftige, Geflügelte der Phantasie begeistern zu lassen (69), die Freiheit, eine weite, offene Perspektive zu wählen, in die Höhe zu blicken (70).

Der Standpunkt ist dabei nicht der »Olymp« (Str. 1 und 2) noch der »Taunus« (Str. 3), sondern der »Gipfel des Hains«, eine relative und labile Position, die keine Sicherheit und Ruhe erlaubt noch garantiert. In dieser aufklärenden Analytik der gewählten Bilder, die erst bei genauerer Betrachtung hinter der Idylle aufscheint, offenbart sich das Ich als ›Flüchtiger‹ und steigert dadurch das Motiv des Wanderers ins Labile, Beschleunigte; ebenso wird das Korrelat des Wanderers, seine ihn aufnehmende Heimat, osmotischer, destabilisierter, weil er sich aufgenommen weiß nur vom »Himmel der Heimat«. Es ist wieder nicht der Ort, sondern der Blick, der über diesen schweift, eine freie, entbundene Perspektive des Ichs.

Das ständige Umkreisen des Ortes ›Heimat‹ prägt, diese Position weiterführend, die folgende fünfte Strophe. Traumwandlerisch werden die Stätten der Kindheit in Wald und Garten beschritten, die als Orte der Lektüre von Abenteuerlust schürenden Sagen vorgestellt werden. Um so umständlicher und verzögernder gestaltet sich der Eintritt in das Elternhaus; diese »Schwelle« (88) ist nicht zu überschreiten, sofern sie die unmittelbare Rückkehr in die Vergangenheit bedeutet. Das Nebeneinanderleben des Abenteuer suchenden Sohnes und der ihn suchenden Eltern läßt sich in der Zeit nicht rückgängig machen. Das Ich läßt sich in paradoxer Weise ankündigen; die Apposition »den Fremden, den Sohn« (86) kennzeichnet die heikle Situation des gehemmten Ankommens, die nur durch Gesten des ermutigenden Entgegenkommens aufgelöst und entspannt werden könnte.

Aber den Zeitenabstand verdrängen zu wollen, wie das Bild der Naturwüchsigkeit und Dauer der familiären oder kindheitsgeschichtlichen Bindung es suggerieren könnte, nähme der Freiheit der Entwicklung der einzelnen Lebensgeschichten ihren Raum. Das Bewußtsein des unüberwindlichen Abstandes bringt kein anderes Bild konkreter zum Ausdruck als ›das Zählen der Schritte‹ (84). In ihm zeigt sich die Hilflosigkeit. Das Ich steht zögernd da, seine Wanderung als Raumausschreitung ist zu Ende durch die Suche nach einer mittleren Position zwischen den Polen der ›reißenden‹ und ›bleiernen Zeit‹. Sie mündet in eine Art Sentenz: »So bindet und scheidet / Manches die Zeit« (95 f.). Die Trennung erscheint als die wichtigste Erfahrung des Ichs; eine Unwiderruflichkeit dieses Geschehens zeigt das Maß des menschlichen Lebens: das ›schlagende Herz‹.

So schließt sich mit dem konstatierenden »Und so bin ich allein« (97) ein Rahmen zum Anfang: »Einsam stand ich« (1). In dieser Situation wendet sich der Wanderer von den Eltern und Freunden den Göttern zu. In einer Sprachhandlung – der Anrufung »Ewige Götter« – bekräftigt das Ich die Haltbarkeit der »Bande« (100). Es herrscht der gelungene Dreischritt, der die Zeiterfahrung integriert: Wie ein lernendes Kind ging das Ich von den Göttern aus, wie ein erwachsener Partner ist es mit ihnen gewandert, wie ein Weiser bringt es sie zurück, indem es eine neue Sprache für sie auf seiner Wanderung entwickelt hat. Ihre Namen sind die Bezeichnungen der Elemente »Äther«/Luft, Erde und

»Licht«/Feuer, deren Beziehung sich in der Triade gestaltet als Vater Äther, Mutter Erde und Licht – als das die beiden verbindende, Leben spendende Medium. Die Energie des Lichtes wird erweitert um ein gewandeltes viertes Element, das Wasser des Rheins, das im Wein des Rheintals als Kulturgut aus den Naturgewalten herausgehoben und neu erscheint. Im Gegensatz zu Luft, Erde und Feuer ist der Wein an Reifezeiten gebunden. Er integriert die Energie des Mediums Licht/Feuer und bewahrt sie über die Schwelle der tages- und epochenzeitlichen Tag-/Nacht-Zäsur hinaus. Die Kategorie der Ewigkeit, als rein göttliche, wird somit durch die menschliche der Differenz von »Angedenken« (105) und ›Vergessen‹ (107) abgelöst. Dieser Wechsel geschieht in einer Gestik des körperlichen Sich-Involvierens.

An wen sich der Imperativ der Bitte um Wein richtet, bleibt durch den vorausgegangenen Aufbau der Rede an die Götter und das darauf folgende Sprechen über sie sowie den Wechsel zwischen Singular und Plural, der die Möglichkeit einer Selbstansprache ausschließt, völlig verunklärt. Die Anrede »ihr Trautesten« ist weder auf Götter, Helden und Schiffer noch auf Eltern und Freunde zu beziehen. Können sich die »Trautesten« als die »Heimischen« erweisen? Über sie wird nur gesagt, daß sie in einem temporalen Raptus erreicht werden: »Heut' und morgen und schnell«. Die Langwierigkeit der Wanderung erscheint in dieser Schlußrede und -geste zusammengezogen in höchster Zeitraffung und -beschleunigung. Das Stillestehen des Menschen im Tod und des Trauernden vor dem Tod (85, 95) bleibt somit nicht das letzte Wort.

Könnten die »Trautesten« die »Heimischen« sein? Von der Semantik her gehören sie zusammen, von der Satzpragmatik her nicht. Die Annahme setzte voraus, daß das Gedicht als Wanderung verstanden würde, von einem Ich ausgeht, das sich im ersten Vers in seiner Einsamkeit vorstellt, Verständnis (gewissermaßen den Leser im Plural) sucht und im letzten Vers des Gedichts erreicht. Die Bewegung des

Lebens- und Gedichtweges als eines Erfahrungsweges zielt auf das Heimischwerden in der Sprache als Benennen in einer Sprache, die Herzen schlagen läßt.

Die Differenzierung zwischen Zeitverlangsamung und -beschleunigung vollzieht sich im Sprechen, in einem ausgebildeten Sprechen, das den Wechsel von Andenken und Vergessen sichtbar macht. Es ist der Puls des Zeitenwechsels, der sich darin zeigen soll. In diesem Gedicht wird er gewonnen aus der antiken Gattung der Elegie, die durch ihr Versmaß, den Wechsel von ausschwingendem Hexameter und zäsuriert retardierendem Pentameter, beschrieben wird. Diese Form als tradierte Äußerlichkeit gewinnt Hölderlin jedoch in bewußter Anknüpfung an die ursprüngliche Entstehungssituation, den Gesang über die Vergänglichkeit der Zeit, sei es aus Totenklage oder Sehnsucht nach neuer Belebung. Er verbindet die Stränge der threnetischen und erotischen Elegie zu einer neuen Form, dem Gedicht über die Zeit.

Heimat wandelt sich von der Raumkategorie des Elternhauses und der Kindheitslandschaft zur Zeitkategorie der Fähigkeit, heimisch zu werden, vertraut zu werden mit Menschen in sozialen Bezügen der angemessenen Annäherung. Was im kultisch-ritualisierten Vollzug des Weinzutrinkens vorgestellt wird, umfaßt die Bedingung, für sich ein Maß im Umgang mit der Zeit zu gewinnen. In der Gedichtform der Elegie liegt ein Maß verborgen, durch das die Dialektik des Dreischritts, der fixierte Fortschrittsgeist in die offene Dialektik des Wechselns zurückgenommen und der Wanderungsprozeß dynamisch erhalten wird.

Literaturhinweise

Behre, Maria: Des dunkeln Lichtes voll. Hölderlins Mythokonzept Dionysos. München 1987.
– Im Gehen reimen? Karl Krolows Alterswerk als Rückkehr zur Form. In: Lyrikertreffen Münster. Gedichte und Aufsätze 1987–1991. Hrsg. von Lothar Jordan und Winfried Woesler. Bielefeld 1993. S. 434–455.
Friedrich Hölderlin. Studien von Wolfgang Binder. Hrsg. von Elisabeth Binder und Klaus Weimar. Frankfurt a. M. 1987.
Henrich, Dieter: Der Gang des Andenkens. Beobachtungen und Gedanken zu Hölderlins Gedicht. Stuttgart 1986.
Schütze, Oliver: Natur und Geschichte im Blick des Wanderers. Zur lyrischen Situation bei Bobrowski und Hölderlin. Würzburg 1990.

Natur und Kunst
oder
Saturn und Jupiter

Du waltest hoch am Tag' und es blühet dein
  Gesetz, du hältst die Waage, Saturnus Sohn!
    Und teilst die Los' und ruhest froh im
      Ruhm der unsterblichen Herrscherkünste.

5 Doch in den Abgrund, sagen die Sänger sich,
  Habst du den heil'gen Vater, den eignen, einst
    Verwiesen und es jammre drunten,
      Da, wo die Wilden vor dir mit Recht sind,

Schuldlos der Gott der goldenen Zeit schon längst:
10 Einst mühelos, und größer, wie du, wenn schon
    Er kein Gebot aussprach und ihn der
      Sterblichen keiner mit Namen nannte.

Herab denn! oder schäme des Danks dich nicht!
  Und willst du bleiben, diene dem Älteren,
15   Und gönn' es ihm, daß ihn vor Allen,
      Göttern und Menschen, der Sänger nenne!

Denn, wie aus dem Gewölke dein Blitz, so kömmt
  Von ihm, was dein ist, siehe! so zeugt von ihm,
    Was du gebeutst, und aus Saturnus
20   Frieden ist jegliche Macht erwachsen.

Und hab' ich erst am Herzen Lebendiges
  Gefühlt und dämmert, was du gestaltetest,
    Und war in ihrer Wiege mir in
      Wonne die wechselnde Zeit entschlummert:

25 Dann kenn' ich dich, Kronion! dann hör' ich dich,
  Den weisen Meister, welcher, wie wir, ein Sohn
    Der Zeit, Gesetze gibt und, was die
      Heilige Dämmerung birgt, verkündet.

(SW 1,297–298)

Ulrich Gaier

Hölderlins Ode über die Mythologie

Die alkäische Odenstrophe erinnert an die politische Kampfdichtung des Alkaios (um 620–580) gegen die Tyrannen und unrechtmäßigen Herrscher: Kampfdichtung ist auch Hölderlins Ode, gegen alles, wofür in seinem Gedicht ›Jupiter‹ stehen kann, und das heißt gegen Ansprüche auf Alleinherrschaft in Theologie, Politik, Philosophie, Geschichtsauffassung, Poetik seiner Zeit, letztlich sogar gegen die Titelformulierung des Gedichts selbst.

Die Opposition Natur/Kunst wurde zuerst diskutiert bei den Sophisten, Denkkünstlern und Redekünstlern, die Naturfähigkeiten systematisch trainierten und garantiert siegreiches Argumentieren und Reden zu lehren beanspruchten. Man stritt im Altertum zwischen Philosophen und Rhetoren, zwischen Rednern, die durch natürlichen, und solchen, die durch kunstvollen Redestil gefallen und wirken wollten, zwischen Poeten wie Pindar, deren begeisterte Rede wie ein Bergbach daherstürzte, und den gepflegten Schuldichtern, die nach Vorschrift wohlgerundete Texte lieferten. Am Beginn der Neuzeit, und noch für Hölderlin maßgebend, steht der Platon-Interpret Marsilio Ficino (1433–99) mit seiner Lehre, die Natur sei ein Ausdruck, eine Offenbarung der aus sich hervorgehenden Gottheit, und Aufgabe des Menschen als Teils der Natur sei es, durch seine Kunst und Kultur die Natur zu Gott zurückzuführen (Gaier, S. 174 f.); Francis Bacon (1561–1626), der erste Methodenlehrer der Naturwissenschaft, will durch das Experiment der Natur ihre Geheimnisse abzwingen und sie durch die Kunst, nach ihren eigenen Gesetzen zu verfahren, besiegen und dienstbar machen; Jean Jacques Rousseau (1712–78), der bedeutendste Gesellschaftstheoretiker des 18. Jahrhunderts, stellte Naturstand und Gesellschaftszustand des Menschen, die Begründung der Gesetze auf der *volonté générale* und den Staat als Gesellschaftsvertrag mündiger Subjekte heraus; Johann Gottfried Herder (1744–1803) sprach mit seinem Lehrer Hamann von der Poesie als der Muttersprache des menschlichen Geschlechts, forderte eine Erneuerung des ursprünglichen Gesangs und eine neue Mythologie oder den neuen Gebrauch der überlieferten Mythologie, um der Herrschaft des Verstandes und Nützlichkeitsdenkens der Aufklärung in Theologie und Philosophie ein Gegengewicht zu bieten.

Alle diese Aspekte wurden zur Zeit der Entstehung des Gedichts (1800 / Jahresbeginn 1801) in der deutschen Öffentlichkeit diskutiert und werden darin angesprochen; es kann damit als Deutung und Beantwortung all dieser ungelösten Aufgaben der Zeit verstanden werden: Napoleons Siegeszug durch Europa, die Einrichtung von Republiken bei gleichzeitiger Machtübernahme als Konsul 1799 waren die großen politisch-zeitgeschichtlichen Themen dieser Jahre; die Problematik usurpierter Herrschaft durchzieht das Gedicht. Die geschichtsphilosophische Frage einer adäquaten Einschätzung von Antike und Moderne war seit Schillers Aufsatz *Über naive und sentimentalische Dichtung* in der Opposition von Natur und reflektierter Sehnsucht nach Natur geführt worden; Schillers 1795 in den *Horen* veröffentlichte Elegie *Natur und Schule* (später: *Der Genius*) nimmt fast Hölderlins Gedichttitel vorweg; dessen Doppelformulierung des Titels mit einem modern begrifflichen und einem antik mythologischen Begriffspaar bezieht sich ebenfalls auf diese geschichtsphilosophische Opposition. Daran schließt sich die Forderung nach einer neuen Mythologie an, die Hölderlin 1797 im sogenannten *Ältesten Systemprogramm des deutschen Idealismus* schon hatte formulieren helfen und die Friedrich Schlegel in seiner *Rede über die Mythologie* im Frühjahr 1800 erneuerte – wahrscheinlich der unmittelbare Anlaß für Hölderlins Gedicht, das sich in direkten Anspielungen mit Schlegels Rede auseinandersetzt. Die Frage nach der rechten Mythologie betraf einerseits die Religion, die Hölderlin seit Jena beschäftigte und die, nach der Veröffentlichung von Schleiermachers *Reden über die Religion* 1799 (dazu vgl. Gaier, 1993, S. 389–393), gerade auch in dem Jahrgang des *Athenäum* prominent war, der Schlegels Mythologie-Rede enthielt (Fr. Schlegels *Ideen*, Novalis *Hymnen an die Nacht*). Sie betraf ferner die von Ficino gestellte Frage der philosophischen Anthropologie, ob der Mensch einen Sinn, eine Aufgabe in der Welt habe; Hölderlin war konfrontiert mit Lösungen Kants, Schillers und Fichtes, die die Menschheit und tendenziell sogar das einzelne Ich nur auf sich selbst bezogen sahen, war er doch mit Herder der Auffassung, »daß der Kunst- und Bildungstrieb mit allen seinen Modifikationen und Abarten ein eigentlicher Dienst sei, den die Menschen der Natur erweisen« (SW 3,357, Br. 180); in dem Fragment (*Über Religion*) hatte er herausgearbeitet, daß der Wirkungskreis, den sich der Bildungstrieb eines Menschen schafft, wegen dieses höheren Sinnes einen geistigen Zusammenhang hat, der nur mythologisch erzählbar ist, und daß die Wirkungskreise von Menschen, die frei zusammen leben und handeln, deshalb eine gemeinsame Mythologie, gemeinsame Götter erzeugen müßten (SW 2,562–569), über die wiederum die Menschen einander verstehen und aus diesem Verständnis heraus in die Natur zurückwirken (SW 3,357 f.). Dem Dichter endlich, nach dessen Aufgabe »in dürftiger Zeit« (SW 1,290) Hölderlin sich in der gleichzeitig mit *Natur und Kunst* entstehenden Elegie *Brot und Wein* fragte, kam bei dieser mythologischen Formulierung des höheren Zusammenhangs der Lebenssphären besondere Verantwortung zu: Er mußte die Namen dieser Götter, dieser neuen Mythologie exakt, der jeweiligen Sphäre gemäß wählen, durfte sich nicht mit Ungefährem, bloß Überliefertem begnügen (SW 2,551), sondern mußte neue Namen (SW 1,226) finden, um »jedem den eignen Gott« singen zu können (SW 1,302).

Wenn das stimmt, dann kann die Titelformulierung gewissermaßen nur mit einem Fragezeichen gelten: Zwei Begriffspaare zur Auswahl parallel gesetzt, das verstößt gegen das Gebot der Exaktheit, ein Begriffspaar Götternamen aus der römischen Mythologie kann für keine zeitgenössische Lebenssphäre mehr brauchbar sein und deren »eignen Gott« benennen. In der Tat ist in dem Gedicht mehrfach von Sängermeinung, von Namen, Benennung und neuer Erkenntnis die Rede (5, 12, 16, 25); es scheint um die Revision einer Beziehung zu gehen, die in der mythischen Geschichte von Saturn und Jupiter in bestimmter Weise festgelegt ist und nach deren irreführendem Muster nun auch die Beziehung von Natur und Kunst gesehen wird; auch diese ist also zu revidieren. Bewährt sich diese Vermutung, dann dient Hölderlin die Befassung mit einem nicht (mehr) zutreffenden Mythos dazu, alle die vorhin mit Natur und Kunst angesprochenen zeitgenössischen Verhältnisse als falsch gesehen und revisionsbedürftig darzustellen.

Wir müssen uns deshalb zunächst der mythologischen Vorgaben versichern, die dem Gedicht zugrunde gelegt sind. Griechische und römische Elemente mischen sich; solche Mischungen waren schon in der Antike üblich, da die Römer ihren häufig von den Etruskern überlieferten Gottheiten die griechischen Göttermythen andichteten, wobei nicht selten Ungereimtheiten entstanden; gerade bei Saturn stoßen wir auf ein solches Problem. Nur das Wichtigste, um Hölderlins Verfahren herauszustellen (Nachweise bei

Schmidt, SW 1,752–759, jedoch ohne Präzisierung der Eingriffe Hölderlins): Nach der griechischen Mythologie wurde Uranos, der allumschließende Himmelsgott, von seinem Sohn Kronos entmannt und entmachtet; da Kronos prophezeit wurde, einer seiner Söhne würde ihn absetzen, fraß er alle seine Kinder. Bei der Geburt des Zeus gab seine Frau Rhea ihm einen in Windeln gewickelten Stein zu fressen und ließ das Kind in einer kretischen Höhle erziehen. Kronos verfolgte Zeus, als er von dem Betrug erfuhr, schließlich kam es zum Kampf der Kronos-Generation gegen die von Kronos wieder ausgespieene Zeus-Generation. Besiegt, wurde Kronos mit seinen Titanen in den Tartaros verbannt (Hesiod, *Theogonie*, V. 617–720). Der Name Kronion (25), Sohn des Kronos, erinnert Zeus an diese fürchterliche Vergangenheit und ständige Bedrohung durch sie; eine allegorische Deutung des Kronos als »Chronos«, Zeitgott, der seine Kinder, die Stunden und Tage, fressen muß, um selber zeitlos an der Macht zu bleiben, macht Zeus zum Chronion, zum »Sohn der Zeit« (26 f.). – Bei der Übernahme der griechischen in die römische Mythologie setzte man für Uranos Caelus, für Kronos Saturn, für Zeus Jupiter, aber Saturn hatte aus seiner Herkunft als etruskischer Lokalgott einen Charakter, der dieser finsteren griechischen Sukzessions-Geschichte widerspricht: Dort galt er als Gott des Landbaues und Bewahrer der Reichtümer des Staates, bei seinem Fest, den Saturnalien, feierte man ihn als Gott der goldenen Zeit (in einem andern griechischen Mythos hatte er ebenfalls schon diese Qualität: Hesiod, *Werke und Tage*, V. 109–126): Damals lebten die Menschen wie die Götter, sorglos, schmerzlos, alterslos, vom fruchtbaren Boden mühelos mit allen Feldfrüchten und Gütern beschenkt, im Frieden miteinander. Bei diesen römischen Saturnalien »wurde kein Rat gehalten; die Schulen wurden zugemacht, kein Krieg angekündiget, niemand gestrafet, die Herren warteten den Knechten bey Tische auf, und was dergleichen Dinge mehr waren, wobey man sich der goldenen Zeit wieder erinnern wollte«.[1] – Die römischen Schriftsteller bemühten sich, den Widerspruch der Mythen bezüglich Kronos/Saturn auszugleichen, indem sie ihn aus dem Tartaros entkommen oder überhaupt nur verbannt sein lassen; jedenfalls habe er sich im italienischen Latium verborgen (vgl. 28) und dort erst seine segensreiche friedliche Herrschaft der goldenen Zeit ausgeübt.

Das sprechende Ich verwendet die mythologischen Traditionen bezüglich Kronos/Saturn bis ins Detail, das Hölderlin und seine Zeitgenossen aus der Lektüre der alten Schriftsteller und wohl auch aus Sammelwerken wie dem berühmten Hederich präsent hatten. Durch zwei entscheidende Wendungen verschärft der Sprecher sie jedoch: Er ersetzt den argwöhnischen, bösartigen kinderfressenden Thronräuber des Sukzessionsmythos, der den Zeus/Jupiter mit dem Tode bedroht und erst nach fürchterlichem Kampf besiegt wird, durch den friedlichen Gott der goldenen Zeit, den ein thronräuberischer Sohn »schuldlos« (9) in den Tartarus verbannt habe. Davon hängt im folgenden die Aufforderung an den herrschenden Gott ab, vom Thron zu steigen oder wenigstens dankend dem Älteren zu dienen (13 f.). Aber weder die schuldlose Verbannung eines friedlichen Gottes noch die daraus folgende Behauptung einer ungerechten und unrechtmäßigen Herrschaft des Jupiter haben »die Sänger« sich je gesagt (5), die Rücktrittsforderung des sprechenden Ich beruht also auf einer durch das widersprüchliche Material ermöglichten, hinsichtlich der behaupteten Usurpatorenrolle des Jupiter ungerechtfertigten und den Sängern fälschlich unterschobenen Folgerung.

Die zweite Behauptung des sprechenden Ich ist, daß der Gott der goldenen Zeit kein Gebot ausgesprochen und von den Sterblichen nicht mit Namen genannt worden sei. Nach Hesiods Bericht hat in der goldenen Zeit Kronos wie ein

---

1 Benjamin Hederich, *Gründliches mythologisches Lexikon*, Darmstadt 1967. Nachdr. der Ausg. 1770, Sp. 2167.

König im Himmel geherrscht, und nach den *Saturnalia* des Macrobius (I, Kap. 7) hat Saturn die Einwohner Latiums »von ihrem wüsten und räuberischen Leben auf ein gesitteters«[2] geführt, ihnen Ackerbau und Münzprägung beigebracht und damit natürlich Gebote und Verbote ausgesprochen, er war selbstverständlich auch mit seinem Namen verehrt. Wenn das sprechende Ich behauptet, die goldene Zeit hätte einen namenlosen Gott gehabt, dann entlarvt es alles, was über ihn gesagt wird, vor allem die mythologisch ungedeckte Schuldlosigkeit bei der Verbannung in den Tartarus und den daraus resultierenden Vorwurf gegen Zeus/Jupiter als erfunden, erdichtet, mythologisch erlogen; das Nennen des Saturn durch den Sänger (16) erscheint als mythologische Namengebung für ein Konstrukt des Sängers. Wenn dieses Konstrukt auch noch »vor Allen, Göttern und Menschen« (15 f.) genannt wird, so ist das »vor«, zeitlich genommen, jedenfalls falsch, der Rangordnung nach genommen, parteiisch. Der Sprecher, der sich hier mit dem Sänger inhaltlich identifiziert, favorisiert parteiisch ein erfundenes Konstrukt und greift mit einem parteiisch verbogenen Mythos den herrschenden Gott an.

Unter diesem Gesichtspunkt erscheint Hölderlins Gedicht als eine Weiterführung von Goethes *Prometheus*-Ode; darin hatte Goethe den Titanen mit lauter mythologisch erlogenen und zurechtgebogenen Argumenten sich gegen Zeus/Jupiter auflehnen lassen und sich damit selbst die nur in der Mythologie und ihrer lügenfreien Wiedererzählung beruhende Existenz entziehen lassen (Gaier, 1991).

Hölderlin geht einen Schritt weiter, indem er den Sänger als mythenerzählende und mythentransformierende Instanz einführt, die dem herrschenden Jupiter ein Verbrechen oder eine moralisch verwerfliche Machtusurpation andichtet, um danach seinen Rücktritt oder seine Unterwerfung fordern zu können. Der Sänger begeht also an dem von den

---

2 Hederich (Anm. 1) Sp. 2166.

Sängern an höchste, gegenwärtig herrschende Stelle gesetzten Gott Jupiter das, was er diesem vorwirft: ungerechtfertigte Vertreibung vom Thron; da er dies bei Götterfiguren vornimmt, die von den Sängern gesagt und genannt worden sind und von ihnen ihre Existenz haben, richtet sich der Angriff in Wirklichkeit gegen die Sänger als Namen- und Mythenerfinder. Indem das sprechende Ich den Jupiter anredet, ihm von der Sage der Sänger berichtet, ihn zu Rücktritt oder Unterwerfung und Duldung einer Erstnennung des Saturn auffordert, macht das sprechende Ich sich die Argumentation des Sängers zu eigen (eine ›persönliche‹ Identität zwischen Sprecher und Sänger in Vers 16 ist nicht zu behaupten).

Wurden bisher moralische (9) und genealogische (14) Gründe angeführt, um Jupiter zu Abdankung oder Unterwerfung zu bringen, so werden in einer von Hölderlin in einer Handschrift einmal weggelassenen Strophe (17–20; die gedruckte Fassung beruht auf einer Abschrift von fremder Hand) philosophische Gründe genannt, die Jupiter zur Einsicht in seine Abhängigkeit von Saturn bringen sollen. Schmidt hat zu Recht auf den neuplatonischen Ursprung dieser Gedanken und dieser Saturn-Deutung hingewiesen. Daß Hölderlin die Strophe einmal wegließ, hängt wohl damit zusammen, daß sie zu genau die Erkenntnisse der letzten Strophe (25–28) vorwegnimmt, die das sprechende Ich erst in den Versen 21 bis 24 gewinnen soll: Saturn verhält sich zu Jupiter wie Wolke zu Blitz, Eigentum zu Besitz, Sein zu Offenbarung, Potenz zu Aktualisierung, Friede zu Herrschaftsausübung. »Saturn« und »Jupiter« sind einander hier in einem Doppelverhältnis so zugeordnet, daß der eine den andern braucht: das unbestimmte Sein bedarf der bestimmten einschränkenden Erscheinung; diese kann nur existieren auf dem Grund des Seins. Der Sprecher redet hier weiterhin Jupiter an; es ist jedoch nicht klar auszumachen, ob er noch die Argumente des Sängers referiert, dessen Nennen er eine so zentrale Rolle gibt (16). Es ist unwahrscheinlich, denn in den Versen 5 bis 13 berichtet er von den Sagen der Sänger in indirekter Rede. Wenn aber die philosophischen Argumente seine eigenen sind, dann kann er um so weniger den Jupiter des Thronraubs bezichtigen: wenn hier der Erscheinung, der Offenbarung, der Verwirklichung eine Priorität gegeben wird, dann geschieht dies durch die Menschen, die philosophierend und in ihrer Praxis nicht das Gleichgewicht zwischen den einander bedingenden Positionen gewahrt haben, keinesfalls aber durch die Positionen und den für sie erfundenen mythologischen Namen. Waren oben Vorwürfe gegen die mythologisierenden Sänger, so sind sie hier gegen mythologisierende Philosophen zu richten, nicht gegen die Götter, immer aber gegen das sprechende Ich, soweit es sich mit Sängern und Philosophen einig erklärt, ihre Meinungen übernimmt und daraus Forderungen ableitet.

In den zwei Schlußstrophen erst spricht der Sprecher von sich selbst, nun von einer zukünftigen Zuwendung zum in Strophe 5 entdeckten Saturnischen und Jovialischen in ihrem Bedingungsverhältnis in ihm selbst: 1) Er will am Herzen Lebendiges fühlen, das heißt in Individuen sich offenbarendes allgemeines Leben; 2) Gestaltetes soll in Dämmerung verschwimmen, das heißt, individuiertes Offenbartes soll, entgegengesetzt zu (1), wieder ins Unbestimmte zurückkehren; 3) er will wechselnde Jupiterzeit als goldenen Kronosfrieden erfahren, das heißt, momentan soll das eine als das andere erlebt werden. Der Bleistiftentwurf des Gedichts sagt hier: »Hab ich am Herzen den Geist erst, das Leben der Liebe erfahren [...]« (StA 2,457): Noch deutlicher als in der endgültigen Fassung wird hier gesagt, daß es sich um Subjektives (Geist, Leben, Liebe) handelt, das aber objektiv gedacht ist und deshalb »erfahren« werden kann. In diesem Zustand wird mithin nicht nur zwischen den objektiven Positionen »Saturn« und »Jupiter« ein Offenbarungsverhältnis eingesehen werden, sondern das Ich selber wird seine Erfahrung als Offenbarung des allgemeinen Lebens und Geistes der Liebe erkennen, also selbst in der Position des Jupiter sich finden. Hat es mit imperativischer Rede in Strophe 4 Abdankung oder Unterwerfung des Jupiter gefordert, mit begründender Rede in Strophe 5 das Bedingungsverhältnis formuliert und klargestellt, daß Menschen an der unrechtmäßigen Bevorzugung schuld sein müssen, wird hier mit hoffend bedingender Rede deutlich gemacht, daß Saturnisches und Joviales Positionen in einem Verhältnis gegenseitiger Bedingung sind, das im Subjektiven wie im Objektiven erfahrbar ist. Die Mythen, die Beschuldigungen und Rücktrittsforderungen richten sich also gegen Subjektives und Objektives gleichermaßen, gegen das eigene Ich wie gegen andere Menschen und äußere Verhältnisse.

Beginnt die 7. Strophe »Dann kenn' ich dich, Kronion!« (25), so wird genaugenommen alles, was bisher über Jupiter gesagt worden ist, verworfen, da es auf Unkenntnis beruht; die Ungereimtheiten, Gewaltsamkeiten und Willkürlichkeiten, die wir an der Mythenbehandlung und den Folgerungen daraus beobachtet haben, basieren alle auf fehlender Kenntnis der tatsächlichen angeredeten Gottheit. Diese heißt statt »Saturnus Sohn« (2) plötzlich »Kronion« und »Sohn der Zeit« (26 f.); der Sprecher macht sich also bewußt, daß hinter der römischen eine griechische Mythentradition und -allegorisierung steht, die ihre eigene Kultur- und Religionssphäre hat, wie sie nun eben auch für die Gegenwart und Zukunft des sprechenden Ich erkannt wird. Was das sprechende Ich dann kennen und hören wird, ist nicht mehr der Herrschergott des Anfangs, gegen den man sich empört auflehnen müßte, sondern es ist ein dem Ich Gleichartiges, welches dasselbe tut wie die Menschen und allenfalls ihr weiser Meister ist. »Kennen« heißt bei Hölderlin, der Etymologie folgend, das Erkannte begreifen, weil und sofern es mit dem Erkennenden wesensverwandt ist. »Hören« heißt mit den Ohren wahrnehmen und (aus innerer Überzeugung) folgen, gehorchen. Im Kennen ist Natur und Verstand, im Hören Sinn und Sittlichkeit verbunden.

Die angeredete Instanz war schon immer so, wie sie dann gekannt und gehört wird; die vorangegangenen Reden der Sänger und die daraus gezogenen titanischen Umsturzforderungen des Ich waren falsch, zumindest von der für die Zukunft erwarteten Erkenntnis des Ich her. Wenn die Menschen verkünden, was die heilige Dämmerung birgt (28), dann waren die Mythen von Saturn und Jupiter als Verkündungen verborgener Verhältnisse vielleicht den Menschen früherer Zeit entsprechend, damit sie die durch diese Mythen definierten Gottheiten kennen und hören sollten. Aber sie gelten nicht mehr. »Kronion« wirft die Instanz in ihren griechischen Ursprungsbereich zurück, und in Zukunft heißt sie »weiser Meister«, »Sohn der Zeit«, ist wie der Mensch und leistet Menschenähnliches mit der Gesetzgebung und Verkündung; auch Saturn heißt nur noch »Zeit« und »heilige Dämmerung« und »birgt« das, was geordnet und verkündet werden soll. »Wir müssen die Mythe nämlich überall beweisbarer darstellen« (SW 2,916), das macht Hölderlin sich sogar bei seinen Übersetzungen zum Prinzip.

Worauf beruht nun aber die Möglichkeit einer Rede über den gekannten und gehörten Kronion? Sie beruht, vom Ende des Gedichts her gesehen, auf einer Revolte des gegenwärtigen Ich gegen das, was die Sänger über das Verhältnis zweier Instanzen Saturn und Jupiter mythisch sich gesagt haben und wofür sie Glauben forderten; die Auflehnung gegen Jupiter richtet sich tatsächlich gegen Vorstellungen, die nicht mehr zu kennen und zu hören sind. Neue Vorstellungen bildet das sprechende Ich nicht, sondern gibt nur notwendige zukünftige Bedingungen für ihre Bildung an (6. Str.): eine neue Mythologie ist erst in Umrissen in Sicht; sie muß jene Instanz, die einst Kronion, dann Jupiter, dann ein philosophisches Prinzip war, dem zukünftigen Menschen gleichbilden, der zur Ganzheit seines Wesens aus Natur und Verstand, Sinnlichkeit und Sittlichkeit, Gesetzgebung und Glaubensoffenbarung gefunden hat. Damit hat sich das Sprecher-Ich, welches mit seiner prometheischen Revolte nur sich selbst in seiner naiven Gläubigkeit an die überlieferte mythologische Opposition den Boden entzog und sich dann selbst in seiner Modernität entdeckte, eine Richtung in die Zukunft gegeben, wo es dem menschenähnlichen Gott ähnlich sein wird.

Wie ist von hier aus die Parallelsetzung des Begriffspaars »Natur und Kunst« zu beurteilen? Nimmt man einmal an, die Parallelisierung sei zulässig und es sei im Medium der Mythologie von diesem begrifflichen Verhältnis gesprochen worden, so ergibt sich: Weder Natur noch Kunst noch ihr wechselseitiges Bedingungsverhältnis sind Personen. Eine Revolte des Sprechers gegen die »Kunst« zugunsten der angeblich von ihr unterdrückten »Natur« richtet sich bloß gegen eine überlieferte, veraltete und vielleicht noch parteilich mißverstandene Vorstellung davon. Das eigentliche Verhältnis wird erst aufgrund einer Verwandlung des Menschen erkannt werden und dann den Menschen als Künstler implizieren, der Natur ordnet und offenbart. Soll die Parallele gelten, wendet Hölderlin sich mit dem Gedicht gegen Fehlinterpretationen des Verhältnisses zwischen Natur und Kunst in all den Bereichen, die wir anfangs genannt haben; wir kommen gleich darauf zurück.

Aber ist vom Ende des Gedichtes her die Parallelsetzung von Natur und Kunst mit Saturn und Jupiter überhaupt zulässig? Sie ist es zweifellos am Anfang, denn sie drückt auf die gleiche Weise wie die Sänger das abstrakte Verhältnis zwischen zeitlosem Frieden und beherrschter eingeteilter Zeit aus. Am Ende des Gedichtes kann eine solche Parallelisierung nicht mehr gelten: Erstens ist die Opposition zwischen Saturn und Jupiter in der von den Mythologen geschaffenen Figurenbestimmung ungültig geworden und durch ein wechselseitiges Bedingungsverhältnis ersetzt, das eine nach Personen trennende Formulierung nicht mehr zuläßt, zweitens ist deshalb die wie Saturn zu Jupiter sich verhaltende Opposition von mythologischer und begrifflicher

Formulierung im Titel unmöglich geworden: Begriffe sind keine mythisierten Hypostasen mehr, wie man zu Hölderlins Zeit mit ›Natur‹ umzugehen pflegte, und mythologische Figuren sind nicht mehr als Allegorien für Begriffe zu gebrauchen, wie es schon die Philosophen des Altertums gehandhabt hatten und wie es zu Hölderlins Zeit bei den Dichtern gang und gäbe war. Wie zwischen Natur und Kunst muß zukünftig ein neues Verhältnis zwischen Begriff und Vorstellungsbild gefunden werden, das in den Haltungen des ›Kennens‹ und ›Hörens‹ beim Sprecher-Ich der Schlußstrophe vorgebildet ist. Die Titelformulierung, einmalig bei Hölderlin in ihrer allegorischen Anlage, wird dementiert wie die genannten Einzelverhältnisse zwischen Natur und Kunst bzw. Saturn und Jupiter. Das Gedicht hat demnach eine poetologische Dimension und hebt das Dichtungsverfahren und -verständnis auf, mit dem es beginnt.

Damit ist schon ein Teil der anfangs aufgestellten Behauptung eingelöst, Hölderlin beantworte mit dem Gedicht alle mit »Natur und Kunst« gefaßten Probleme und stelle sie auf eine neue Basis: Aufgabe des Dichters in dieser »dürftigen Zeit« ist es, die alten Namen, Vorstellungen und Verhältnisse aufzulösen und durch zeitgemäße zu besetzen. Aber auch die anderen Aspekte erhalten eindeutige Antworten. Die monarchischen, ja diktatorischen »Herrscherkünste« Napoleons sind nur dann gerechtfertigt, wenn er die in seinen Republiken versammelten Menschen an Gesetzgebung und Mitsprache sich gleichmacht, das heißt ebenso die monarchische Gewalt ablegt, wie auf der andern Seite die »Wilden [...] mit Recht« im Abgrund sind (8).

Geschichtsphilosophisch ist im Streit zwischen Antike und Moderne oder den von Schiller definierten Haltungen des eher antiken Naiven und des eher modernen Sentimentalischen eine Überwindung beider Paradigmen und Haltungen notwendig: die Objektivität des Naiven und die Subjektivität des Sentimentalischen werden aufgehoben durch die Erfahrung und Erkenntnis, daß eine Grundge-

setzlichkeit von Sein und Offenbarung alle Kulturepochen
bestimmt, daß aber dieses Gesetz sich durch eine Tendenz
von Natur zu Kunst, Saturn zu Jupiter in der Antike auswirkt, während es in der Moderne, an der Rücktrittsforderung des Sprechers sichtbar, sich in der Tendenz von Kunst
zu Natur, Jupiter zu Saturn zurück auswirkt, während am
Ende eine neue Haltung in der wechselbedingenden Dop-
peltendenz von Natur und Kunst, Natur als Kunst und
Kunst als Natur, gefordert und angestrebt wird; der geschichtsphilosophische Stand des sogenannten Böhlen-
dorff-Briefs vom 4. Dezember 1801 (SW 3,459 f.) ist damit
hier schon erreicht.

Das Problem einer neuen Mythologie wird in unmittelbaren Anspielungen auf Friedrich Schlegels *Rede über die
Mythologie* angegangen, die wir hier nicht im einzelnen
ausführen können. Schon der Bleistiftentwurf enthält Schlegels Formulierung vom »Geist der Liebe«, den die Kunst
fesselt, damit er ihre Bildungen beseelt;[3] Spinoza, so hatte
Schlegel ausgeführt, »hat ein gleiches Schicksal wie der gute
alte Saturn der Fabel. Die neuen Götter haben den Herrlichen vom hohen Thron der Wissenschaft herabgestürzt. In
das heilige Dunkel der Phantasie ist er zurückgewichen, da
lebt und haust er nun mit den andern Titanen in ehrwürdi-
ger Verbannung. Haltet ihn hier! Im Gesang der Musen ver-
schmelze seine Erinnerung an die alte Herrschaft in eine
leise Sehnsucht.«[4] Schlegel unterscheidet die alte Mythologie als Natur von der neuen, dem »künstlichsten aller
Kunstwerke«,[5] aber er bleibt sozusagen bei Hölderlins
»Herab denn!« stehen: »Denn das ist der Anfang aller Poesie, den Gang und die Gesetze der vernünftig denkenden
Vernunft aufzuheben und uns wieder in die schöne Verwir-

---

3 Friedrich Schlegel, »Rede über die Mythologie«, in: *Athenaeum. Eine Zeit-
schrift von August Wilhelm Schlegel und Friedrich Schlegel*, ausgew. und
bearb. von Curt Grützmacher, Bd. 2, Hamburg 1969, S. 174–183.
4 Ebd., S. 176 f.
5 Ebd., S. 174.

rung der Phantasie, in das ursprüngliche Chaos der menschlichen Natur zu versetzen, für das ich kein schöneres Symbol bis jetzt kenne als das bunte Gewimmel der alten Götter. Warum wollt Ihr Euch nicht erheben, diese herrlichen Gestalten des großen Altertums neu zu beleben?«[6] Hölderlins Gedicht ist eine Probe aufs Exempel, ob so eine Wiederbelebung möglich ist; die Probe scheitert, die alten Namen, Figuren und Verhältnisse stimmen nicht mehr; der Mensch muß sich ändern, bevor es eine neue Mythologie gibt. Was jetzt möglich ist, ist kritische Aufhebung des Früheren, Orientierung aufs Neue und erste Versuche, wie die Schlußstrophe sie zeigt.

Das gilt auch für die religiöse Seite dieser neuen Mythologie. Das Vernunftabgewandte, Chaos, Nacht waren die religiösen Quellen, auf die Schlegel hier und in den *Ideen*, oder Novalis mit den *Hymnen an die Nacht* die Gegenwart zurückführen wollten. Dem steht die Wechselbedingung von Natur und Kunst, Nacht und Tag am Schluß von Hölderlins Gedicht als religiöses Grundverhältnis von Sein und Offenbarung gegenüber.

Die anthropologische Seite zeigt sich in der Auseinandersetzung mit Schillers Elegie *Natur und Schule* (in heutigen Ausgaben: *Der Genius*). Auch darauf nehmen, angefangen beim Titel, eine Reihe von Formulierungen Bezug. Schiller setzt eine goldene Zeit der Übereinstimmung des Menschen mit dem Gesetz der Natur als glückliche Zeit an, die dahin ist: »Vermessene Willkür / Hat der getreuen Natur göttlichen Frieden gestört.« (V. 29 f.) Der moderne Mensch kann ihn nur in sich selbst finden; die äußeren Verhältnisse sind durch Zwang geregelt. Nur einzelne Menschen, die nie den schützenden Engel (Genius) der goldenen Zeit verloren haben, gehen ohne Bewußtsein dieser reinen Ursprünglichkeit ihrer Denkweise, Gesetzgebung und Bildungskraft durch die Welt. Der entscheidende Unterschied bei Hölderlin ist

---

6 Ebd., S. 178.

das Kennen und Hören in der letzten Strophe, die vollständige Bewußtheit, mit der im Gegensatz zu Schiller das Vorbewußte ergriffen und verkündet wird. Also nicht wie Schiller ein Relikt einer verflossenen goldenen Zeit strebt Hölderlin an, sondern einen neuen Menschen einer neuen goldenen Zeit.

Auf allen Anwendungsebenen des Verhältnisses zwischen Natur und Kunst – der gesellschaftlich-politischen, geschichtsphilosophischen, mythologischen, religiösen, anthropologischen – nimmt Hölderlin zum Teil in direkter Auseinandersetzung mit Zeitgenossen Stellung. Warum in einem Gedicht? Das Gedicht gab ihm die Möglichkeit, an einem Modell – dem mythologischen Verhältnis zwischen Saturn und Jupiter – erstens die strukturelle Gleichheit aller angesprochenen Probleme vorzuzeigen; sie sind alle Verkündigungen der zugrunde liegenden Struktur und Verkündungen voneinander. Zweitens konnte er an dem Modell den Prozeß der Annahme und der Aufhebung des Modells vorführen, das heißt das Modellieren als eine bildende Tätigkeit, die Objektbereiche strukturiert und zugleich das Subjekt konstituiert und mitverwandelt. Damit aber gab er drittens das Verhältnis des Sprecher-Ichs zu dem Modell dem Leser wiederum als Modell, anhand dessen der Leser »kennen« und »hören« lernen, also sich auf die neue Zeit vorbereiten konnte. Diese Verfahren, menschliche Tätigkeiten wie das Modellieren zu inszenieren und damit dem Leser direkt in die Seele hineinzureden, können nur von der Poesie geleistet werden, ja sie sind Poesie gegenüber der bloßen Mitteilung. Das ist die Antwort auf die Frage: »wozu Dichter in dürftiger Zeit?«

Literaturhinweise

Gaier, Ulrich: Vom Mythos zum Simulacrum: Goethes ›Prometheus‹-Ode. In: Lenz-Jahrbuch Sturm und Drang-Studien. Bd. 1. Hrsg. von Matthias Luserke und Christoph Weiß in Verb. mit Gerhard Sauder. St. Ingbert 1991. S. 147–167.
– Hölderlin. Eine Einführung. Tübingen/Basel 1993.

Stutgard

An Siegfried Schmidt

1

Wieder ein Glück ist erlebt. Die gefährliche Dürre geneset,
  Und die Schärfe des Lichts senget die Blüte nicht mehr.
Offen steht jetzt wieder ein Saal, und gesund ist der Garten,
  Und von Regen erfrischt rauschet das glänzende Tal,
Hoch von Gewächsen, es schwellen die Bäch' und alle gebundnen
  Fittige wagen sich wieder ins Reich des Gesangs.
Voll ist die Luft von Fröhlichen jetzt und die Stadt und der Hain ist
  Rings von zufriedenen Kindern des Himmels erfüllt.
Gerne begegnen sie sich, und irren untereinander,
  Sorgenlos, und es scheint keines zu wenig, zu viel.
Denn so ordnet das Herz es an, und zu atmen die Anmut,
  Sie, die geschickliche, schenkt ihnen ein göttlicher Geist.
Aber die Wanderer auch sind wohlgeleitet und haben
  Kränze genug und Gesang, haben den heiligen Stab
Vollgeschmückt mit Trauben und Laub bei sich und der Fichte
  Schatten; von Dorfe zu Dorf jauchzt es, von Tage zu Tag,
Und wie Wagen, bespannt mit freiem Wilde, so ziehn die
  Berge voran und so träget und eilet der Pfad.

2

Aber meinest du nun, es haben die Tore vergebens
  Aufgetan und den Weg freudig die Götter gemacht?
Und es schenken umsonst zu des Gastmahls Fülle die Guten
  Nebst dem Weine noch auch Beeren und Honig und Obst?

Schenken das purpurne Licht zu Festgesängen und kühl
                                                            und
   Ruhig zu tieferem Freundesgespräche die Nacht?
Hält ein Ernsteres dich, so spars dem Winter und willst du
   Freien, habe Geduld, Freier beglücket der Mai.
Jetzt ist Anderes Not, jetzt komm' und feire des Herbstes
   Alte Sitte, noch jetzt blühet die Edle mit uns.
Eins nur gilt für den Tag, das Vaterland und des Opfers
   Festlicher Flamme wirft jeder sein Eigenes zu.
Darum kränzt der gemeinsame Gott umsäuselnd das Haar
                                                            uns,
   Und den eigenen Sinn schmelzet, wie Perlen, der Wein.
Dies bedeutet der Tisch, der geehrte, wenn, wie die Bienen,
   Rund um den Eichbaum, wir sitzen und singen um ihn,
Dies der Pokale Klang, und darum zwinget die wilden
   Seelen der streitenden Männer zusammen der Chor.

3

Aber damit uns nicht, gleich Allzuklugen, entfliehe
   Diese neigende Zeit, komm' ich entgegen sogleich,
Bis an die Grenze des Lands, wo mir den lieben Geburtsort
   Und die Insel des Stroms blaues Gewässer umfließt.
Heilig ist mir der Ort, an beiden Ufern, der Fels auch,
   Der mit Garten und Haus grün aus den Wellen sich
                                                                       hebt.
Dort begegnen wir uns; o gütiges Licht! wo zuerst mich
   Deiner gefühlteren Strahlen mich einer betraf.
Dort begann und beginnt das liebe Leben von neuem;
   Aber des Vaters Grab seh' ich und weine dir schon?
Wein' und halt' und habe den Freund und höre das Wort,
                                                                     das
   Einst mir in himmlischer Kunst Leiden der Liebe
                                                                        geheilt.
Andres erwacht! ich muß die Landesheroën ihm nennen,
   Barbarossa! dich auch, gütiger Kristoph, und dich,

Konradin! wie du fielst, so fallen Starke, der Efeu
  Grünt am Fels und die Burg deckt das bacchantische
                                                   Laub,
Doch Vergangenes ist, wie Künftiges heilig den Sängern,
  Und in Tagen des Herbsts sühnen die Schatten wir uns.

4

So der Gewaltgen gedenk und des herzerhebenden
55   Schicksals,
  Tatlos selber, und leicht, aber vom Äther doch auch
Angeschauet und fromm, wie die Alten, die
                                          göttlicherzognen
  Freudigen Dichter ziehn freudig das Land wir hinauf.
Groß ist das Werden umher. Dort von den äußersten
                                                   Bergen
60 Stammen der Jünglinge viel, steigen die Hügel herab.
Quellen rauschen von dort und hundert geschäftige Bäche,
  Kommen bei Tag und Nacht nieder und bauen das
                                                 Land.
Aber der Meister pflügt die Mitte des Landes, die Furchen
  Ziehet der Neckarstrom, ziehet den Segen herab.
65 Und es kommen mit ihm Italiens Lüfte, die See schickt
  Ihre Wolken, sie schickt prächtige Sonnen mit ihm.
Darum wächset uns auch fast über das Haupt die gewaltge
  Fülle, denn hieher ward, hier in die Ebne das Gut
Reicher den Lieben gebracht, den Landesleuten, doch
                                                    neidet
70 Keiner an Bergen dort ihnen die Gärten, den Wein
Oder das üppige Gras und das Korn und die glühenden
                                                    Bäume,
  Die am Wege gereiht über den Wanderern stehn.

5

Aber indes wir schaun und die mächtige Freude
                              durchwandeln,
  Fliehet der Weg und der Tag uns, wie den Trunkenen,
                                hin.
Denn mit heiligem Laub umkränzt erhebet die Stadt schon
  Die gepriesene, dort leuchtend ihr priesterlich Haupt.
Herrlich steht sie und hält den Rebenstab und die Tanne
  Hoch in die seligen purpurnen Wolken empor.
Sei uns hold! dem Gast und dem Sohn, o Fürstin der
                              Heimat!
  Glückliches Stutgard, nimm freundlich den Fremdling
                                mir auf!
Immer hast du Gesang mit Flöten und Saiten gebilligt,
  Wie ich glaub' und des Lieds kindlich Geschwätz und
                                der Mühn
Süße Vergessenheit bei gegenwärtigem Geiste,
  Drum erfreuest du auch gerne den Sängern das Herz.
Aber ihr, ihr Größeren auch, ihr Frohen, die allzeit
  Leben und walten, erkannt, oder gewaltiger auch,
Wenn ihr wirket und schafft in heiliger Nacht und allein
                              herrscht
  Und allmächtig empor ziehet ein ahnendes Volk,
Bis die Jünglinge sich der Väter droben erinnern,
  Mündig und hell vor euch steht der besonnene Mensch –

6

Engel des Vaterlands! o ihr, vor denen das Auge,
  Sei's auch stark und das Knie bricht dem vereinzelten
                              Mann,
Daß er halten sich muß an die Freund' und bitten die
                              Teuern,
  Daß sie tragen mit ihm all die beglückende Last,

Habt, o Gütige, Dank für den und alle die Andern,
 Die mein Leben, mein Gut unter den Sterblichen sind.
Aber die Nacht kommt! laß uns eilen, zu feiern das
                                                Herbstfest
 Heut noch! voll ist das Herz, aber das Leben ist kurz,
Und was uns der himmlische Tag zu sagen geboten,
 Das zu nennen, mein Schmidt! reichen wir beide nicht
                                                    aus.
Treffliche bring' ich dir und das Freudenfeuer wird hoch
                                                    auf
 Schlagen und heiliger soll sprechen das kühnere Wort.
Siehe! da ist es rein! und des Gottes freundliche Gaben
 Die wir teilen, sie sind zwischen den Liebenden nur.
Anderes nicht – o kommt! o macht es wahr! denn allein ja
 Bin ich und niemand nimmt mir von der Stirne den
                                                Traum?
Kommt und reicht, ihr Lieben, die Hand! das möge genug
                                                    sein,
 Aber die größere Lust sparen dem Enkel wir auf.

                                            (SW 1,281–285)

Bernhard Böschenstein

Dionysische Wanderung im Zeichen von Freundschaft, Dichterberuf, politischer Utopie

Stutgard ist, wie das elegische Bruchstück *Der Gang aufs Land* und die Elegie *Heimkunft*, weitgehend als eine Wanderung gestaltet. Veränderungen im Raum und in der Zeit beanspruchen einen bedeutenden Teil des Gedichts. Die genaue Einhaltung von rhythmischen und Sinneinheiten von jeweils sechs Zeilen, also drei Distichen, verhilft zur Übersicht über den zeitlichen Fortgang und verschafft dank der plastischen, kontrastiven Metrik des antiken Elegienverses eine ausgewogene räumliche Entsprechung. Der Zeitpunkt, an dem das Gedicht innerhalb seines Fortgangs jeweils angelangt ist, wird immer wieder deutlich hervorgehoben. Er bezieht sich in erster Linie auf die Jahreszeit, den Herbst. (Im Erstdruck von 1807 wurde, vielleicht vom Herausgeber Seckendorf, *Die Herbstfeier* als Titel gesetzt.) Er kann sich aber auch auf die Tageszeit, den Abend und die Nacht, einschränken, zum Beispiel in der zweiten und dritten Strophe. Schließlich weitet er sich aus, zur persönlichen, sodann zur geschichtlichen Vergangenheit (dritte Strophe) zurück und voraus zur Zukunft des ganzen Volks (Ende der fünften Strophe). Dazwischen herrscht die Gegenwart des Weinlesefestzugs, eine Wanderung »von Dorfe zu Dorf« (16), die aber von Anfang an auch in einen antiken Dionysoszug verwandelt wird.

Der Gott Dionysos ist in der ganzen Elegie anwesend, mit verschiedenen Seiten seiner vielfältigen Natur (Böschenstein, S. 30–32). Er wird vergegenwärtigt durch Kränze, Gesang, den Thyrsosstab, wilde Tiere (erste Strophe), aber auch das Gastmahl der Freunde (zweite Strophe), die Erinnerung an heroische Vergangenheit (dritte Strophe), die üppige, fast südliche Vegetation (vierte Strophe), Flöten- und Saitenmusik und das Vergessen der »Mühn« (82, Schmidt SW 1,721 f.) in der fünften Strophe, schließlich das »Freudenfeuer« (101), das »kühnere Wort« (102) und das innige Freudenmahl zu zweit, das sich auf den angeredeten Siegfried Schmidt (Münkler, S. 41–49) bezieht (sechste Strophe). Das Weinlesefest ist also das vordergründige Thema, das sich nach innen und außen ausweitet, in die liebende Intimität der Freunde und in die politische Dimension heroischer Vergangenheit und Zukunft.

So ist es bezeichnend, daß die Mitte des Gedichts lautet: »Doch Vergangenes ist, wie Künftiges heilig den Sängern, / Und in Tagen des Herbsts sühnen die Schatten wir uns.« (53 f.) Unmittelbar zuvor findet der – fiktive – Gang zum Geburtsort Lauffen statt und wird die Erinnerung an große württembergische Herrscher, Barbarossa, Konradin, Herzog Christoph, erneuert (Hirblinger, S. 212), unmittelbar danach ist vom »Werden« (59) die Rede, von den Jünglingen, die wie Bergquellen frisches Leben bringen. Die Gegenwart des Festzugs ist also jederzeit offen für Rück- und Ausblicke und mischt die Zeiten so, wie es sich für den Dichter gehört (Wackwitz, S. 189–200). Der nämlich ist der universale Perspektivist, der von einer vielseitig deutbaren Gegenwart aus eine umfassende Raum- und Zeiterfahrung heraufruft.

Die vielen antiken Bezüge sind nicht dazu da, eine mustergültige Kultur an die Stelle der eigenen zu setzen. Vielmehr werden sie im Licht der Modernität neu gelesen als Synthese aus vergangenen und künftigen Möglichkeiten. Der die Antike mit der Gegenwart und der Zukunft versöhnende Gott Dionysos übernimmt dabei die Mittlerrolle. Er, der Festliche, ist gemeinschaftsbildend in einem engen, erotischen Sinn, der antike Freundesliebe in modernem Kontext erneuert, und in einem weiten, politischen Sinn, der revolutionäre Bewegungen hin zu neuer, besonnener Mündigkeit in Gang bringt (Schluß der fünften Strophe). Der intime Freundeskreis der Teilnehmer am Gastmahl – er spiegelt den Freundeskreis um Landauer in Stuttgart, den Hölderlin in der zweiten Hälfte des Jahres 1800 um sich hatte – und das mündig gewordene Volk gehören indes zusammen. Von jenen, den Sympathisanten der Französischen Revolution (Hirblinger, S. 212 f.), geht ein politisch erweckender Funke aus, der auf dieses überspringt. Als »Dichter des Volks« (*Dichtermut*, SW 1,302, V. 13) verstanden sich Hölderlin und seine gleichaltrigen Dichterfreunde, zu denen insbesondere der von ihm rezensierte Siegfried Schmidt aus der Wetterau gehörte. Von ihm sind fünfzehn oft sehr innige Briefe an Hölderlin erhalten, aus denen hervorgeht, wie hoch jener die Dichtergabe Hölderlins einschätzte. (In

Schmidt klangen Hölderlins höchste dichterische Pläne wider. Seine Persönlichkeit ist paradigmatisch für eine Generation von Hochgespannten, deren Pläne in keinem Verhältnis zu ihrer Verwirklichung standen.)

Stuttgart selber, als gepriesene Stadt, wird vor allem in der fünften Strophe eigens herausgestellt, im Stil pindarischer Städteanrufungen (Seifert, S. 377–387; Schmidt, SW 1,720 f.), mit der bezeichnenden Variante, sie als Priesterin der dionysischen Szene erscheinen zu lassen, die sie zur Empfängerin des ihr gewidmeten Gesangs, des Dichters und seines befreundeten Gastes macht. Wenn in vielen Hymnen Hölderlins eine Mutter – Erde, Asia, Suevien, Germania, Mnemosyne, die Madonna – die Empfängerin der Gesänge ist, und zwar als Stellvertreterin des abwesenden himmlischen Vaters, so wird hier, in einer Elegie, eine als »Fürstin der Heimat« (79) titulierte Gastgeberin angesprochen, die eine verwandte Funktion erfüllt, zugleich aber auch deutlich auf den Gott verweist, dem sie dient, den »gemeinsamen Gott« (31), dem die Gesänge zuallererst gelten. Während die Mütter in den Hymnen für die Mutter Erde stehen und oft ganze Länder vertreten, ist mit der als Priesterin des Dionysos personifizierten Stadt eine Instanz gemeint, die den festlichen Vorgang des von Gesang begleiteten Triumphzugs inkarniert. Sie bezieht sich enger und genauer auf die eine Herbstfeier. Diese engere Lokalisierung gehört, wie *Der Gang aufs Land* und *Heimkunft* belegen, zu Hölderlins elegischem Stil. Sie bezeugt sich vornehmlich in der in Hölderlins Tönesystem meist, ›naiven‹, eher deskriptiven Anfangsstrophe, die eine Wendung zu neuer lebendiger Vegetation und Kommunikation bezeichnet.

Das Leben der Gärten, das Anschwellen der Bäche und die Intensivierung der Vogelflüge bereiten den dionysischen Kommunikationsraum vor, wobei die Vögel als Vermittler zwischen Himmel und Erde von Anfang an die Wirkung der himmlischen Kräfte anzeigen. Sie wird als »geschickliche« »Anmut« (11 f.) bezeichnet, als Charis, wie sie bei

Pindar zu den häufigsten Gottheiten und Grundvorstellungen gehört, wogegen sie bei Hölderlin nur sehr selten vorkommt. Erst jetzt werden Menschen erwähnt, die den Festzug bildenden Wanderer, die ihr Maß von den Vögeln nehmen, insofern auch sie von »göttlichem Geist« (12) zu ihrer Wanderung angetrieben werden.

Nach diesem Präludium verengt sich der Raum: die Wanderer werden zu den Freunden des Gastmahls, und die Trauben, die sie als Embleme mit sich führten, deuten jetzt auf den Wein, den sie beim Übergang des Abends in die Nacht trinken. Das große Thema von *Brot und Wein*, die die Götter vertretende Nacht, wird zart angeschlagen, aber nicht ausgeführt, da die konkrete Herbstfeier mit den Freunden jetzt an der Zeit ist, sie, die Dionysos zum Gemeinschaftsstifter werden läßt, zum Bezwinger aller Gegensätze, zum heraklitischen Erzeuger der Harmonie aus Gegensätzen.

Als wichtigstes Signalwort bei dieser Feier fällt das Wort »Vaterland« (29), das in der Folge wiederaufgenommen wird, zunächst, in der dritten Strophe, als Land des Vaters, genauer als der Geburtsort Lauffen, später, zu Beginn der sechsten Strophe, als Ort der »Engel« (91), der göttlichen Boten. Diese verpflichten die Dichter der Heimat zur Stiftung einer auf dem Fundament der Freundschaft erneuerten Gemeinschaft.

Der Rückbezug auf die Geburt und den Vater bedeutet die Fundierung der Zukunft im Vater-Land, wobei der leibliche Vater durch mittelalterliche Helden-Väter Württembergs abgelöst wird. Durch den dionysischen Efeu wird die Brücke zwischen Vergangenheit und Zukunft geschlagen, wird die heroische Dimension der Vergangenheit auch für die Zukunft verbürgt. Erinnerung bedeutet im Zeichen dieses Gottes stets zugleich Vorausblick und damit durchgängige Kontinuität. Die Zeit darf nicht zu schnell voranschreiten, soll das Gleichgewicht zwischen Vergangenheit und Zukunft in einer von beiden erfüllten Gegenwart sich einstellen, für Hölderlin die Voraussetzung aller Dichtung. Wie in *Der Rhein* ist der erste Lichtstrahl für das weitere Leben entscheidend, gilt auch hier: »Denn / Wie du anfingst, wirst du bleiben« (SW 1,329, V. 47 f.).

Die Vorstellung antiker »göttlicherzogner freudiger Dichter« (57 f.), die das Land hinaufziehen, verbindet Dichterberuf und Dionysospriestertum, wie in *Brot und Wein* und in der Ode *Dichterberuf*. Die das Werden figurierenden »Jünglinge« (60) sind solche kommenden Dichter, sind diejenigen, die das Land bauen, das heißt das künftige, politisch umgestaltete Vaterland prägen. Drei Ebenen werden hier willentlich ineinandergefügt: die Landschaft, der Dichterberuf und die politische Zukunft. Der Hinweis auf Italien verstärkt die antike Begründung dieses künftigen Dichtertums.

Daß die Evokation der gesegneten Landschaft und der festlich geschmückten dionysischen Stadt stets auch in einem Bezug zu den Dichtern steht, zeigt sich daran, daß Stuttgart immer schon »Gesang mit Flöten und Saiten gebilligt« (81) hat. Die Sänger, die ihr Lied aus dem Preis der dionysisch verklärten Heimat begründen, werden von ihr getragen und begünstigt. Sie wenden sich aus diesem Wechselbezug schließlich zu denen, die die Sphäre der Götter mit der des Vaterlands verbinden, den »Engeln des Vaterlands« (91). Deren Wirken ermöglicht die Verwandlung der jungen Menschen in mündige Teilhaber an einer erneuerten politischen Gemeinschaft und bezeichnet die äußersten Grenzen dessen, wessen der Dichter sich jetzt für fähig hält.

Die sechste Strophe überschreitet bereits dieses Maß und ist vor allem ein Innehalten vor der zu großen Aufgabe. Nur in treuer und liebender Freundesnähe kann ein Entwurf dieser Zukunft eine erste Wirklichkeit gewinnen. Die Einlösung dieses Auftrags ist einer viel späteren Zukunft vorbehalten.

Am Schluß wird der Sinn der Widmung erst ganz deutlich: der Freund ist auch der Bürge für eine ernsthafte Erfüllung der dem Dichter aufgegebenen Zukunft: die Erfahrung der Gegenwart der Vaterlandsgenien in eine wirksame, die Zeitgenossen zusammenschließende Gemeinsamkeit zu verwandeln mit Hilfe des dichterischen Worts.

So ist denn die Elegie *Stutgard* gleichzeitig ein Preislied auf die Stadt und die weiteren Räume der Heimat, eine dionysisch begründete Darstellung der eigenen Dichter-Aufgabe und die Feier einer individuellen Freundschaft, die Heimat, Dichterberuf und politische Wirkung in eins faßt.

Literaturhinweise

Böschenstein, Bernhard: »Frucht des Gewitters«. Zu Hölderlins Dionysos als Gott der Revolution. Frankfurt a. M. 1989.

Hamlin, Cyrus: Zur Einführung. In: Hölderlin: *Stutgard*. Tübingen 1970. S. 25–40.

Hirblinger, Heinrich: Widmungsgedicht und Freundschaftsbund. Hölderlins Lyrik im politischen und sozialen Kontext seiner Zeit. Diss. München 1979.

Martini, Fritz: Hölderlin und Stuttgart. In: »o Fürstin der Heimath! Glückliches Stutgard«. Politik, Kultur und Gesellschaft im deutschen Südwesten um 1800. Hrsg. von Christoph Jamme und Otto Pöggeler. Stuttgart 1988. S. 204–226.

Münkler, Herfried: Siegfried Schmids erzwungene Vernünftigkeit. In: Le pauvre Holterling 7 (1984) S. 41–53.

Seifert, Albrecht: Untersuchungen zu Hölderlins Pindar-Rezeption. München 1982.

Wackwitz, Stephan: Trauer und Utopie um 1800. Studien zu Hölderlins Elegienwerk. Stuttgart 1982.

Zuberbühler, Rolf: Die Sprache des Herzens. Hölderlins Widmungsdichtung. Göttingen 1982.

8.

Lebensalter.

Ihr Städte des Euphrats!
Ihr Gassen von Palmyra!
Ihr Säulenwälder in der Eb'ne der Wüste,
Was seyd ihr?
5 Euch hat die Kronen,
Dieweil ihr über die Gränze
Der Othmenden seyd gegangen,
Von Himmlischen der Rauchdampf und
Hinweg das Feuer genommen;
10 Jetzt aber sitz' ich unter Wolken (deren
Ein jedes eine Ruh' hat eigen) unter
Wohleingerichteten Eichen, auf
Der Haide des Reh's, und fremd
Erscheinen und gestorben mir
15 Der Seeligen Geister.

(*Taschenbuch für das Jahr 1805*, S. 85 f.)

WOLFRAM GRODDECK

Betrachtungen über das Gedicht *Lebensalter*

Prätext. Die Vermutung von Ludwig von Pigenot, wonach das im Jahre 1792 von Georg Forster übersetzte Buch des Comte de Volney, *Die Ruinen oder Betrachtungen über die Revolutionen der Reiche*, als »Hölderlins Quelle« für das Gedicht *Lebensalter* anzusehen sei, ist in der Hölderlin-Forschung anscheinend vergessen worden (Pigenot, S. 223 f.; Schär, S. 503). Es handelt sich bei diesem Buch, das weder in der großen Stuttgarter Ausgabe noch in einer anderen neueren Hölderlin-Ausgabe erwähnt wird, um einen radikal-revolutionären geschichtsphilosophischen Entwurf, dessen Diktion in manchem auch an Hölderlins *Hyperion* gemahnt. Das damals vielgelesene Buch, das um 1800 in Deutschland mehrere Auflagen erfuhr, dürfte schon dem jungen Hölderlin bekannt gewesen sein. Was es aber in einen engeren Zusammenhang mit Hölderlins spätem Gedicht bringt, ist der Umstand, daß die »Ruinen«, welche die revolutionären »Betrachtungen« des Comte de Volney veranlassen, eben jene *Ruinen von Palmyra* sind, welche seit ihrer Entdeckung Ende des 17. Jahrhunderts die Phantasie der Aufklärer in besonderem Maße bewegten. Die topische Situation, beim Anblick von Ruinen über Vergänglichkeit und Zukunft nachzusinnen, die in Volneys Buch emphatisch inszeniert wird, kehrt auch in Hölderlins Gedicht wieder. Ein direkter Bezug zum Werk des Comte de Volney stellt sich jedoch über einige präzise intertextuelle Referenzen her, die sich als Indizien einer kritischen Lektüre Hölderlins begreifen lassen. Wie Hölderlins Gedicht *Lebensalter* beginnt auch Volneys Buch mit einem direkten »Anruf«: »Seyd mir gegrüßt, einsame Ruinen, heilige Gräber, schweigende Mauern! euch rufe ich an; zu euch richte ich mein Gebeth« (Volney, S. 3). Der Autor berichtet zu Beginn seiner theoretischen Ausführungen kurz von seiner »Reise« und seinem Entschluß, »die nahe Stadt Palmyra, welche in der Wüste liegt, zu besuchen« und schildert dann »beim Ausgange in die Ebne den erstaunenswürdigsten Anblick von Ruinen. Sie bestanden aus einer unzähligen Menge prächtiger aufrecht stehender Säulen, die sich gleich den Alleen vor unsern Thiergärten, so weit das Auge reichen kann in symmetrischen Reihen hinzogen« (ebd., S. 8 f.). Volneys eindrücklicher Vergleich der »Säulen« mit »Alleen« verdichtet sich bei Hölderlin zur Metapher der »Säulenwälder in der Eb'ne der Wüste« (3).

Die Ruinen von Palmyra
Kupferstich aus dem 1791 erschienenen geschichtsphilosophischen Werk *Les ruines, ou méditation sur les révolutions des empires* von Constantin-François de Volney

Durch den direkten Bezug auf das revolutionäre geschichtsphilosophische Buch *Die Ruinen oder Betrachtungen über die Revolutionen der Reiche* greift Hölderlins spätes Gedicht in die zeitgenössische Diskussion politischer Philosophie ein. Dabei stellt das Gedicht freilich keine dichterische Illustration der politischen Geschichtsphilosophie von Volney dar, sondern es begreift sich, gerade in der demonstrativen Wiederholung der geschichtsphilosophischen Pose, als deren poetisch-kritische Reflexion. Im unmittelbaren historischen Zusammenhang wird das Gedicht *Lebensalter* so als eine Parodie der aufklärerischen Revolutionstheorie lesbar, indem es mit seiner Lakonik und sprachlichen Nüchternheit das weitschweifige Pathos der Ruinen-Betrachtung unterläuft.

Da aber das Gedicht *Lebensalter* sich in seinem ideologiekritischen Bezug zum revolutionären Prätext nicht erschöpft, erscheint dieser nur noch als Vorwand zur Entfaltung einer poetischen Zweideutigkeit,[1] die sich in der konkreten Gestalt des Textes verwirklicht. Das Gedicht entzieht sich daher einer eindeutigen Interpretation und fordert gleichzeitig zu dem auf, was es selber darstellt: zu »Betrachtungen«. Insofern formuliert auch der folgende Verstehensversuch keine geschlossene Interpretation, sondern eine Reihe von Betrachtungen über Hölderlins Gedicht.

Überlieferung. Hölderlins Gedicht *Lebensalter*, von dem keine Handschriften und auch keine Vorentwürfe existieren, ist nur in der Textgestalt des Erstdrucks überliefert, im *Taschenbuch für das Jahr 1805. Der Liebe und Freundschaft gewidmet*, Frankfurt am Mayn, bey Friedrich Wilmans, S. 85–86. Da das Gedicht, allen Kommentierungsversuchen zum Trotz, sich an der Grenze der Verstehbarkeit bewegt, erscheint es geboten, den Text unangetastet zu belassen.

---

[1] Zur poetischen Konstruktion des »Zweideutigen« vgl. auch Hölderlins *Pindar-Kommentar Das Unendliche* in FHA 15,358 f.

Daher wird das Gedicht hier im unveränderten Zeichenbestand des Erstdrucks wiedergegeben.[2]

Komposition. Das Gedicht *Lebensalter* ist nicht als Einzeltext überliefert, sondern in einem genau durchkomponierten Zyklus, dessen Neunteiligkeit an eine der Grundfiguren Hölderlinscher Kompositorik gemahnt.[3] Die Ordnungszahl »8.« ist daher ein Element des Textes, das über ihn hinausweist und die Stellung des Gedichtes im Zyklus betont. Zugleich korrespondiert die Zahl auch mit dem Aufbau des Textes selber, dessen achter Vers die geometrische Mitte des 15zeiligen Gedichtes darstellt. (Dementsprechend besteht übrigens das Gedicht *7. Hälfte des Lebens* aus zweimal sieben Versen und das Gedicht *9. Der Winkel von Hahrdt* aus neun Versen.)

Dem architektonischen Kalkül des Textes entspricht seine rhythmische Gestalt. Der letzte Vers ist mit dem ersten, der vorletzte Vers ist mit dem Vers in der Mitte metrisch identisch, ferner wiederholt der neunte Vers das Versmaß des sechsten; das Schema der übrigen Verse variiert ohne Wiederholungen. Doch läßt sich die metrische Struktur der Verse kaum eindeutig skandieren, und man sollte wohl eher von metrischen Zitaten oder Anspielungen sprechen. Auffällig in der rhythmischen Gestaltung des Gedichtes ist vor allem die Verwendung des Adoneus (5), eines Versfußes, der aus den Totenklagen um Adonis stammt und der auch im ersten und letzten Vers anklingt.

Inhaltlich gliedert sich das Gedicht zunächst in drei Teile zu vier, fünf und sechs Versen; die dynamisch wachsende Gliederung überlagert die um die Achse des achten Verses

---

2 Zur textkritischen Problematik des Wilmans-Druckes vgl. ausführlicher Groddeck (1995), S. 67–75.
3 Im thematischen Zusammenhang mit dem Gedicht *Lebensalter* sei hier nur auf die neunstrophige Elegie *Brod und Wein* (FHA 6,203–262) hingewiesen. Den engen kompositorischen, poetologischen und auch entstehungsgeschichtlichen Zusammenhang der neun sogenannten »Nachtgesänge« mit den neun *Pindar-Kommentaren* betont nachdrücklich D. E. Sattler, FHA 15,331 f.

zentrierte statische Struktur und erzeugt eine architektonische Spannung, welcher die durchgängige Doppelsinnigkeit des ganzen Gedichtes im Semantischen korrespondiert. Schon die Überschrift ist doppeldeutig: Das Wort »Lebensalter« kann einen Abschnitt im individuellen Lebenslauf von der Kindheit bis zum Greisentum bezeichnen, aber auch, in anthropomorpher Wendung, ein geschichtliches »Zeitalter« meinen.[4]

»*Palmyra*«. Der erste Sinnabschnitt des Textes (1–4) besteht aus drei Anrufen und einer Frage. Durch die nachdrückliche Apostrophe vergegenwärtigt das Gedicht eine räumlich und zeitlich weit entfernte geschichtliche Realität. Die evozierten Orte, die »Städte des Euphrats« und »Palmyra« in der »Wüste«, lenken die Erinnerung zunächst auf den Ursprung menschlicher Kultur, den Orient. Der Euphrat ist der vierte Fluß im Paradies (Gen. 2,14) und auch die Stadt Palmyra kommt schon im Alten Testament vor, sie hat dort die Namen Thamar oder Thadmor, die wiederum »Palmenstadt« bedeuten. Es war Salomon, der diese Stadt »in der Wüste« (1. Kön. 9,18) gebaut hat, von der aus »die Grenze gegen Mittag« verläuft (Ez. 47,19). Zugleich markieren die Invokationen aber auch den Untergang der antiken Kultur, indem die Ruinen an die Zerstörung des Palmyrenischen Reiches durch die Römer im dritten nachchristlichen Jahrhundert gemahnen.

Mit dem Wort »Säulenwälder« (3) erscheint eine Metapher, welche die Bereiche von Natur und Kunst absichtsvoll verschränkt. Die Säulen sind wie Palmenwälder, und die »Kronen« (5) bezeichnen (im Sinne von ›Baumkronen‹) die charakteristischen Blattkapitelle der korinthischen Säulen, zugleich meinen sie aber auch (als ›Königskronen‹) die Embleme politischer Macht. Das Bild der »Wälder« in der

---

4 Jacob und Wilhelm Grimm, Art. »Lebensalter«, in: *Deutsches Wörterbuch*, Bd. 12, Leipzig 1885, Sp. 433. – Hölderlin selber verwendet das Wort »Lebensalter« in diesem zweiten Sinne im *Hyperion*: »von [...] diesen beginnt das zweite Lebensalter der Welt« (FHA 11,658).

»Wüste« verdichtet sich dergestalt zu einem Vexierbild. Auf die Rätselhaftigkeit der Ruinen, ihre historische Zweideutigkeit als Ort des Anfangs und des Endes von Kultur, auf die zum Säulenbild geronnene Doppeldeutigkeit zwischen Leben und Tod (»Wälder« und »Wüste«) reagiert die fundamentale Frage: »Was seyd ihr?« (4) Diese Frage, auf welche keine Antwort gegeben wird, macht das Gedicht insgesamt zu einem Rätsel und stellt es selbst als jene Ruine dar, in welcher der Betrachter, nach einem Sinn suchend, liest.

»Über die Gränze / Der Othmenden«. Der zweite Sinnabschnitt des Gedichtes (5–9), gekennzeichnet durch den Wechsel des Tempus vom Präsens ins Perfekt, besteht aus einer kühn gebauten Periode, die in der Kombination von syntaktischen Sperrungen und Umstellungen eine Synchyse darstellt (Lausberg, § 334) und die den Vorgang des katastrophalen Untergangs des Palmyrenischen Reiches in der rhetorischen Figuration des Textes wiederholt. Das Ausmaß der syntaktischen Spannungen wird deutlich, sobald man den Satz in die nichtfigürliche Abfolge bringt: ›(6) Der Rauchdampf und (8) das Feuer (5) von Himmlischen (2) hat (1) euch (3) die Kronen (7) hinweg (9) genommen (4) dieweil ihr . . .‹.

Der Nebensatz – »Dieweil ihr über die Gränze / Der Othmenden seyd gegangen« (6 f.) – markiert die Bewegung einer Grenzüberschreitung; zunächst ist die Bedeutung der Formel von der »Gränze / Der Othmenden« durchaus fraglich. Der Übergang vom Lebenden zum Toten, vom Maß zum Un- oder Übermaß, ereignet sich jedoch poetisch performativ in der Überschreitung der Versgrenze,[5] – im Moment des Atemholens zwischen Vers 6 und Vers 7. Die beschwörende Anrede in der zweiten Person Plural, die bis dahin in jedem Vers je einmal erfolgte, verschwindet nach dem Wort »Gränze« aus dem Gedicht: Nach der Über-

---

5 Zur methodischen Bedeutung des Zeilensprungs bei Hölderlin vgl. Reuß, S. 68–73.

schreitung der Versgrenze sind die »Othmenden«, verwandelt, als Moment der rhythmischen Struktur des Gedichtes aufgehoben.

Der Nebensatz, welcher die katastrophale Wirkung der »Himmlischen« im Hauptsatz syntaktisch aufschiebt, ist mit diesem durch die sowohl kausal als temporal verstehbare Konjunktion »Dieweil« verbunden. Damit wird auch das Verhältnis der »Himmlischen« und der »Othmenden« im Gedicht zweideutig: Kausal gelesen wird die Grenzüberschreitung zum Anlaß für das vernichtende Eingreifen der Himmlischen, temporal gelesen ist nur noch von einer beziehungslosen Gleichzeitigkeit von Katastrophe und Entgrenzung, von einem seltsam gleichgültigen Nebeneinander von ›hinweggehen‹ und ›hinwegnehmen‹ die Rede.

Der »Rauchdampf«. Bei genauerem Nachlesen wird deutlich, daß die Formulierung »Euch hat [...] der Rauchdampf und / Hinweg das Feuer genommen« zeugmatisch ist: Die grammatischen Subjekte »Rauchdampf« und »Feuer« werden im Prädikat »hat genommen« zum Singular zusammengezogen als ob beide nur ein Zeichen wären. In Vers 8 als der geometrischen Mitte des Gedichtes verweist das seltene Wort »Rauchdampf« in der Konstellation mit den »Himmlischen« auf die Heilige Schrift. Doch es geschieht dies in einer doppelten Weise, indem zugleich auf das Alte und auf das Neue Testament hingewiesen wird. Die Stelle im Alten Testament ist Joel 3,3: »Und ich will Wunderzeichen geben am Himmel und auf Erden: Blut, Feuer und Rauchdampf«. In der Apostelgeschichte bezieht sich Petrus ausdrücklich auf den Propheten Joel, das heißt er zitiert ihn: »Und ich will Wunder tun oben im Himmel und Zeichen unten auf Erden: Blut und Feuer und Rauchdampf« (Apg. 2,19). Der Doppelsinn des Bibelzitates in Hölderlins Gedicht zeigt sich darin, daß es sich einerseits – in bezug auf die Apostelgeschichte – um das Pfingstfest, also um die ›Ausgießung des Heiligen Geistes‹ handelt, andererseits – in Referenz auf den alttestamentlichen Propheten Joel – um die Vorstellung einer vernichtenden Katastrophe.

In der Mitte des Gedichtes steht also – im Wort »Rauchdampf« – ein Zitat aus dem Evangelium, das dort selber schon Zitat ist. Das Zeichen im Zentrum des Textes, »Rauchdampf« und »Feuer«, ist zweideutig dergestalt, daß die Frage nach dem Wesen der Ruinen – »Was seyd ihr?« – in einer angespannten Unentscheidbarkeit stehen bleibt. Als Ausdruck einer solchen ungelösten Spannung kann auch das Semikolon im Übergang zum dritten Sinnabschnitt des Gedichtes gelesen werden.

»Säulen« und »Eichen«. Die Wendung im anastrophischen »Jetzt aber« vom Perfekt – »Euch hat [...] genommen« – zurück zur Gegenwart, wird noch durch den Umstand pointiert, daß das reflektierende »ich« des Gedichtes, der Betrachter der ruinösen historischen Vergangenheit, überhaupt erst »jetzt« in Erscheinung tritt und zwar als eines, das sich (im Sinne eines transzendentalphilosophischen Aktes) selbst gesetzt hat: »Jetzt aber sitz' ich«.

Der Ort dieser Setzung erscheint zunächst als geschichtsferne Idylle, dann aber auch, in der strikten Entgegensetzung zum Vernichtungswerk der »Himmlischen« im zweiten Abschnitt des Gedichtes, als Zufluchtsort, als ein Asyl.[6] Das Asyl im Gedicht bestimmt sich durch drei Nennungen: »Wolken«, »Eichen« und »Haide«. Alle drei setzen sich gegen die orientalische Landschaft ab und evozieren den Nor-

---

6 Als ein »Asyl« aufgefaßt inszeniert der Schluß des Gedichtes die Rückversicherung des Ichs im Gesang, wie es schon die Ode *Mein Eigentum* aussprach: »Sei du, Gesang, mein freundlich Asyl!« (V. 41, FHA 5,619). In den *Pindar-Kommentaren*, die mit den neun bei Wilmans erschienenen Gedichten in einem engen poetologischen Zusammenhang stehen, hat der achte die Überschrift *Die Asyle*. Die »Asyle«, die »stillen Ruhestätten des Menschen« erscheinen dort als Übersetzung des mythologischen Namens der »Horen«; die Kommentierung des Pindar-Textes durch Hölderlin beginnt mit den Worten »Wie der Mensch sich sezt« (FHA 15,361) und zeigt auch sonst bemerkenswerte Korrespondenzen zum Gedicht *Lebensalter*. Zur poetologischen Lektüre des achten *Pindar-Kommentars* vgl. Fink, S. 97–110.

den. Doch der erste Eindruck, es handle sich beim gegenwärtigen Ort um bloße geschichtslose Natur, trügt. So erinnern die »Wohleingerichteten Eichen, auf / Der Haide des Reh's« (12 f.) an die »Säulenwälder in der Eb'ne der Wüste« (3) durch ebendieselbe Verschränkung von Natur und Kunst: So wie die Säulen in Palmyra mit Wäldern verglichen werden, so werden die heimischen Eichen mit der Kennzeichnung »wohleingerichtet« als kunstvolle Ordnung apostrophiert. Die wiederkehrende Ordnung, welche nun an »Säulen« und an »Eichen« gleichermaßen ablesbar wird, realisiert sich auch in der syntaktischen Gestalt des Gedichtes selber: Der Abschnitt Vers 1 bis 4 ist paratakisch geordnet wie auch der Abschnitt Vers 10 bis 13. Der Abschnitt Vers 5 bis 9 hingegen ist figurativ von extremen Umstellungen geprägt, ähnlich wie auch wieder die beiden letzten Verse, die in nicht-figürlicher Anordnung so zu lesen wären: ›und (4) mir (2) erscheinen ⟨die⟩ (6) Geister (5) der Seeligen (1) fremd (3) und gestorben‹.

Es gibt also in Hölderlins Gedicht einen kalkulierten Wechsel von *ordo naturalis* und *ordo artificialis*, der sich in der figurativen Stilisierung des Textes zeigt und der die entgegengesetzten Bereiche, historische Vergangenheit und reflektierte Gegenwart, so miteinander verschränkt, daß sich beide Zeiten ineinander spiegeln.

»unter Wolken«. Das syntaktisch auffälligste Phänomen des Gedichtes ist die Parenthese in Vers 10 f. Zunächst ist die Verwendung von Klammern in Hölderlins Gedichten sehr selten, ferner wirken die auf zwei Verse verteilten Klammern graphisch wie die Umkehrung einer Einklammerung, das heißt eher als Ausklammerung. Und schließlich scheint der Satz in der Parenthese grammatikalisch unstimmig zu sein. Über die vermutete Textverderbnis der Stelle ist von Herausgebern und Interpreten viel gerätselt worden. Auch der plausibelste Verbesserungsvorschlag, das Wort »deren« als eine Verlesung des Setzers für das Wort

»darin« aufzufassen (StA 2,661), vermag nicht zu überzeugen (vgl. dazu ausführlicher Groddeck, 1995). Vielmehr ist die Unverständlichkeit der Parenthese als ein Moment des Textes zu akzeptieren und poetologisch zu reflektieren. Was sich an der Aussage »(deren / Ein jedes eine Ruh' hat eigen)« zunächst verstehen läßt, ist die Betonung der Besonderheit alles Einzelnen (vergleichbar dem Satz in der Schlußstrophe der Ode *6. Ganymed* aus demselben Gedichtzyklus: »Und Jedes, in seiner Art, / Blüht«). Der Zustand der Ruhe und der Eigenheit des Besonderen stellt sich als ein nicht verallgemeinerbarer dar, ja er scheint, als utopischer, kaum im Gedicht seinen Ort zu finden, indem die Rede davon nur als ausgeklammerte einbezogen ist.

Der unverständliche Einschub bezieht sich aber auf das Bild der »Wolken«. Wenn man ›Wolke‹ als die topische Metapher für ein ›dunkles Gedicht‹ versteht, so klärt gerade die Unverständlichkeit der Parenthese (ihre ›Dunkelheit‹) die Situation des Ichs im Gedicht auf: es ›setzt‹ sich unter ›dunklen Gedichten‹ als poetisches Subjekt der »Nachtgesänge« (FHA 18,463). Die poetische Bedeutung der »Wolken«-Metapher ist in Hölderlins Dichtung so vielgestaltig, daß der jeweilige Kontext entscheidend ist. Wolfgang Binder liest in seiner Interpretation – im Rückgriff auf eine Parallelstelle im Entwurf *Die Titanen* – die »Wolken« als »Sinnbilder der Überlieferung«[7] und gibt damit eine ›Erklärung‹, welche sich in die gleichsam verwitterte Sinnstruktur des Gedichtes so gut einfügt, daß sie noch dessen eigene problematische Überlieferung mitbezeichnet.

»und fremd / Erscheinen«. Der Schluß des Gedichtes wirkt resignativ, indem er einen bedeutungslosen Zustand jenseits von Geschichte zu suggerieren scheint. Ein solches

---

[7] Vgl. Binder, S. 587. – Esther Schär deutet das Bild der »Wolken«, das sie in direkter Bildkorrespondenz mit »Rauchdampf« sieht, ähnlich: »Die Wolken sind wie Schriften, die uns Heutigen von den alten Zeiten sagen« (S. 506). – Zu Hölderlins poetologischer Verwendung der »Wolken«-Metapher vgl. ferner Groddeck, 1994, S. 161 f. und 179 ff.

Verständnis wird jedoch unversehens durch die pathetische Wortstellung in Frage gestellt. Die Anastrophen der Satzglieder isolieren die einzelnen Worte so sehr, daß sie eigene Sinneffekte hervorrufen. So wirkt der Schlußvers, »Der Seeligen Geister«, in dem ›Seele‹ und ›Geist‹ in unmittelbarer Nähe anklingen, wie der Widerruf des Verlustes, der gleichwohl festgestellt wird.

Die poetische Betrachtung der Vergangenheit und des in Ruinen Überlieferten provoziert auch eine Rückkehr zum ursprünglichen Doppelsinn des dichterischen Wortes. Das wird im Wort »Erscheinen« evident. Im Enjambement »und fremd / Erscheinen« (13 f.) verschiebt sich der Akzent von »fremd« auf »Erscheinen«. Damit korrigiert sich der resignative Sinn zur Bedeutung einer ›Erscheinung des Fremden‹ im Gedicht, als eines Sichtbarwerdens des ›Gestorbenen‹. Umgekehrt meldet sich im Wort ›erscheinen‹ der Zweifel daran, daß wirklich der Fall sei, was bloß »mir« so ›erscheint‹.

Betrachtung zum Schluß. Hölderlins Gedicht, das in meiner Lektüre zu Beginn als reflektierte Parodie der revolutionären geschichtsphilosophischen Betrachtungen des Comte de Volney erschien, radikalisiert die Frage nach der Bedeutung von Überlieferung – »Was seyd ihr?« – bis an die Grenze ihrer Beantwortbarkeit. Das Gedicht versetzt den Leser in die Rolle des vor Ruinen rätselnden Betrachters, der sich »Jetzt« als das im Gedicht gesetzte Ich wiedererkennen kann. Dieses Ich wird dem Gedicht keinen Sinn entnehmen, aber es kann sich das zerbrechliche und vielleicht schon zerrüttete Textgebilde zu eigen machen als ein besonderes Medium der philosophisch-poetischen Meditation.

Literaturhinweise

Die späten Hymnen Hölderlins. Hrsg. von Ludwig von Pigenot. Karlsruhe 1949.

Binder, Wolfgang: Friedrich Hölderlin. *Der Winkel von Hardt, Lebensalter, Hälfte des Lebens.* In: Schweizer Monatshefte 45 (1965/1966) S. 583–591.

Fink, Markus: Pindarfragmente. Neun Hölderlin-Deutungen. Tübingen 1982.

Franz, Michael: Tuskische Ordnungen. In: Le pauvre Holterling 2 (1977) S. 21–24.

Groddeck, Wolfram »... und die Wolke, / Freudiges dichtend«. Der poetologische Metatext in Hölderlins Elegie *Heimkunſt / an / die Verwandten.* In: Neue Wege zu Hölderlin. Hrsg. von Uwe Beyer. Würzburg 1994. S. 153–183.

– Hölderlin: Neue (und alte) Lesetexte. In: Text. Kritische Beiträge. Hrsg. von Roland Reuß. Nr. 1. Basel / Frankfurt a. M. 1995. S. 61–76.

Lausberg, Heinrich: Elemente der literarischen Rhetorik. München ⁴1971.

Reuß, Roland: »... / Die eigene Rede des andern«. Hölderlins *Andenken* und *Mnemosyne*. Frankfurt a. M. 1990.

Schär, Esther: Friedrich Hölderlins *Lebensalter*. In: Schweizer Monatshefte 42 (1962/63) S. 497–511.

[de Volney, Constantin François:] Les ruines, ou méditation sur les révolutions des empires; par M. Volney, Député à l'Assemblée Nationale de 1789. Seconde édition. A Paris, Janvier 1792.

– Die Ruinen [oder Betrachtungen über die Revolutionen der Reiche]. Aus dem Französischen des Herrn von Volney. Bei Friedrich Vieweg dem Älteren. Berlin 1792.

Wörterbuch zu Friedrich Hölderlin. Tl. 1: Die Gedichte. Bearb. von Heinz-Martin Dannhauer [u. a.]. Tübingen 1983.

73 *Das Nächste Beste.*

    offen die Fenster des Himmels
Und freigelassen der Nachtgeist
Der himmelstürmende, der hat unser Land
Beschwäzet, mit Sprachen viel, unbändigen, und
5 Den Schutt gewälzet
Bis diese Stunde.
Doch kommt das, was ich will,
Wenn
Drum wie die Staaren
Mit Freudengeschrei, wenn auf Gasgogne, Orten,
10   wo viel Gärten sind,
Wenn im Olivenland, und
In liebenswürdiger Fremde,
Springbrunnen an grasbewachsnen Wegen
Die Bäum unwissend in der Wüste
15 Die Sonne sticht,
Und das Herz der Erde thuet
Sich auf, wo um
Den Hügel von Eichen
Aus brennendem Lande
20 Die Ströme und wo
Des Sonntags unter Tänzen
Gastfreundlich die Schwellen sind,
An blüthenbekränzten Straßen, stillegehend.
Sie spüren nemlich die Heimath,
25 Wenn grad aus falbem Stein,
Die Wasser silbern rieseln
Und heilig Grün sich zeigt
Auf feuchter Wiese der Charente,

Die klugen Sinne pflegend. wenn aber
30 Die Luft sich bahnt,
Und ihnen machet waker
Scharfwehend die Augen der Nordost, fliegen sie auf,

Und Ek um Eke 74
Das Liebere gewahrend
Denn immer halten die sich genau an das Nächste, 35
Sehn sie die heiligen Wälder und die Flamme,
                          blühendduftend
Des Wachstums und die Wolken des Gesanges fern und
                                 athmen Othem
Der Gesänge. Menschlich ist
Das Erkentniß. Aber die Himmlischen
Auch haben solches mit sich, und des Morgens beobachten 40
Die Stunden und des Abends die Vögel. Himmlischen auch
Gehöret also solches. Wolan nun. Sonst in Zeiten
Des Geheimnisses hätt ich, als von Natur, gesagt,
Sie kommen, in Deutschland. Jezt aber, weil, wie die See
Die Erd ist und die Länder, Männern gleich, die nicht 45
Vorüber gehen können, einander, untereinander
Sich schelten fast, so sag ich. Abendlich wohlgeschmiedet
Vom Oberlande biegt sich das Gebirg, wo auf hoher Wiese
                            die Wälder sind wohl an
Der bairischen Ebne. Nemlich Gebirg
Geht weit und streket, hinter Amberg sich und 50
Fränkischen Hügeln. Berühmt ist dieses. Umsonst nicht hat
Seitwärts gebogen Einer von Bergen der Jugend
Das Gebirg, und gerichtet das Gebirg
Heimatlich. Wildniß nemlich sind ihm die Alpen und
Das Gebirg, das theilet die Tale und die Länge lang 55
Geht über die Erd. Dort aber rauschen, über spizem Winkel
Frohlokende Bäume. Gut ist, das gesezt ist. Aber Eines
Das ficht uns an Anhang, der bringt uns fast um heiligen
                            Geist Barbaren
Auch leben, wo allein herrschet Sonne
Und Mond. Gott aber hält uns, wenn zu sehn ist einer,
                            der wolle 60
Umkehren mein Vaterland.

⟨S. 74, am oberen Rand:⟩

        Zwei Bretter und zwei
        Brettchen *apoll envers terre*

Gehn mags nun. Fast, unrein. Bei Ilion aber auch
Das Licht der Adler. Aber in der Mitte
Der Himmel der Gesänge. Neben aber
65 Am Ufer zornige Greise, der Entscheidung nemlich; die alle
Dreí unser sind.

Das Tagwerk aber bleibt,
Der Erde Vergessenheit,
Wahrheit schenkt aber dazu
70 Den Athmenden
Der ewige Vater.

75 und kehr' in Hahnenschrei
Den Augenblik des Triumphs
Werber!   keine Polaken sind wir
Vom Abgrund nemlich haben
5 Wir angefangen und gegangen
Der Gelehrten halb
Μα τον ορκον in Zweifel und Ärgerniß
Denn sinnlicher sind Menschen
In dem Brand
10 Der Wüste
Lichttrunken und der Thiergeist ruhet
Mit ihnen. Bald aber wird, wie ein Hund, umgehn
In der Hizze meine Stimme auf den Gassen der Gärten
In denen wohnen Menschen
15 In Frankreich
Indessen aber an meinen Schatten faßt' ich
Die Hüfte unter dem

⟨S. 75, oben:⟩

      Die *apriorität* des Individuellen
      über das Ganze

Frankfurt aber, neues zu sagen, nach der Gestalt, die
Abdruk ist der Natur,
Des Menschen nemlich, ist der Nabel
Dieser Erde. Diese Zeit auch
Ist Zeit, und deutschen Schmelzes.
Ein wilder Hügel aber stehet über dem Abhang
Meiner Gärten. Kirschenbäume. Scharfer Othem aber wehet
Um die Löcher des Felses. Allda bin ich
Alles miteinander. Wunderbar
Aber über Quellen beuget schlank
Ein Nußbaum sich und Beere, wie Korall
Hängen an dem Strauche über Röhren von Holz,
Aber schwer geht neben Bergen der Frohe weg
Aus denen. Rechts liegt aber der Forst.
Ursprünglich aus Korn, nun aber zu gestehen,
      bevestigter Gesang von Blumen als
Neue Bildung aus der Stadt.
Bis zu Schmerzen aber der Nase steigt
Citronengeruch auf und von dem Öl aus der Provence
        und wo Dankbarkeit
Und Natürlichkeit mir die Gasgognischen Lande
Gegeben. Erzogen aber, noch zu sehen, hat mich
Die Rappierlust
      und mich leset o
Ihr Blüthen von Deutschland, o mein Herz wird
Untrügbarer Krystall an dem
Das Licht sich prüfet
Vor Deutschland

76   Heidnisches
   Jo Bacche, daß sie lernen der Hände Geschik
   Samt selbigem,
   Gerächet oder vorwärts. Die Rache gehe
5 Nemlich zurük. Und daß uns nicht
   Dieweil wir roh sind
   Mit Wasserwellen Gott schlage.
   Wir aber sind Gemeinen gleich,
   Die, gleich Edlen Gott versuchet, ein Verbot
10 Ist aber, deß sich zu rühmen. Ein Herz siehet aber
   Helden. Mein ist
   Die Rede vom Vaterland. Das neide
   Mir keiner. Auch so machet
   Das Recht des Zimmermannes
15 Das Kreuz.

   Schwerdt und heimlich Messer, wenn einer geschliffen
                             mittelmäßig Gut.
   Daß aber uns das Vaterland nicht werde
20 Zum kleinen Raum. Schwer ist der
   Zu liegen, mit Füßen den Händen auch.
   Nur Luft.

   Denn schlank steht
   Und gehet
25 Beim Hochzeitreigen und Wanderstraus
   Mit getreuem Rüken des
   Der die Gelenke verderbt
   Und tauget in den Karren
   Der Deutschen Geschlecht.

⟨S. 76, oben:⟩

   Die Purpurwolke, da versammelt von der linken Seite
   Der Alpen und der rechten sind die seeligen
   Geister, und es tö

30 Es will uns aber geschehen, um
   Die warme Scheue
   Abzulegen, an der Leber
   Ein linkisches.
   Wohl muß
35 Umsonst nicht ehren der Geist
   Der Sonne Peitsch und Zügel. Das
   Will aber heißen
   Des Menschen Herz betrüblich.

   (MA 1,420–425)[1]

Gerhard Kurz

Vaterländischer Gesang

Für Manfred Frank zum 22. März 1995

Dieses Gedichtfragment ist ein Beispiel für das neue Dichtungsverständnis, das Hölderlin ab 1801/02 entwickelte. Es deutete sich freilich in den Gedichten vorher schon an. In einem Brief vom 8. Dezember 1803 an seinen Verleger Wilmans kündigt er »lyrische größere Gedichte« an, deren Inhalt »unmittelbar das Vaterland angehn soll oder die Zeit«. In einem folgenden Brief charakterisiert er dies neue poetische Programm mit der Formulierung: »das hohe und reine Frohlocken vaterländischer Gesänge«. Das Wort »Frohlocken« kommt aus der Sprache der Lutherbibel und benennt bei Hölderlin auch eine dionysische Freude, eine höchste Freude über die Gegenwart Gottes. Gegenüber »Freude« akzentuiert »Frohlocken« die stimmliche Äuße-

---

1 Aus drucktechnischen Gründen weichen einige Zeilenabbrüche von der Vorlage ab.

rung, den bis zum Jauchzen gehenden Ausdruck. Ihm entspricht in diesem Gedicht das »Freudengeschrei« der Stare (*73*,10)[2] und das ›Frohlocken‹ der Bäume (*73*,77). Der unregelmäßige Rhythmus dieses Gesangs ist ein Rhythmus des Frohlockens. Im Inhalt und in der Form sollen diese Gesänge ›vaterländisch‹ sein.

Mit »Vaterland« meint Hölderlin die neuzeitliche Epoche und Deutschland als deren Teil und Erfüllung. Insofern sind die Formulierungen »das Vaterland« und »die Zeit« äquivalent. Die neuzeitliche Epoche ist ein Vater-Land, da sich ihre besonderen Formen einem Ursprung und einem Zusammenhang verdanken, der in Hölderlins theologisch-poetischer Sprache »Gott« oder »Vater«, hier »Der ewige Vater« (*74*,71) genannt wird.

In diesem Gedicht artikuliert sich Hölderlins Selbstbewußtsein als Dichter dieses Vaterlands und als Dichter eines neuen vaterländischen Gesanges in einer ungeheuerlichen Formulierung: »Mein ist / Die Rede vom Vaterland. Das neide / Mir keiner.« (*76*,11 ff.) Die an die biblische Wendung »Mein ist die Rache, [...] spricht der Herr« (Röm. 12,19) erinnernde Formulierung, mit der so schroff andere, konkurrierende Reden vom Vaterland überboten und ausgeschlossen werden sollen, setzt die in der Literatur und Publizistik Ende des 18. Jahrhunderts intensiv geführte Diskussion um Patriotismus, Nationalismus, Republikanismus und Weltbürgertum voraus. Dieser Anspruch könnte sich zum Beispiel auf Goethes und Schillers *Xenien* (1797), auf Fichtes Vorlesungen über *Die Grundzüge des gegenwärtigen Zeitalters* (1804/05) oder auf Goethes Gedichte *Die deutsche Muse* und *Am Antritt des neuen Jahrhunderts* beziehen. Sie waren eben, 1803, neu erschienen. Im zitierten Brief vom 8. Dezember 1803 werden allein das »Prophetische« von Klopstocks *Messias* und einige Oden als »Ausnahme« anerkannt. Im März 1803 war Klopstock gestorben.

---

[2] Die (kursive) Seitenzählung und die Verszählung der Münchner Ausgabe beziehen sich auf die Niederschrift im Homburger Folioheft (s. S. 107 f.).

Hölderlins »Vaterland« ist kein chauvinistisches Vaterland. Nicht zu überlesen ist im Kontext der Hinweis, daß die Auszeichnung Deutschlands eine ›Versuchung‹ (76,9) darstellt, daß dieses Vaterland zu eng werden könnte: »Daß aber uns das Vaterland nicht werde / Zum kleinen Raum.« (76,19 f.) Der Redner ist sich dieser Gefahr bewußt. Zum »kleinen Raum« wurde das deutsche Vaterland dann wenig später, im aggressiven Nationalismus der Befreiungskriege.

Der poetische Reichtum, die sprachliche Kühnheit, die gedankliche Originalität dieser ›vaterländischen Dichtung‹ ist auch heute erst in Annäherungen verstanden. Mit ihren verschiedenen sprachlichen Registern, von Wendungen der gesprochenen Sprache (z. B. »Aber schwer geht neben Bergen der Frohe weg / Aus denen.«; 75,30 f.) bis zum hymnischen Ton, ihren verschiedenen Sprecherrollen, ihren unregelmäßigen, synkopierten Rhythmen, den harten syntaktischen Fügungen, der Freisetzung des einzelnen Wortes, den kühnen Enjambements, der Komplexität der Bilder, überhaupt der Polyvalenz der Syntax und Bildlichkeit, den Anspielungen auf Antikes, Biblisches und Zeitgenössisches, der Verbindung von Sentenz, Erzählung und sinnlicher Evokation erzielen diese Gedichte eine unerhörte poetische Faszination.

In ihrer Form als öffentliche Rede sind sie den Oden Pindars abgewonnen, der schon früh ein Vorbild für Hölderlin war. Pindar hatte mit der Metapher des »Mischkrugs« (6. Isthmische Ode, 2) den Stil seiner Oden gekennzeichnet. Nicht nur die Form dieses Gedichts orientiert sich an Pindar, auch einzelne Metaphern zitieren ihn: Die Metapher des Schmelzes der Lieder (10. Pythische Ode, 53), das »Blühen« der »neuen« Lieder (9. Olympische Ode, 49), schließlich die zentrale Metapher des Nabels für den Apollotempel zu Delphi (z. B. 6. Pythische Ode, 3 f.). Zusammen mit einer gesteigerten Sprach- und Dichtungsreflexion und einer gesteigerten Subjektivität verweisen diese Stilzüge zugleich auf die Moderne.

Dieses Gedicht ist ein Fragment. Eben dieses Fragmentarische setzt jede Interpretation, wie auch diese, unter einen Vorbehalt. Sie ist ein Vorschlag zu möglichen Textstrukturen.

Das Homburger Folioheft

Das Gedicht *Das Nächste Beste* ist im Homburger Folioheft überliefert. Dieses Heft, begonnen wohl im Herbst 1802 in Nürtingen, enthält den größten Teil der grandiosen hymnischen Spätdichtung Hölderlins. Es diente ihm als »Werkstatt« (Uffhausen) für die Reinschrift vorher entstandener Gedichte und für neue Entwürfe. Der handschriftliche Zustand, wovon man sich leicht durch einen Blick in die Faksimile-Ausgabe von 1986 überzeugen kann, stellt jeden Editor vor allergrößte Schwierigkeiten. Die Diskussion um die Edition des Heftes wird höchst kontrovers geführt. Besonders umstritten ist dabei die Edition dieses Gedichtes. Zugrunde gelegt wird hier die Ausgabe der Werke Hölderlins von Michael Knaupp.

Zum Erfahrungshorizont des Textes gehört Hölderlins Aufenthalt in Frankreich vom Januar bis Mai 1802, über den er in einem Brief vom November 1802 schreibt, daß er da »mit dem eigentlichen Wesen der Griechen bekannter« geworden sei: »Das gewaltige Element, das Feuer des Himmels und die Stille der Menschen, ihr Leben in der Natur, und ihre Eingeschränktheit und Zufriedenheit, hat mich beständig ergriffen« (SW 3,466, Br. 241). Hier im Südwesten Frankreichs hat Hölderlin in Bordeaux eine Großstadt erlebt, einen großen Hafen, das Meer.

Gesehen hat er auch die Spuren eines grausamen Bürgerkriegs. Zur Voraussetzung gehört zudem der Tod Susette Gontards am 22. Juni 1802 in Frankfurt, wohl auch die Reise zum Reichstag in Regensburg Ende 1802 und vielleicht der Hochverratsprozeß gegen den Freund Sinclair Anfang 1805. Eine genaue Datierung der Entstehungszeit ist nicht möglich.

Rede, Gesang, Schrift, Selbstgespräch

Das Gedicht wird vorgetragen zugleich als eine öffentliche Rede, als dichterischer »Gesang«, als eine poetische Schrift und als Gespräch eines Ich mit sich selbst.

Der Redner stellt sich dar als selbstbewußtes Ich, das eine bestimmte geschichtliche Entwicklung will, und als Teil einer Gemeinschaft, für die er spricht: »Wir«, »uns«, »unser Land«. Gemeint sind die Deutschen und Deutschland. Dieses Subjekt wird ins Menschheitsgeschichtliche ausgeweitet: »Vom Abgrund nemlich haben / Wir angefangen« (75,4 f.).

Die Rede handelt vom Vaterland als Bestimmung der geschichtlichen Entwicklung und als Ziel des Redners. Der Redner beansprucht die »Rede vom Vaterland« für sich. Andere Reden vom Vaterland werden ausgeschlossen. Er beansprucht diese Rede für sich, wie der Zimmermann aus »Recht« durch ein Kreuz einen Balken als sein Werk kennzeichnet. Die Rhetorik der Rede wird bestimmt vom Gestus des emphatischen mündlichen Sprechens, das lange Wenn-Perioden, Passagen des Erzählens, die Invokation, den Appell, den zornigen Ausbruch und die lakonische Sentenz umgreift. Charakteristisch ist das Changieren der Konjunktion »aber« zwischen einer adversativen und kopulativen Funktion. Charakteristisch auch die Thematisierung des Redens: »so sag ich« (74,47), »neues zu sagen« (75,18).

In der Mitte des Fragments stellt sich das lyrische Subjekt als Dichter dar und redet von der »Bildung« (75,33) und Aufgabe seiner Dichtung. Die Metaphorik vergegenwärtigt die Dichtung als eine Form der Natur und die Natur als Dichtung. Schon vorher werden »Wolken des Gesanges« und der »Othem / Der Gesänge« erwähnt (74,37 ff.). Dies sind Bilder aus dem Arsenal der ›nordischen‹ Ossian-Gesänge. Der Gesang wird vorgestellt als eine Weise von Natur und die Natur als eine Weise von Gesang. So nimmt der Gesang des Dichters den Gesang auf, den die Natur schon singt, und verbindet ihn mit einer »Bildung«, die er der »Stadt« verdankt. Im Kontext (Zitronengeruch, Öl aus der Provence, die »Gasgognischen Lande«) ist bei »Stadt« an Frankfurt und an Bordeaux zu denken. Von der Stadt aus geht der neue Gesang als »bevestigter Gesang von Blumen« (75,32). Auch diese Wendung ist grammatisch polyvalent: Blume kann als Subjekt und Objekt verstanden werden. Als Objekt wäre es, wie der Gebrauch der Metapher bei Hölderlin auch sonst nahelegt, eine Metapher für die »Helden« (76,11), die geschichtlich Handelnden. Als Subjekt: Der Gesang geht von Blumen aus. Das Verständnis soll von einem zum anderen übergehen.

Dieser neue befestigte Gesang ›gesteht‹. ›Gestehen‹ hat im älteren Wortgebrauch, der für Hölderlin immer auch zu unterstellen ist, die Bedeutung ›Stand halten, bestehen, Rede und Antwort stehen, bekennen und hart, fest werden‹. Dieser letzte Bedeutungsaspekt entspricht der Metapher des »deutschen Schmelzes« und des Kristalls. Verbunden werden in dieser Metaphorik auch das Zarte (die Blume, die Wolken) und das Feste (der Schmelz, der Kristall). Die semantische Beziehung von ›neue, feste Bildung aus der Stadt‹ und ›ursprünglich aus Korn‹ suggeriert eine Entwicklung von Natur zur Kultur. Ein Ansatz zu diesem Gedicht enthält die Formulierung: »Des Wirtemberges / Kornebene« (MA 3,241). Dann könnten die Verse: »Ursprünglich aus Korn, nun aber zu gestehen, bevestigter Gesang von Blumen als / Neue Bildung aus der Stadt.« (75,32 f.) als eine Aussage über die Entwicklung von Hölderlins eigener Dichtung gelesen werden.

Die Stadt steht aber auch synekdochisch für die Erfahrung, die das Ich in der »liebenswürdigen Fremde« (73,12) des südwestlichen Frankreich machen konnte, wo es Dankbarkeit, Natürlichkeit, Freude, Lust erfahren hat. Da sich »Stadt« auch auf Frankfurt bezieht, steht sie zudem für die Erfahrung eines Verlustes, nämlich für den Tod von Susette Gontard. Im südwestlichen Frankreich hat dieses Ich erfahren, daß die Natürlichkeit der Menschen eine Reaktion ist auf das, was hier metaphorisch die »Hizze« (75,13), die »Wüste« (75,10), der »Abgrund« (75,4), das »Licht« (74,63), die »Sonne« (76,36) genannt wird, die elementarische, entgrenzende, auflösende, grund-lose, unmittelbare Naturgewalt. Diese Lebensform ist noch ›lichttrunken‹, wie ein »Thiergeist« (75,11). Sie ist verbunden mit Zweifel und Ärgernis ›Beim Eid‹ (griech. μὰ τὸν ὅρκον). Zweifel und Ärgernis sind biblische Vokabeln. Zweifel (vgl. 1. Tim. 2,8) bedeutet ›Unentschiedenheit, Unsicherheit, Entzweiung, Anfechtung‹ (vgl. »das ficht uns an Anhang«, 74,58), Ärgernis bedeutet ›Streit, Zorn, Anstößigkeit, ein Skandalon‹, so wie das Kreuz für die Heiden ein Ärgernis war (Röm. 11,9). Diese Macht der Natur ist gleichwohl vom »Geist« zu »ehren«, weil sie ihn antreibt und ihn zwingt, sich ihr gegenüber zusammenzunehmen und zu behaupten: »Der Sonne Peitsch und Zügel« (76,35 f.). So hat das Ich in der Hitze von Frankreichs Gärten »Dankbarkeit« und ›Lust‹, »Rappierlust« (75,35 und 38), gelernt.

Aus dieser Lebensform löst sich das Ich. Es vergleicht nun seine Stimme mit einem »Hund« (75,12). Dieser Vergleich deutet wohl auf ein Wächteramt hin. Den Hintergrund könnte die mythische Figur des Zerberus bilden, des Hundes, der am Hades die Grenze zwischen den Lebenden und den Toten bewacht. Gleichzeitig konnotiert dieses Bild auch etwas Wildes, Schweifendes, geradezu Gespenstisches (›umgehen‹).

Aus dem Wilden und der Hitze entsteht und wird ihm entgegengesetzt die Festigkeit, die Härte, der Glanz des »deutschen Schmelzes« (75,22), als Metapher für das deutsche Vaterland und für den dichterischen Gesang. »Schmelz« kann auch das Merkmal des Innigen als Eigenschaft der

Deutschen enthalten. Die Entgegensetzung das Wilde – das Feste, oder auch das Trunkene – das Klare, das Unbändige – das Gebändigte, das Exzentrische – das Konzentrische, das Unmittelbare – das Mittelbare formt das zentrale Bildfeld des Gedichts.

Dem »deutschen Schmelz« entspricht die Bildung »aus der Stadt« und die Bildung der heimatlichen Natur, die das ursprünglich Wilde geordnet, ausgeglichen und befestigt hat. Das Gebirge ist »wohlgeschmiedet« (74,47), am »Abhang« (75,23), nicht am »Abgrund« (75,4), lebt nun das Ich. Quellen, Nußbaum und Strauch bilden ein Gegengewicht zum »wilden Hügel« (75,23). Als Sentenz wird für die Lebensform der Heimat formuliert: »Gut ist, das gesezt ist« (74,57).

Die poetische »Bildung«, im Sinne einer Entwicklung und eines Resultats, wird so parallelisiert mit der »Bildung« der Natur. Der Bildungsgang des Dichters endet im Aufruf an die »Blüthen von Deutschland«, ihn zu ›lesen‹ und in der Vorhersage: »o mein Herz wird / Untrügbarer Krystall an dem / Das Licht sich prüfet« (75,40–42). ›Lesen‹ ist wieder mehrdeutig. Metonymisch meint es die Schriften des Ich, die gelesen werden, metaphorisch verstanden verwandelt es das Ich in einen Text. Lesen kann in diesem Kontext von Naturbildern auch ›pflücken, sammeln‹ bedeuten. Dann wird das Ich metaphorisch als eine Frucht imaginiert. In dieser Verwandlung zum Text oder zur Frucht gibt sich das Ich den »Blüthen von Deutschland« hin. Hat sich der Redner als handelndes Subjekt dargestellt, so stellt sich das Ich als Schrift oder als Frucht, als Objekt für die Heroen in Deutschland dar.

In der Metapher des Kristalls kulminiert die Identifikation von natürlicher und dichterischer Bildung. (Der Kristall wird auch aus Schmelzen gebildet.) Diese Metapher, die schon Rousseau in einem Akt der Selbstrechtfertigung auf sich selbst bezog, akzentuiert Durchsichtigkeit, Klarheit und die Ordnung einer Struktur. Metonymisch steht der

»Krystall« für das Gedicht. Demgegenüber bedeutet das »Korn« mit Kern und Hülse einen noch unklaren Zustand. An diesem Kristall bricht sich prismatisch das Licht. In der metaphorischen Verwandlung des Herzens in einen kristallinischen Zustand, der sich in seiner Durchsichtigkeit dem »Licht« und den »Blüthen von Deutschland« restlos, ohne jedes sprachliche Medium, aussetzt, wird das Ich sich selbst und seine Sprache zum Opfer bringen. Durch sein Opfer können die »Blüthen von Deutschland« das »Licht« gefahrlos ertragen.

Der Kristall bricht das »Licht«, die göttliche, absolute Macht der Natur. Nur gebrochen ist sie für den Menschen zu ertragen. Die Vorstellung der Brechung der unmittelbaren Naturmacht bildet in diesem Gedicht ein ganzes Bildfeld. Dazu gehören der Flug der Stare »Ek um Eke« (74,33), das Frohlocken der Bäume »über spizem Winkel« (74,56), die ›Biegung‹ der Fränkischen Alb bei Amberg nach Norden (74,48 und 52), das Sich-Beugen des Nußbaums (75,27 f.) Auch die »Wolken des Gesanges« (74,37) brechen das Licht. Diese Brechung der unmittelbaren Naturmacht ist die Bedingung menschlichen Bewußtseins: »Menschlich ist / Das Erkentniß« (74,38 f.). (Das Substantiv konnte um 1800 noch als Neutrum oder als Femininum gebraucht werden.)

Im Widerspruch zur Exposition als Redner steht die Exposition des lyrischen Subjekts als autobiographisches, im Widerspruch zur öffentlichen Rede steht das Gedicht als ein Gespräch mit sich selbst. Erzeugt wird dieser Effekt durch ein durchgängiges sprachliches Verfahren: Bei der Nennung und Evokation von Vorgängen und Orten, bei den Anspielungen werden erläuternde Informationen ausgespart. Dieses Verfahren erzeugt einerseits semantische Dichte und Dunkelheit, anderseits den Effekt eines Selbstgesprächs. Diese Informationen muß sich das Ich nicht sagen, weil es sie kennt. Erzeugt wird so die Situation eines mit sich selbst redenden Ichs, das den Zuhörer oder Leser ausschließt. Beispiele sind die lakonische Evokation »über spizem Winkel« (74,56), die Evokation der ›zornigen Greise am Ufer‹ (74,65), der »Hochzeitreigen« und »Wanderstraus« (76,25), der »Löcher des Felses« (75,25), »der Frohe« (75,30; vielleicht der Rhein?). Dieser Effekt wird verstärkt durch die expliziten autobiographischen Elemente des Gedichtes: Die Landschaft Südwestfrankreichs und der Schwäbischen Alb, Frankfurt als die Stadt Susette Gontards.

Zeitenwende

Seine vaterländische Rede hält der Redner im Bewußtsein einer epochalen Wende, einer »Entscheidung«, auch: Ent-Scheidung, eine Krisis (Entscheidung ist eine Übersetzung von griech. *krisis*). Sie wird markiert durch die temporale Deixis »diese Stunde« (73,6), »Diese Zeit auch / Ist Zeit« (75,21 f.), »Jezt aber« (74,44). Jetzt kann offen gesagt werden – »so sag ich« (74,47), »neues zu sagen« (75,18) –, was vorher noch ein ›Geheimnis‹ (74,43) des ›Kommens‹ war.

Diese Epochenwende ist eine Zeit geschichtlicher Auseinandersetzungen. Die Erde ist »wie die See«, die Länder, »Männern gleich«, liegen im Streit (74,44 f.). Diese Situation bedroht das Vaterland, sie »bringt uns fast um heiligen Geist« (74,58). Denn der Gang dieser Krise ist ›fast‹, das heißt ›froh, stark‹, aber auch »unrein« (74,62). Das ›Rohe‹ dieser Zeitenwende möge nicht von »Gott« mit »Wasserwellen« (76,7), wie die Sintflut, bestraft werden: »Die Rache gehe / Nemlich zurük.« (76,4 f.)

Der Redner ist sich jedoch sicher, daß das, was er erhofft und will, auch kommen wird. Das was kommt, die Zeit des Vaterlands, ist zugleich ein Ergebnis einer als Naturprozeß vorgestellten geschichtlichen Entwicklung und seines Willens: »Doch kommt das, was ich will, / Wenn« (73,7 f.). Der Redner fordert auf: »Wolan nun« (74,42). Mit der leicht variierten Wiederholung dieser Formel wird zugleich ein

Wille und eine natürliche Entwicklung artikuliert: »Wolan nun« - »wo auf hoher Wiese die Wälder sind wohl an / Der bairischen Ebne« (*74*,48 f.). Geschichtliches Handeln wird in diesem Gedicht immer auch als Naturprozeß begriffen. Löst sich Geschichte als »Tagwerk« von der Natur, droht, so ist wohl zu verstehen, der »Erde Vergessenheit« (*74*,67 f.). Doch »schenkt« der ewige »Vater« die »Wahrheit«.

Der Gang der als Natur vorgestellten Geschichte wird von der Luft ›gebahnt‹ (*73*,30), und von den Staren vorgezeichnet. Die Vögel »beobachten« die Stunden »des Morgens« und »des Abends« (*71*,40 f.), das heißt den Gang der Geschichte, so wie ihn Hölderlin sich vorstellte, von seinem Ursprung im Osten und seiner Erfüllung im »Abend«, also in Deutschland (vgl. auch »Schatten«, *75*,16). »Abendlich wohlgeschmiedet« (*74*,47) ist das Gebirg und auf die Heimat »gerichtet« (*74*,53). Mit einer stärker politischen Konnotation wird dieser Gang als eine Emanzipation der Deutschen aus dem »Karren« (*76*,28) imaginiert. Das Ablegen der »Scheue« wird wieder als ein naturaler Vorgang vorgestellt: »Es will uns aber geschehen, um / Die warme Scheue / Abzulegen, an der Leber / Ein linkisches.« (*76*,30 ff.; in der Antike ist die Leber ein Medium der Weissagung.) Das Scheue, das Rohe und das Linkische sind stereotype Charakterisierung der Deutschen Ende des 18. Jahrhunderts. Hölderlin greift sie hier und auch sonst auf, um sie zu positivieren. Auch die Aussagen »Wir aber sind Gemeinen gleich, / Die, gleich Edlen Gott versuchet« (*76*,8 f.) und die Sentenz »Gut ist, das gesezt ist« (*74*,57) enthalten diese Positivierungsfigur. Hölderlin deutet den geographischen Verlauf der Alpen weltgeschichtlich: die Alpen, als geographischer Ausdruck der »Entscheidung«, teilen die »Tale« und die »Erd« (*74*,55 f.). Links von ihnen, vom südwestlichen Frankreich aus gesehen, ist der Ort des Vaterlands, getrennt durch die Alpen vom »Morgen« der Geschichte. So geschieht den Deutschen in der Zeitenwende etwas ›Linkisches‹, in dem sie ihren linkischen, scheuen Charakter verlieren.

Das Vaterland: das Nächste Beste

Die poetische und geschichtsphilosophische Interpretation der Wendung »Das Nächste Beste« ist ein Beispiel für Hölderlins Weise, sprachliche Formen auf ihre Weisheit zu befragen. Das Vaterland ist nicht ›das Erste Beste‹, woran die Wendung denken läßt, sondern das »Beste«, das so naheliegt. Auch diese Wendung positiviert also eine, wenigstens konnotierte, negative Bedeutung. Und die Wendung bedeutet: nicht das Ferne, nicht Griechenland, nicht Frankreich ist das »Beste«, sondern das Nächste, Deutschland. Auch zeitlich ist diese Wendung zu verstehen: Das Beste wird das sein, was als das Nächste kommt. Die futurische Implikation der Wendung ergibt sich aus der Richtung des Vogelflugs von Südwestfrankreich nach Deutschland. Die Stare halten sich »Ek um Eke« imer genau an das »Nächste« und gewahren so, aus der ›liebenswürdigen Fremde‹ (73,12) kommend, das jeweils »Liebere« (74,34). Sie spüren die Heimat an Zeichen: am Wasser, am heiligen Grün der feuchten Wiesen der Charente, am Nordost, also am Wind, der aus der Heimat kommt. Er macht die Augen »waker« (73,31), das heißt wach, frisch, kräftig. Aus dem Weg der Stare geht auch hervor, daß das »Nächste Beste« sich erst aus der Erfahrung der ›liebenswürdigen Fremde‹ erschließt, sie also in sich aufnimmt. »Das Nächste Beste« ist »Schmelz« (75,22) aus Fremdem und Eigenem.

Das Ziel der Geschichte: das Vaterland

Wie schon die Sprache des Gedichtes anzeigt, integriert der »deutsche Schmelz«, das Vaterland und die vaterländische Dichtung, Erfahrungselemente aus der ›liebenswürdigen Fremde‹ Frankreichs und Griechenlands in das Eigene: Die Sprache des Gedichts ist polyglott. Der Eid – »Ma ton horkon« – in griechischer Schreibweise Μα τον ορκον (75,7), vielleicht der Gelehrten »halb« so geschrieben, vielleicht wegen der Assonanz zu Orkus, dem Abgrund; »Jo Bacche« (76,2) ist der kultische Anruf des Dionysos, dem das Wort »Heidnisches« vorausgeht. Es bildet eine Opposition zum christlichen »Kreuz« des Zimmermanns (76,14 f.), mit dem sich der Redner vergleicht. Jedoch wird Dionysos nicht ausgeschlossen. Spuren dieses für Hölderlins dichterisches Selbstverständnis so wichtigen Gottes sind in diesem Gedicht noch anderswo zu finden: Das rauschende ›Frohlocken‹ der Bäume (74,57), die »Flamme« der »heiligen Wälder« (74,36), das »Wachstum« (74,37), der »Hochzeitreigen« und »Wanderstraus« (76,25), das »Freudengeschrei« (73,10) und der Zug der Stare (73,9 ff.). Ausdrücklich wird Deutschland in Beziehung gesetzt mit Griechenland: Das »Licht des Adler«, der »Himmel der Gesänge« in der Mitte, die »zornigen Greise« am Ufer bei »Ilion«, dem homerischen Troja, sind auch »unser« (74,62–66). Gemeint sind damit wohl die Macht des Geistes und der Natur, die Vermittlung der Gesänge, die geschichtlichen Auseinandersetzungen.

Eine schwer zu deutende Notiz am Rand integriert auch die französische Sprache in die Sprache des deutschen Dichters: »Zwei Bretter und zwei / Brettchen *apoll envers terre*« (soviel wie: Apoll zur Erde hin).

Aufgenommen wird von Griechenland wie von Frankreich die Kultivierung des wilden Ursprungs. Dieser wilde Ursprung, der »Brand / Der Wüste« (75,9 f.), wird abgewehrt, in Frankreich in seiner Äußerung als Revolution: »Gott aber hält uns, wenn zu sehn ist einer, der wolle / Umkehren mein Vaterland« (74,60 f., eine Anspielung auf Napoleon? An den Freund Sinclair, der in revolutionäre Projekte verwickelt war?). Die Revolution wird als eine Bedrohung für Deutschland erfahren. Wird noch im frühen Gedicht *An die Ruhe* der »Gruß des Hahns« (SW 1,81, V. 1) gefeiert, eine Metapher für die Französische Revolution, so entwirft das Bild des ›Hahnenschreis‹ (75,1) mit der Anspielung auf den gallischen Hahn und auf den Hahn beim Verrat des Petrus (Mt. 26,34) das Bild eines Verrats, einer Verkehrung des ursprünglichen »Triumphs« (75,1 f.) in Eroberungspolitik. Abgewehrt wird auch der freigelassene, himmelstürmende »Nachtgeist« (73,2 f.), der dem »heiligen Geist« (74,58) des deutschen Vaterlands entgegengesetzt wird. Von Frankreich/ Griechenland nimmt das Ich die Freude, die Natürlichkeit, die Dankbarkeit und die Lust mit. Aus diesen Elementen und aus den Elementen des Eigenen, dem Scheuen, Linkischen, Gesetzten und Rohen, entsteht der »deutsche Schmelz«.

Durch die Assonanz wird dieses Frankreich mit Frankfurt verbunden. An dieses Paar lagern sich Schlüsselwörter an wie »Charente« (73,28), ›Gesang‹ (74,37), die »Fränkischen Hügel« (74,51), der »Nabel« (75,20), das »Vaterland« (74,61), »Deutschland« (74,44), »Gestalt« (75,18), »Wahrheit« (74,69), die ›Stadt‹ (75,33), das ›Abendliche‹ (74,47), »Krystall« und, verschwiegen, Diotima, Hölderlins poetischer Name für Susette Gontard. Kumuliert wird diese Vokalassonanz im Satz: »Allda bin ich / Alles miteinander.« (75,25 f.) In der Natur seiner Heimat findet das Ich, aber in sicherer Form, die Natur Frankreichs und Griechenlands wieder.

Die Auszeichnung von Frankfurt als »Nabel / dieser Erde« verweist über Frankreich hinaus nach Griechenland. So wie der Apollotempel zu Delphi der Nabel des antiken Griechenlands war, so ist Frankfurt in der poetischen Welt dieses Gedichts der »Nabel / Dieser Erde«. Die Metapher deutet Frankfurt als einen Mittelpunkt gegenüber der exzentrischen Wildheit und als Ort einer Abtrennung, einer gewonnenen Selbständigkeit. »Diese Erde« ist der Ausdruck für die neue Epoche, im Unterschied zur antiken. Diese Epoche wird zuerst »Diese Erde«, dann »Diese Zeit« (75,21) genannt. Die »Zeit« akzentuiert das Moment der geschichtlichen Entscheidung, die »Erde« betont das Sichere, Feste, Gegründete, das Geordnete. Frankfurt als »Nabel« dieser »Erde« wird so Delphi, dem Ort des Sonnengottes Apollo entgegengesetzt: *»apoll envers terre«*. Deswegen wird auch die »Gestalt« (75,18) betont und in der Personifizierung der Erde die Umschlossenheit eines Körpers imaginiert.

In der Insistenz freilich, mit der die »Gestalt«, die »Erde«, der »deutsche Schmelz«, der »bevestigte Gesang«, der untrügbare »Krystall« verkündet, mit der die Körperlichkeit betont wird, bleibt untilgbar ein Beben: Im Vergleich der Stimme mit dem Hund droht das Schweifende, in der Herausstellung von Teilen des Ich, Stimme, Herz, eine Desintegration des Subjekts, im Satz »Allda bin ich / Alles miteinander« die Entgrenzung des Ich, in der Verwandlung des Herzens in Kristall das Opfer.

Literaturhinweise

Behre, Maria: »Des dunkeln Lichtes voll«. Hölderlins Mythokonzept Dionysos. München 1987.
Binder, Wolfgang: Äther und Abgrund in Hölderlins Dichtung. In: W. B.: Friedrich Hölderlin. Studien. Hrsg. von Elisabeth Binder und Klaus Weimar. Frankfurt a. M. 1987. S. 110–134.
Böschenstein, Bernhard: Réminiscences françaises dans les fragments hymniques de Hölderlin. In: Bordeaux au temps de Hölderlin. Hrsg. von Gilbert Merlio. [i. Dr.]
Burdorf, Dieter: Hölderlins späte Gedichtfragmente: »Unendlicher Deutung voll«. Stuttgart 1993.
Gaier, Ulrich: Hölderlins vaterländische Sangart. In: Hölderlin-Jahrbuch 25 (1986/87) S. 12–59.
Kurz, Gerhard: Hölderlins poetische Sprache. In: Hölderlin-Jahrbuch 23 (1982/83) S. 34–53.
Lefebvre, Jean-Pierre: Les yeux de Hölderlin. In: Hölderlin. Hrsg. von Jean-François Courtine. Paris 1989. S. 416–443.
Schmidt, Jochen: Deutschland und Frankreich als Gegenmodelle in Hölderlins Geschichtsdenken: Evolution statt Revolution. In: Dichter und ihre Nation. Hrsg. von Helmut Scheuer. Frankfurt a. M. 1993. S. 176–199.
Wiedemann, Conrad: Deutsche Klassik und nationale Identität. Eine Revision der Sonderwegs-Frage. In: Klassik im Vergleich. Normativität und Historizität europäischer Klassiken. Hrsg. von Wilhelm Voßkamp. Stuttgart 1993. S. 543–569.

Der Ister

    Jetzt komme, Feuer!
    Begierig sind wir
    Zu schauen den Tag,
    Und wenn die Prüfung
5 Ist durch die Knie gegangen,
    Mag einer spüren das Waldgeschrei.
    Wir singen aber vom Indus her
    Fernangekommen und
    Vom Alpheus, lange haben
10 Das Schickliche wir gesucht,
    Nicht ohne Schwingen mag
    Zum Nächsten einer greifen
    Geradezu
    Und kommen auf die andere Seite.
15 Hier aber wollen wir bauen.
    Denn Ströme machen urbar
    Das Land. Wenn nämlich Kräuter wachsen
    Und an denselben gehn
    Im Sommer zu trinken die Tiere,
20 So gehn auch Menschen daran.

    Man nennet aber diesen den Ister.
    Schön wohnt er. Es brennet der Säulen Laub,
    Und reget sich. Wild stehn
    Sie aufgerichtet, untereinander; darob
25 Ein zweites Maß, springt vor
    Von Felsen das Dach. So wundert
    Mich nicht, daß er
    Den Herkules zu Gaste geladen,
    Fernglänzend, am Olympos drunten,
30 Da der, sich Schatten zu suchen
    Vom heißen Isthmos kam,
    Denn voll des Mutes waren
    Daselbst sie, es bedarf aber, der Geister wegen,

Der Kühlung auch. Darum zog jener lieber
An die Wasserquellen hieher und gelben Ufer,
Hoch duftend oben, und schwarz
Vom Fichtenwald, wo in den Tiefen
Ein Jäger gern lustwandelt
Mittags, und Wachstum hörbar ist
An harzigen Bäumen des Isters,

Der scheinet aber fast
Rückwärts zu gehen und
Ich mein, er müsse kommen
Von Osten.
Vieles wäre
Zu sagen davon. Und warum hängt er
An den Bergen gerad? Der andre
Der Rhein ist seitwärts
Hinweggegangen. Umsonst nicht gehn
Im Trocknen die Ströme. Aber wie? Ein Zeichen
braucht es
Nichts anderes, schlecht und recht, damit es Sonn
Und Mond trag' im Gemüt', untrennbar,
Und fortgeh, Tag und Nacht auch, und
Die Himmlischen warm sich fühlen aneinander.
Darum sind jene auch
Die Freude des Höchsten. Denn wie käm er
Herunter? Und wie Hertha grün,
Sind sie die Kinder des Himmels. Aber allzugedultig
Scheint der mir, nicht
Freier, und fast zu spotten. Nämlich wenn
  Angehen soll der Tag
In der Jugend, wo er zu wachsen
Anfängt, es treibet ein anderer da
Hoch schon die Pracht, und Füllen gleich
In den Zaum knirscht er, und weithin hören
Das Treiben die Lüfte,
Ist der zufrieden;

Es brauchet aber Stiche der Fels
Und Furchen die Erd',
70 Unwirtbar wär es, ohne Weile;
Was aber jener tuet der Strom,
Weiß niemand.

(SW 1,362–364)

Anke Bennholdt-Thomsen

Ost-westlicher Bildungsgang: Eine Interpretation von Hölderlins letztem Strom-Gedicht

Die Donau hat Hölderlin in ihrem Oberlauf im April 1791 auf einer Ferienreise kennengelernt (StA 6,584 f.) und im Jahre 1801 auf dem Wege zu seiner Hofmeisterstelle in Hauptwil, genauer auf dem Fußweg von Tübingen nach Sigmaringen (SW 3,442, Br. 227). Das Überschauen (vom erhöhten Standpunkt, von Berg oder Brücke, oder aus freier Perspektive) kennzeichnet alle seine Flußansichten (Main, Neckar, Rhein, Donau, Garonne); Seckel (S. 49) konstatiert diesen Blickwinkel als Voraussetzung für Hölderlins dichterische Raumgestaltung. Der Effekt ist ein »Totaleindruck«, wie Hölderlin es 1795 nennt (SW 3,190, Br. 100): die Gesamtansicht des Flußverlaufs zwischen den Ufern, sei es Gebirge oder Ebene, mit dem Blickfeld – horizontal und vertikal ausgemessen – zwischen Quelle und Strömungsziel, dem offenen Meer.

Die Geistesgeschichte des 18. Jahrhunderts bietet zwei – mit Schiller gesprochen – sentimentalische (Müller, S. 31), also reflexive Gestaltungen des Motivs Strom an: eine poetologische und eine kulturgeschichtliche. Dank Horaz' Vergleich der Sprache Pindars mit einem Strom (Müller, S. 22) ist bei Klopstock vom »Strom des Gesangs« die Rede (ebd., S. 25) und wird bei Goethe der sich den Felsen entringende Strom Sinnbild des Genies und des Kulturschaffens (ebd., S. 55 ff.). Bei Herder erlaubt der Verlauf der Ströme dem kollektiven Gedächtnis eine Relektüre naturgeschichtlicher und kultureller Entwicklungen.[1]

Bei Hölderlin finden sich beide Deutungen. Daß er dem Rhein da, wo dieser so deutlich im Dienste der Zivilisation erscheint, im Hafen von Speyer 1788 zum ersten Mal begegnet (SW 3,41 f., Br. 23) prägt seine Reflexion auf die Vermittlungsleistung der großen Flüsse. Noch 1804 wirbt er Subskribenten für 32 Kupferstiche mit Kommentar: »Mahlerische Ansichten des Rheins von Mainz bis Düsseldorf« (StA 6/2,1096). Was die Donau vom Rhein unterscheidet ist die Richtung: Während dieser nach Norden fließt, ist jene nach Osten orientiert. Das Habsburgische Österreich, das von der Donau durchzogen wird, und sein Mythos verbanden damit den Unterschied zwischen germanischem Rhein und orientalischer Donau.[2] Diese Orientierungen beansprucht Hölderlin geschichtsphilosophisch in den Gedichten *Am Quell der Donau* und *Der Ister*; er versteht die Topographie des Flusses 1804 als „poëtische Ansicht der Geschichte« (SW 3,471, Br. 245).

Während *Der Rhein* (wie *Am Quell der Donau* 1801 entworfen) noch zu Lebzeiten Hölderlins 1808 im Seckendorfschen *Almanach* erschienen ist, wurden die Donau-Hymnen zuerst im 4. Band der Ausgabe Norbert von Hellingraths (1916) veröffentlicht. *Der Ister* ist das späteste der Strom-Gedichte, nämlich nach dem Herausgeber Sattler (FHA 15,17) vom Herbst 1804; nach Uffhausen (S. 264) sogar Herbst 1805, während Beissner noch Sommer 1803 annahm (StA 2,807), und setzt wohl die (schwer datierbare)

---

1 Johann Gottfried Herder, »Ideen zur Philosophie der Geschichte der Menschheit«, in: *Sämmtliche Werke*, hrsg. von Bernhard Suphan, Bd. 13, Berlin 1887, S. 37.
2 Claudio Magris, *Donau. Biographie eines Flusses*, München/Wien 1988, S. 30 f.

Kommentierung des Pindar-Fragments *Das Belebende* (SW 2,772 f.) über den Kentauren als Stromgeist voraus. Das Gedicht trägt in der Handschrift keinen Titel, seit Hellingrath aufgrund von Vers 21 den griechisch/römischen Namen *Der Ister*.

Der Raum des Totaleindrucks von der Donau, den das Gedicht in vier Strophen bietet, wird einerseits begrenzt von Asien, genauer vom Fluß Indus, und andererseits von den Quellgebieten von Rhein und Donau. Diese Entfernung wird überbrückt durch den Gesang der wandernden Dichter (7 f.) – auf der Suche nach einem Ort, an dem es möglich sein würde zu bauen (15). An der Donau haben sie ihn gefunden, für Menschen und Tiere geeignet.

Diesem fingierten Blick aus der Vogelperspektive, der den Weg vom Mündungsbereich der Donau ins Quellgebiet zurückverfolgt, entspricht die mythologische Reminiszenz in der 2. Strophe an den Weg des Herkules (28), der von Griechenland an die Donau zog, um den Olivenzweig als Siegesprämie von den Hyperboreern, den Nordländern, nach Olympia heimzubringen, wie die 3. Olympische Ode Pindars erzählt. Die beiden vom Dichter analogisierten Teile der Inversionsbewegungen mit konträrem Ziel (Donauquellebereich, Olympia) verlaufen parallel zum Strom, nur in der Ost/West-Richtung. Beide Wanderer finden dasselbe: Wasser, Kräuter, Wald, Felsen. Aber während die Sänger die Gegend bei Beuron (Winkler, S. 384) ausdrücklich »schön« (22) finden – die Baumstämme wirken wie »Säulen«, braucht Herkules im Gegensatz zu seiner kulturellen Herkunft unmittelbare, duftende (36) und schattige (30, 37), lebendige Natur.

In der Folge wird der Ankunftsbereich der Wanderer – der Sänger heute und des Herkules damals – das Ursprungsgebiet von Rhein und Donau betrachtet. Der Überblick konzentriert sich auf dessen geographische Eigentümlichkeiten und fragt danach: Warum folgt die Donau dem Gebirge und wird von ihm nicht behindert oder aus der

Richtung gedrängt? Was bedeutet der Kontrast: Erde/Trokkenes – Strom/Wasser? Von beidem war schon die Rede gewesen: von der Notwendigkeit des Wassers für das Seßhaftwerden in dieser Gegend am Ende der 1. Strophe und von dem Donautal unter dem Felsendach der Schwäbischen Alb am Beginn der 2. Strophe. Nachdem Hölderlin den ökonomischen und ästhetischen Wert beschrieben hat, fragt er jetzt nach einer höheren Bedeutung, nämlich dem »Zeichen«-Charakter (50) der Ströme. Er besteht in der Spiegelung (Guardini, S. 338/339) von Sonne und Mond; der Totaleindruck geht hier so in die Vertikale, daß er den Anblick der »Himmlischen« (54) auf der Erde impliziert. Hölderlin postuliert, daß dieses Phänomen insbesondere eine Bedeutung für den höchsten Gott hat, der auf diese Weise der Erde nahe kommen kann, so daß die Ströme wie »Kinder«, Erben von Himmel und Erde erscheinen. Die »harmonische Entgegensetzung« (vgl. SW 2,544, Z. 10) von Sonne und Mond, von Tag und Nacht, wird durch das Wasser ermöglicht, das das gespiegelte Bild der Sonne im Weiterfließen, wie Stunden später das an deren Stelle getretene Bild des Mondes, zugleich behält.

Nachdem Hölderlin die Frage nach der Funktion der Ströme mit der möglichen Vereinigung von Himmel und Erde beantwortet hat, nimmt er Stellung zu den »Kindern« und weist auf das Brave der Donau hin: »allzugedultig« (58; vgl. SW 1,327, V. 105) – ein Urteil, das sich dem Anblick verdanken könnte, »daß die obere Donau unter den ›Felsen‹ und dem Fichtenwald zuweilen steht und in Wirbeln rückwärts drängt« (Heidegger, S. 178; vgl. 200) oder daß »der Gegenwind eine rückläufige Wellenbewegung erzeugt« (Böschenstein-Schäfer, S. 274). Im ersten Teil der letzten Strophe wird das Urteil über die Donau durch den Vergleich mit dem wilden Verhalten des Rheins begründet: Sie ist an ihrem Anfang »zufrieden« (67), wo er, einem »Füllen« ähnlich, »ungeduldig« (SW 1,329, V. 36), sich in die Bewegung stürzt. Gemeinsam ist den Strömen, daß sie, wie der Neckar (SW 1,283, V. 63), »Furchen«, Pfade auf der »ursprünglich pfadlosen aufwärtswachsenden Erde« (SW 2,772, Z. 15 f.) bilden und die Berge mehr oder minder durchbrechen; das tut der Rhein in den Schweizer Alpen, die Donau oberhalb von Immendingen und in der Sigmaringer Gegend (Schwarz, S. 119, Anm. 50). Für das Urbarmachen, das die Ströme im Sinne Herders leisten (15 f.), für das Verweilenkönnen von Mensch und Tier ist beides erwünscht.

Hölderlin hat 1803 »Nachtgesänge« auf Anforderung des Verlegers Wilmans publiziert, die er als Opfer an den Leser bezeichnet, nämlich: »sich mit ihm in die engen Schranken unserer noch kinderähnlichen Kultur zu begeben«, und stellt ihnen »das hohe und reine Frohlocken vaterländischer Gesänge« gegenüber, die also ein fortgeschrittenes Verhältnis zur deutschen Kultur vertreten sollen (SW 3,470, Z. 16–22, Br. 244). Als vaterländischer Gesang gilt *Der Ister*. Sein Beginn, die Anrufung des Feuers, entspricht dieser Aufgabenstellung. Hölderlins Anmerkungen zu seinen Übersetzungen der Dramen des Sophokles sind zu diesem Zeitpunkt bereits im Druck, in denen er »das Orientalische«, das die griechische Kunst »verleugnet« hat, herauszuheben bestrebt war (SW 3,468, Z. 24 f., Br. 242) – das Orientalische, dessen Qualität das Feuer ist, um das die Griechen den Orient beerbten. In dem Brief vom 28. September 1803, in dem Hölderlin diese Absicht eröffnet, kennzeichnet er seine eigene Position als deutscher Dichter: »jetzt, da ich mehr aus dem Sinne der Natur und mehr des Vaterlandes schreiben kann als sonst« (SW 3,468, Z. 29–31) – jetzt, das heißt nach seiner Rückkehr aus dem Süden, nach seinem Aufenthalt in Bordeaux. *Der Ister* beginnt mit eben dieser Zeitangabe: »Jetzt komme, Feuer!« Auf dem Hintergrund des Gesamtwerks und des in ihm immer entscheidender werdenden Verhältnisses zum Feuer erscheint dieser Imperativ, diese heftige Anrufung als ein Durchbruch. Man vergleiche demgegenüber die Anfangsfrage des Nachtgesangs des Kentauren *Chiron*: »Wo bist du, Nachdenkliches! das immer muß / Zur Seite gehn, zu Zeiten, wo bist du, Licht?« (SW 1,314) Hölderlin appelliert als Sprecher der Siedler an das Tageslicht, aber – im Sinne seines Briefs an den Dichterfreund Böhlendorff vom 4. Dezember 1801 (SW 3,459–462, Br. 237) – eindeutig an das dem abendländischen, hesperischen Dichter von Hause aus fremde, das den Griechen dagegen eignete, das Feuer vom Himmel, an Apoll. Er indiziert damit einen Lernprozeß, dem er sich, den die »Junonische Nüchternheit« primär prägt, aussetzt, um »dem lebendigen Verhältnis und Geschick« zu genügen, das die griechische Kultur ihrerseits in ihrer Blütezeit erreichte, etwa durch die »Darstellungsgabe« Homers. Die Aufgabe für die deutsche Kultur liegt darin, »des heiligen Pathos Meister« zu werden, das heißt, das leidenschaftliche Erbe der Griechen mit der eigenen »Klarheit der Darstellung«, »Präzision und [...] Gelenksamkeit« zu verbinden. Der Anfang des *Ister* scheint mir anzuzeigen, daß Hölderlin sich in diesem vaterländischen Gesang diese Aufgabe stellt. Das Gedicht gebraucht deshalb den antiken Namen für die Donau und andererseits das germanische »Hertha« (57) für die Erde.

Es thematisiert die Donau, da sie sich im Unterschied zum Rhein aufgrund ihrer West/Ost-Richtung anbietet, das Element zu evozieren, das den Orient auszeichnet. Sein Anstößiges besteht aber darin, daß die Keimworte im ersten Entwurf (StA 2,808 f.; vgl. Uffhausen, S. 168) die Richtung hypothetisch umkehren: »Ich mein', er komme von Osten«. Hölderlin fährt fort, er wundere sich nicht, daß eben diese Richtung von Herkules seinerzeit eingeschlagen wurde. Herkules' mythischer Weg zur Donauquelle, wo die für den feurigen griechischen Geist (33) notwendige »Kühlung« im Baumschatten gegeben ist, veranschaulicht kontrapunktisch eine Vorstellung vom Weg der Donau, die zwar faktisch nach Osten fließt, aber gleichwohl nach Westen gerichtet sein muß, um den Austausch der kulturellen Spannungspole für Hesperien – den Westen, das Abendland – zu ermöglichen:

> Der scheinet aber fast
> Rückwärts zu gehen und
> Ich mein, er müsse kommen
> Von Osten.
>
> (41–44)

Die erste Strophe der Hymne hat diesen Keimgedanken konkret in Wanderung umgesetzt: Der Indus ist die östlichste Markierung, der Alpheus bei Olympia die griechische Etappe, die sich, wohlgemerkt, dank Herkules' Tat schon einer Ost/West-Vermittlung verdankt, so wie der Oberlauf der Donau sich als westliches Ziel auch deshalb empfiehlt, weil der Grieche hier »zu Gaste« (28) war und in der Fremde seinerseits zu lernen verstand (Heidegger, S. 177, 182). Die aus dem Böhlendorff-Brief bekannte Formel für die fällige Kulturleistung wird ausdrücklich eingebracht: »[...] lange haben / Das Schickliche wir gesucht« (9 f.).

Bemerkenswert ist, daß Hölderlin die Gegenüberstellung der griechischen Kulturleistung, wie sie in Herkules' Weg gelang, und der angestrebten hesperischen, die sich der Ankunft des Feuers verdanken soll, bereits im Interesse des Unterschieds beschreibt. Während aus der Perspektive des Herkules alle Merkmale kühler hesperischer Landschaft genannt werden (34–40), kennzeichnet er die Waldlandschaft an der Donau mit Merkmalen, die deutlich orientalisch bzw. südlich geprägt sind: Die Bäume werden als Säulen gesehen (Franz, S. 23) – wie umgekehrt anderenorts die Säulen von Palmyra als Wälder (SW 1,320, V. 3) –, sie heißen »wild«, und die Konstellation von Wald und Bergen am Ufer wird architektonisch, das heißt, kulturell gezeichnet. Hölderlin gelingt es damit, das hesperische und griechische Bild vom fraglichen »Hier« (15) zu unterscheiden und zugleich in Relation zu setzen – eine Relation, die ein Modell der Wanderung mit Inversion, Umkehr, Wechsel, Tausch impliziert, auf die alles um des lebendigen Verhältnisses der Kultur willen ankommt. Denn die originelle Leistung der Hölderlinschen Perspektive auf die *querelle des anciens et des modernes* besteht eben darin, daß er die beiden Kulturen mit derselben Spannung, nur mit umgekehrt gesetzten Polen, versieht, was ihm erlaubt, von dem Postulat der Mimesis der Antike fort und zu einer Mimesis jenes gelungenen spannungsreichen Verhältnisses von Nüchternheit und Leidenschaft zu kommen, das von den Hesperiern ein anderes Lernziel als von den Griechen verlangt. Hölderlin versucht somit in diesem Gedicht, »die andere Seite« (14), die nördliche Hemisphäre, ›den hesperischen orbis, im Gegensatz gegen den orbis der Alten zu bestimmen‹ (StA 2/2,876, Z.27 f.).

Den Weg und Blick nach Osten, der jetzt und hier zugleich als Rückweg zum Westen zu lernen ist, hat Hölderlin verschiedentlich umschrieben; darauf spielt er in den Versen 11 bis 14 an. In der *Wanderung* erlebte der Dichter mittels des Abflugs und der Wiederkehr der Schwalben die Begegnung mit dem ersehnten Griechenland (SW 1,325, V.28; 326, V.83); im Fragment *Das Nächste Beste* hält er sich an die Stare, die von Süden in die Heimat zurückkehren (SW 1,405, V.9 und 31 ff.). In *Patmos* ist es dagegen »ein Genius«, der ihm »Fittige« leiht, nach Kleinasien überzusetzen (SW 1,350, V.14, 19; vgl. SW 1,407, V.11). Nach Germanien bringt der Adler – wie hier der Gesang – vom Indus über den Parnaß »die Blume des Mundes« (SW 1,336, V.72), der schon bei der Sintflut nach Land Ausschau hielt und dessen Enkel »aus Wäldern des Indus« herüberkamen (SW 1,400, V.15 und 10).

Im Unterschied zu den konkreten Beschreibungen in der 1. und 2. Strophe verfolgt Hölderlin im 2. Teil des Gedichts nach den Keimworten die strukturelle Eigenart der Stromverläufe im Hier und Jetzt. Während der Rhein seine ursprüngliche Tendenz nach Asien nicht durchsetzen kann, wie in der Hymne *Der Rhein* beschrieben, und sich schließlich seitwärts wendet, »Stillwandelnd sich im deutschen

Lande / Begnüget« (SW 1,330, V. 85 f.), scheint das Sich-Begnügen, das Zufriedensein (67) vom Anfang der Donau dem Sprecher vergleichsweise doch reichlich geduldig und trotz des unbehinderten Verlaufs keineswegs »freier«, ungebundener als jener, vielmehr dessen Leidenschaft »zu spotten« (60). Was der Rhein zu viel tut, tut die Donau zu wenig; aber deshalb demonstrieren diese entgegengesetzten Flußverläufe an ihrem Anfang, der Deutschland betrifft, die zu lösende Kultur-Aufgabe. Die offensichtliche Opposition der beiden Fluß-Ansichten wird von Hölderlin nicht zugunsten des Rheins aufgezeigt, sondern zugunsten der Spannung zwischen Feurigem und Nüchternem, Wildem und Ruhigem, die den Hesperiern notwendig ist. Mit den Begriffen von Hölderlins Aufsatz *Grund zum Empedokles* gesprochen: Gerade die angezeigte gewisse Übertreibung des Gebundenseins, der Geduld, der am Organischen, Gestalthaften orientierten Tendenz einerseits und die Übertreibung der »ins Ungebundene« (SW 1,364, V. 13) treibenden Tendenz andererseits signalisieren das Zusammengehören beider von den Flüssen angezeigter naturgeschichtlicher Strebungen, dank deren Ausgleich von Hesperien allein eine Kulturleistung zu erwarten ist. Deshalb braucht die Donau das Feuer, die Leidenschaft, mit der der Rhein gewissermaßen asiatisch beginnt. Hölderlin versucht, in den Tendenzen der beiden Flüsse mit ihrer jeweiligen Peripetie im Raum des Hesperisch/Vaterländischen jene Dynamik zu gestalten, die er in der Peripetie des Herkules-Weges zwischen Griechenland und den Donauquellen mythologisch hervorgehoben hatte. Das anscheinende Rückwärtsgehen der Donau ist also keineswegs als »nostalgische, rückwärtsgerichtete« Bewegung zu verstehen, wie Behre (S. 35) meint, gegen »die evokative, zukunftsbestimmte« beim Rhein. Vielmehr wird in diesem Urteil über die Donau gerade der nostalgische Blick auf die Antike, den Hölderlin sich in *Tränen* und in *Mnemosyne* vorwirft, revidiert. Wenn der Fluß, der nach Osten fließt, so betrachtet wird, als flösse er nach

Westen, überwindet der Dichter die »Scheue, an die Quelle zu gehn« (SW 1,361, V. 38 f.), um sich den kühlen Herkunftsort anzueignen. Das Manko, das dem Ister im Vergleich zum Rhein attestiert zu sein scheint und von der Forschung attestiert wurde, erweist sich in dieser Deutung als geschichtsphilosophisch plausibel.

Nicht die unterirdische Kommunikation der Flüsse (Schwarz, S. 123) ist das Verbindende zwischen Donau und Rhein, die sich oberirdisch im Oberlauf unterscheiden, sondern der notwendig harmonisch entgegengesetzte Spannungsbogen zwischen den kulturellen Polen. Orientierte sich der Abendländer nur an der Donau, würde »das Vaterland [...] / Zum kleinen Raum« (SW 1,445). Für die hesperische Kulturlandschaft entspringt aus der Dissonanz eine Wechselwirkung: Die anscheinend rückwärts gehende Donau und der vorwärts drängende Rhein stehen über die ›hörenden‹, die Distanz überbrückenden »Lüfte« (65 f.) in Kontakt. Prämisse der unterirdischen Verbindung zwischen den Strömen ist die Deutung gewesen, Hölderlin habe mit dem ›Im-Trockenen-Gehen‹ das Versickern der Donau, das Trockenbett vor Tuttlingen gemeint (Schwarz, S. 120, Anm. 91). Aber abgesehen davon, daß der Plural »Ströme« (50) nicht nur die Donau meinen kann, gibt auch die anschließende Frage und die ihr folgende Antwort zu verstehen, daß eine andere Erklärung nötig ist. Diese Erklärung gibt die Spiegelung.

Das Thema der Spiegelung ist für Hölderlin im Gang des Gedichts poetologisch wichtig, weil er durch sie die auf der Erde lokalisierten Ströme mit dem Himmel (und seinen Gestirnen) in Verbindung bringen kann, auf den es ankommt, wenn Hesperien eine Kulturlandschaft werden soll. Die emphatische Frage: »Denn wie käm er / Herunter?« (56 f.) unterstreicht die Bedeutung der Spiegelung im Wasser und unterstützt die frühere Frage: Inwiefern gehen die Ströme nicht umsonst im Trockenen? Die Spiegelung leistet nicht nur die vermittelte Nähe von Himmel und Erde, sondern in eins damit das punktuelle, lokale Zugleichsein von Sonne und Mond auf Erden. Sie stellt das Gedächtnis des Wechsels von Tag und Nacht selbst dar, insofern sie einerseits »die Göttersprache, das Wechseln / Und das Werden« (SW 1,263, V. 292 f.) anzeigen kann, andererseits den Zusammenhang der Gestirne – »untrennbar« – vor Augen treten läßt. Auf diese Weise bietet sich der Strom als Orientierungsmodell für den Menschen an, der sich »erinnern« und »dankbar« sein soll (SW 2,562, Z. 19 f.) und ahnt (SW 1,255, V. 83), insbesondere für den Dichter, der, nach Hölderlins Poetik, der Mnemosyne folgt (vgl. SW 2,538, Z. 1). Deshalb urteilt die Variante zu Vers 50 über die Ströme: »Sie sollen nemlich / Zur Sprache seyn« (StA 2/2,810, Z. 21 f.). Die »Worte« (SW 1,336, V. 73) der Ströme korrespondieren mit dem Gesang der Siedler; beide werden als Zeichen gebraucht.

Das Gedicht mündet in die Sentenz des Nichtwissens, das von der um neun Verse kürzeren letzten Strophe bestätigt wird: »Was aber jener tuet der Strom, / Weiß niemand.« Ähnlich hatte Hölderlin auch über das ›seitwärts Hinweggehen‹ (48 f.) des Rheins geurteilt, der anfänglich nach Osten gerichtet ist (SW 1,329, V. 37): »[...] niemand weiß, wohin, in die Ferne« (SW 1,327, V. 96). Die Prämisse ist die Erkenntnis: »[...] Ströme müssen / Den Pfad sich suchen [...]« (SW 1,1033). Insbesondere im Falle der Heimat wird Hölderlin aber das Nichtwissen zum Problem, weil es zugleich besagt, daß die geschichtliche Perspektive unklar ist (SW 1,382). Doch die Zeichenhaftigkeit der Stromverläufe bleibt gleichwohl zu deuten, zu »stiften«, wie in der Schlußstrophe von *Andenken*, die in der Handschrift voraufgeht, postuliert wird. Das Gedicht kann sich darauf berufen, daß »die Prüfung / Ist durch die Knie gegangen« (4 f.). In der Schlußstrophe von *Stutgard* wird die Hoffnung auf den Tagesanbruch mit der Anrufung der »Engel des Vaterlands« ausgedrückt, die für das Sehvermögen wie für die Standhaftigkeit des Einzelnen eine Überforderung darstellen: »[...] o ihr, vor denen das Auge, / Sei's auch stark und das Knie bricht dem vereinzelten Mann« (SW 1,284, V. 91 f.). Das hier gemeinsame Prädikat ›brechen‹ für Auge und Knie bietet die stilistische Möglichkeit, die Hölderlin im *Ister* wählt, nämlich von der Prüfung der Knie pars pro toto zu sprechen, wo er auch die Sehkraft meint. Wenn die Prüfung bestanden ist, muß die Fähigkeit, »zu schauen den Tag«, vorhanden sein. Die von Schwarz (S. 195) nachvollzogene poetische Verfahrensweise, die Wechsel-der-Töne-Kombination, verdeutlicht, daß der Schluß in den Anfang des Gedichts wieder einmündet: »Jetzt komme, Feuer!« Der kollektive Appell behält das letzte Wort.

Literaturhinweise

Behre, Maria: Hölderlins Stromdichtung. Zum Spannungsfeld von Naturwahrnehmung und Kunstauffassung. In: Neue Wege zu Hölderlin. Hrsg. von Uwe Beyer. Würzburg 1994. S. 17–40.

Böschenstein-Schäfer, Renate: Die Sprache des Zeichens in Hölderlins hymnischen Fragmenten. In: Hölderlin-Jahrbuch 18 (1975/1977) S. 267–302.

Franz, Michael: Tuskische Ordnungen. In: Le pauvre Holterling. Frankfurt a. M. 1977. S. 21–24.

Guardini, Romano: Der Strom und der Raum des menschlichen Daseins. In: Die Schildgenossen 4 (1935) S. 322–346.

Heidegger, Martin: Hölderlins Hymne *Der Ister*. Gesamtausg. Bd. 53. Frankfurt a. M. 1984.

Müller, Richard M.: Die deutsche Klassik. Wesen und Geschichte im Spiegel des Strommotivs. Bonn 1959.

Schwarz, Herta: Vom Strom der Sprache. Schreibart und »Tonart« in Hölderlins Donau-Hymnen. Stuttgart/Weimar 1994.

Seckel, Dietrich: Hölderlins Raumgestaltung (1938). In: Landschaft und Raum in der Erzählkunst. Hrsg. von Alexander Ritter. Darmstadt 1975. S. 45–68.

Winkler, Eugen Gottlob: Der späte Hölderlin. In: Hölderlin. Beiträge zu seinem Verständnis in unserem Jahrhundert. Hrsg. von Alfred Kelletat. Tübingen 1961. S. 371–391.

Der Frühling

Wenn neu das Licht der Erde sich gezeiget,
Von Frühlingsregen glänzt das grüne Tal und munter
Der Blüten Weiß am hellen Strom hinunter,
Nachdem ein heitrer Tag zu Menschen sich geneiget.

5 Die Sichtbarkeit gewinnt von hellen Unterschieden,
Der Frühlingshimmel weilt mit seinem Frieden,
Daß ungestört der Mensch des Jahres Reiz betrachtet,
Und auf Vollkommenheit des Lebens achtet.

                                                  Mit
10   Untertänigkeit
    d. 15 März   Scardanelli
     1842

Der Herbst

Das Glänzen der Natur ist höheres Erscheinen,
Wo sich der Tag mit vielen Freuden endet,
Es ist das Jahr, das sich mit Pracht vollendet,
Wo Früchte sich mit frohem Glanz vereinen.

5 Das Erdenrund ist so geschmückt, und selten lärmet
Der Schall durchs offne Feld, die Sonne wärmet
Den Tag des Herbstes mild, die Felder stehen
Als eine Aussicht weit, die Lüfte wehen

Die Zweig' und Äste durch mit frohem Rauschen
10 Wenn schon mit Leere sich die Felder dann vertauschen.
Der ganze Sinn des hellen Bildes lebet
Als wie ein Bild, das goldne Pracht umschwebet.
              d. 15$\underline{\text{ten}}$ Nov.
                1759.

                                        (SW 1,469 f.)

Ute Oelmann

Fenstergedichte

»Ich fodere ihn dazu auf mir auch wieder etwas zu schreiben, er machte nur daß Fenster auf, that einen Blick ins Freie, und in 12 Minuten war es fertig« (StA 7/3,134, Br. 528). Das Entstehungsprotokoll eines Gedichtes von Friedrich Hölderlin aus der Feder seines Betreuers Ernst Zimmer, eines Gedichtes, das mit *Der Frühling* oder *Der Herbst* identisch sein könnte. Es gibt wenige Protokolle solcher Art, nicht nur im Falle Hölderlins, denn Gedichte entstehen – nach weit verbreiteter Ansicht – überwiegend in der Einsamkeit, nach langer Inkubationszeit, aus innerem Impuls und nicht als Auftrag. Zwar kennen wir Gelegenheitsgedichte – sie werden schließlich bis heute geschrieben –, auch Auftragsdichtung, die wir eher zu verachten oder nicht ernst zu nehmen geneigt sind. Aber ein Gedicht von Friedrich Hölderlin? Wo dieser Name auftaucht, stellt sich die Rezeptionshaltung der Ehrfurcht oder der Scheu ein, werden schwierige Texte, philosophisch-theologische Botschaften, wird ein Äußerstes an Dunkelheit erwartet und ein Instrumentarium der Deutung bereitgehalten, das höchstens noch von der Celan-Forschung überboten wird. Das mißlungene Leben, in Krankheit und Verwirrung über 36 Jahre in jenem Zimmer zu Ende gelebt, von dem das Protokoll spricht, schafft dafür die Grundierung, lädt erstaunlicherweise seit fast einem Jahrhundert zu identifikatorischer Haltung gegenüber dem Dichter Hölderlin ein.

Nun enttäuschen die vorliegenden Gedichte wohl jeden Hölderlinleser auf den ersten Blick, bei erster Lektüre: »äußerst mattes Zeug« (StA 7/3,170, Br. 536e) nannte Mörike solche Spätestgedichte Hölderlins, und die längste Zeit haben selbst die Hölderlin-Verehrer und -Experten dieser Abqualifizierung Recht gegeben: die Texte wurden als Krankheitsdokumente, als Belege für das Zerbrochensein eines Geistes, zur Erkundung von dessen spezifischer Art verwertet und geschätzt. Gedichte wie diese irritieren, fast möchte man sie enttäuscht weglegen. Wäre da nicht der Name des Verfassers »Hölderlin«, nicht das Rätsel eines eindeutig fiktiven Datums »15ter Nov. 1759« und – erst recht – des fingierten Namens »Scardanelli«, das heißt, die Reibung zwischen Autor, Text und Persona, das Flämmchen des Interesses würde wohl nicht allzu stark und lebendig sein. So schlägt – immer wieder – wenn auch mit einiger Beständigkeit erst seit etwa dreißig Jahren, die anfängliche Irritation in Faszination um.

Für die veränderte Rezeption wird gemeinhin die Erfahrung der modernen Lyrik, der Dichtung von Trakl bis Celan verantwortlich gemacht. Diskontinuität, hohe Rekurrenz schlichter Bilder in Einzeltext und Zyklus, Parataxe, Simplizität der äußeren Form, Ichverschweigung und Ichmaskierung heißen einige der Schlagwörter, die sowohl für die späteste Lyrik Hölderlins als auch für Teile der nachsymbolistischen Dichtung mit einiger Unschärfe benutzt werden. Bernhard Böschenstein, dessen Aufsatz *Hölderlins späteste Gedichte* der vorliegende Versuch am meisten verdankt, spricht in Zusammenhang mit dem vergleichsweise frühen Gedicht *Der Kirchhof* (SW 1,459) davon, daß hier »die Geburt von Trakls Poesie faßbar [werde], ihre rätselhaft von einem Ganzen her gesteuerte Parataxe [...] den Regreß des späten Hölderlin voraus[setze]« (Böschenstein, S. 55), und er läßt den Schluß zu, daß Trakls Gedichte uns empfänglicher gemacht haben für Hölderlins Gedicht *Der Kirchhof*. Allerdings ist der Unterschied zwischen diesem und den allerspätesten, den Scardanelli-Gedichten, doch wiederum sehr groß. Allgemeiner gefaßt, steht einleitend bei Böschenstein zu lesen: »Unser Versuch geht aber von der an Beispielen moderner Dichter gewonnenen Einsicht aus, daß Geisteskrankheit und gültige Poesie einander keineswegs auszuschließen brauchen. Überhaupt hat uns die

Gewöhnung an Bilderfolgen, denen auf den ersten Blick keine sinngebende Steuerung mehr anzumerken ist, gelehrt, einem zunächst befremdenden Zusammenhang seine eigene Gesetzlichkeit zu entringen.« (Böschenstein, S. 36.)

Ich denke, daß die Faszination durch das historische Dichter-Ich, eben durch den kranken Turmdichter als dem Schreiber und Sprecher jener ichlosen Gedichte, den Ausschlag gibt für die veränderte Wertschätzung in unseren Tagen. Späteste Hölderlin-Gedichte und Gedichte des 20. Jahrhunderts sind entschieden nicht identisch, auch ihre Rezeption ist different. Wobei die immer wieder behauptete Nähe zwischen Trakl und Hölderlin – ersterer schätzte letzteren sehr – eben auch darin gegeben ist, daß im Fall Trakls ebenfalls die Neigung vorherrscht, Gedichte als Dokumente einer kranken Psyche zu lesen, den Kunstcharakter der Texte zu vernachlässigen und das Gedicht als direkte Expression von Verstörtheit und Krankheit zu goutieren. Die Faszination durch die Gestalt Friedrich Hölderlins aber speist sich aus verschiedenen Quellen: einmal aus dem Interesse aller Kunst für Krankheit und Wahnsinn seit der Jahrhundertwende, Hand in Hand mit den aufkommenden Wissenschaften von der Psyche, zum anderen von größter Bedeutung, aus der Verfügbarkeit einer Vielzahl von bislang unbekannten oder verstreut publizierten Lebensdokumenten in der Stuttgarter und später der Frankfurter Hölderlin-Ausgabe, zuletzt noch in Gregor Wittkops *Hölderlin. Der Pflegsohn* aus dem Jahre 1993.

Zu dieser Dokumentation gehört eben auch der eingangs zitierte Brief Zimmers, der in anderen Berichten Bestätigung findet. So spricht Wilhelm Waiblinger von »manchen schönen Bildern, die er sich frischweg aus der Natur hohlte, indem er von seinem Fenster aus den Frühling kommen und gehen sah« (StA 7/3, 73 f., Br. 499), und die Behauptung, daß er auf Aufforderung hin dichtete, findet mehrfache Bestätigung. Nach solchen Zeugnissen haben wir es also mit Gelegenheitsdichtung zu tun und zwar mit Fenstergedichten, also doch wohl mit Angeschautem und damit vielleicht sogar mit Wiedererkennbarem trotz Stadterweiterung und Naturzerstörung in den vergangenen 150 Jahren.

Und wieder wird die aufgebaute Erwartung durch die erneute Lektüre der Gedichte gestört. Zwar verspricht die Überschrift jeweils die Wahrnehmung eines bekannten Phänomens bei Mensch und Natur: die Jahreszeiten – und ihnen sind zwei Drittel der 27 Scardanelli-Gedichte gewidmet – werden sichtbar im Naturraum. Kein per se wiedererkennbarer Landschaftsausschnitt, nichts Individuelles: Ebene, Felder, Strom, Bach, Gebirge, Berge, Wälder, Himmel, Wolken, Sterne, allgemeine Begriffe, kaum oder stereotyp qualifiziert, wie wir sie zum Beispiel auch aus Gedichten Johannes Bobrowskis kennen:

> Abends,
> der Strom ertönt,
> der schwere Atem der Wälder,
> Himmel, beflogen
> von schreienden Vögeln, Küsten
> der Finsternis, alt,
> darüber die Feuer der Sterne.[1]

Doch können wir aufgrund der Einschränkung von Hölderlins Lebenskreis in den Jahren 1838–43 auf das Zimmersche Haus und dessen allernächste Umgebung und schließlich durch Entstehungsprotokolle wie die von Zimmer und Waiblinger das Allgemeine individualisieren und tun es wohl auch: der »Strom« ist der Neckar, der »Bach« die Steinlach, das »Laub« breitet sich auf der Neckarinsel, die »Felder« ziehen sich am Steinlacher »Tal« entlang, und das »Gebirge«, die »Berge« stehen für die Schwäbische Alb. All das sah Hölderlin von seinem Zimmerfenster aus, wir sehen es wenigstens zum Teil noch heute, und Ernst Zimmer bestätigt: »Hölderlin war und ist noch ein großer

---

1 Johannes Bobrowski: *Der Wanderer*. In: J. B., *Gedichte*, Leipzig 1990, S. 70.

Natur Freund und kan in seinem Zimmer daß ganze Näkerthal samt dem Steinlacher Thal übersehen.« (StA 7/3,134, Br. 528) Hier haben wir den Landschaftsausschnitt, das Individuelle, das Angeschaute, aber wir tragen es als Lesende selbst in die Gedichte. Versuchen wir also eine genaue Beschreibung der voranstehenden Texte, indem wir uns ihnen von der Großgruppe der spätesten Gedichte über den Zyklus der Scardanelli-Gedichte zügig nähern.[2]

Das halbe Hundert der spätesten Gedichte ist in den Turmjahren entstanden (1807–43). Die chronologische Abfolge ist zum Teil noch wenig gesichert. Ein deutlicher Einschnitt ergibt sich mit dem ersten »Scardanelli« unterschriebenen und fiktiv datierten Gedicht *Der Frühling* (SW 1,464), das vermutlich 1838 verfaßt wurde. Der vorläufig 27 Texte umfassende, in den letzten fünf Lebensjahren, teilweise erst kurz vor dem Tod entstandene Scardanelli-Zyklus unterscheidet sich maßgeblich von den in den dreißig Jahren zuvor geschriebenen Gedichten. Dort herrscht zum Beispiel noch eine größere Differenziertheit der Bilder, der Wirklichkeitsrelikte (Weinberg, Meer, Garten, Pfade, Häuser), soziale Zuordnung der Menschen (Bürger, Edelleute, Landmann), Bezeichnung der Sprechsituation, der Sprechenden, Dialogizität (Appellfunktion). Nur in den Gedichten vor 1838 finden wir eine zeitliche Differenzierung von Gegenwart, Vergangenheit und Zukunft, nur hier Wörter, die den Gefühlsbereich des Ich nennen.[3] Auch die Gottheit ist aus den Spätestgedichten ausgewandert. Geblieben sind in den Scardanellitexten in großer Allgemeinheit der Formulierung »der Mensch« / »Menschen« und die

---

[2] Ergänzend können wir hier nur auf die äußerste Ausdifferenzierung der Analyse eines Spätestgedichtes von Roman Jakobson hinweisen, die hier ebensowenig eingeholt werden kann wie die zuvor schon genannte umfassende Darstellung Böschensteins. Zur Lektüre beider Aufsätze möchte der vorliegende Versuch dringend auffordern.

[3] *Der Frühling* (SW 1,462 f.): »Freude/Herz«, »Gram/Seele«. Böschenstein weist darauf hin, daß in diesem Gedicht auch noch »Stege« über den Bach gehen, als Menschen verbindende.

»Natur« und – in Verbindung zu beiden stehend – »Leben« und »Geist«. Geschichte existiert nicht, geblieben ist die »Alleinherrschaft des Präsens und einer zugleich perfektischen und passiven Zeitform« (Böschenstein, S. 47).

Fast alle Gedichte bestehen aus weiblich gereimten Vierzeilern, zwischen ein und drei Strophen variierend. Die Gedichte sind durchgehend jambisch, fünf- oder sechstaktig, zehn- bis zwölfsilbig mit Tendenz zur Zäsur vor den letzten sieben Silben. Es dominiert der Paarreim und manchmal finden wir, vor allem in der ersten Strophe, umarmende oder Kreuzreime. Die strikte formale und metrische Geschlossenheit seiner Gedichte muß Hölderlin sehr wichtig gewesen sein und ohne größeren Schwierigkeiten zu verwirklichen, schildert uns doch ein anderer Zeitzeuge, Johann Georg Fischer, das »Gesichtsaufleuchten« des »mit den Fingern der linken Hand die Verse auf dem Pult skandirenden« Dichters (StA 7/3,301 und 295, Br. 608), belegen uns Berichte und überlieferte Handschriften, daß Hölderlin seine Texte ohne Korrekturen niederschrieb, sprechen sie gar – fast möchte man sagen ›ohne Dezenz‹ – vom knappen Zeitraum von »12 Minuten« zwischen Aufforderung und Vollendung. Deutet dies alles schon auf einige, wenngleich mechanische Kunstfertigkeit des kranken Dichters hin, so wird die genaue Analyse des Einzelgedichtes noch ganz andere poetische Verfahren aufdecken, die angesichts der überlieferten Sprachstörungen des interagierenden Dichters nur Staunen machen.

Die jeweiligen Datierungen der Gedichte verweisen erst einmal auf eine ›Verrücktheit‹ in der Zeit, doch verblüfft die innere Konsequenz der Zahlenfolgen (vgl. Jakobson, S. 33 f.). Die als Selbstverlust gelesene Unterschrift »mit Unterthänigkeit Scardanelli« erschüttert, aber gleichzeitig bietet sich die Lesart eines höchst kunstvollen Namensversteckes an. Jakobson bescheinigt Hölderlin ganz allgemein einen Hang zum Anagramm und belegt dies mit vielen mehr oder weniger überzeugenden Beispielen. Schon im *Hyperion* sieht er die Identität von Held und Autor im

Namensspiel »Hyperion« (H .. eri . n) / »Hölderlin« (H ... er . in) angedeutet, in »Scardanelli« aber den eigenen Namen verborgen durch Metathesis nach dem ersten Vokal: –lderlin (1234567) / rdanelli (42–73156) (Jakobson, S. 31 f.). Andere haben in jenem Namen ein Element der Selbsterkenntnis zu entdecken vermeint, heißt doch ital. *scardassare* ›Wolle kämmen‹, bekanntermaßen eine häufig von Schwachsinnigen, vielleicht auch Geisteskranken, ausgeübte Beschäftigung.[4] Ein noch stärkeres Element der Spiegelung und Distanz zu sich selbst wäre in diesem fingierten Namen enthalten, würde er willentlich auf Molières »Sganarelle«, eine Komödienfigur untertänigen Kriechertums, anspielen. Ein solcher Namensbezug würde die These von der Krankheit als Verstellung stützen oder, besser gesagt, voraussetzen. Kenntnis der Komödien Molières scheint außerdem für Hölderlin nicht belegt zu sein.

Der Frühling und *Der Herbst*, eines von sieben Frühlings- und eines von nur zwei Herbstgedichten; das erste mit einer der seltenen möglicherweise korrekten Datierungen gepaart mit der Unterschrift »Scardanelli«, das andere ohne dieselbe, doch mit der fiktiven Datierung »15ten Nov. 1759«, elf Jahre also vor Hölderlins Geburt. Das Frühlingsgedicht befand sich ursprünglich wohl im Besitz von Christoph Theodor Schwab und wurde 1923 veröffentlicht, das Herbstgedicht trägt auf der Rückseite der Handschrift die Datierung von unbekannter Hand: »Tübingen d. 12. Juli 1842« und wurde 1927 von Stefan Zweig erstveröffentlicht.

In beiden Gedichten sind die konkreten Landschaftselemente unterrepräsentiert (Tal, Strom, Felder, Blüten, Früchte). Zwar nennt das Herbstgedicht die umfassenden Begriffe »Aussicht«[5] (8) und »Bild« (12), die auf Angeschau-

---

[4] Italienischkenntnisse sind noch für den greisen Hölderlin überliefert. Nachdenklich stimmt seine Differenzierung von Vers- und Prosatexten. Letztere, zwei Stammbucheinträge, unterzeichnet er »Buonarotti« / »Buarotti«.

[5] Es gibt drei Gedichte, die *[Die] Aussicht* überschrieben sind, mit und ohne bestimmten Artikel (SW 1,461,465,476).

tes verweisen, aber es baut sich in den Gedichten kein Raum auf, es wird keine Landschaft kenntlich. Daß das auch anders sein kann, mag ein Sommergedicht belegen, das, wahrscheinlich nur einen Tag später als das Herbstgedicht entstanden, einen etwas anderen Typus vertritt:

Der Sommer

Im Tale rinnt der Bach, die Berg' an hoher Seite,
Sie grünen weit umher an dieses Tales Breite
Und Bäume mit dem Laube stehn gebreitet,
Daß fast verborgen dort der Bach hinunter gleitet.

So glänzt darob des schönen Sommers Sonne,
Daß fast zu eilen scheint des hellen Tages Wonne,
Der Abend mit der Frische kommt zu Ende,
Und trachtet, wie er das dem Menschen noch vollende.

mit Untertänigkeit
Scardanelli.

d. 24 Mai
1758.

(SW 1,470 f.)

Hier geht die Aussicht auf eine gestaffelte Landschaft mit Höhe und Tiefe, Vorder- und Hintergrund, wobei vor allem das in diesen Gedichten so seltene deiktische »dort« eine wichtige Funktion hat: der Blick geht von der Ferne in die Nähe, von den fern grünenden »Bergen« zum nahen Grün der »Bäume« und zum Detail des »Laubs«, die Bewegung geht von der Horizontalen zur Vertikalen, zur doppelten Horizontalen und zurück zur Vertikalen mit umgekehrter Richtung.[6]

---

6 »Im Tale [...] an hoher Seite [...] weit umher [...] Tales Breite [...] gebreitet [...] dort [...] hinunter gleitet.«

In der Stuttgarter Hölderlinausgabe stehen *Der Frühling* und *Der Herbst* auf gegenüberliegenden Seiten, sind auf einen Blick einigermaßen zu erfassen. Und plötzlich geschieht Unerlaubtes: nicht eine geschaute Landschaft baut sich auf in jahreszeitlicher Differenzierung von »Blüten« und »Früchten«, sondern die zentralen Abstrakta der beiden Gedichte schießen zusammen und ergeben eine Botschaft, die Botschaft der Spätestgedichte: Die Aussicht auf die Natur als sich zeigende, aus der Perspektive des Menschen als erscheinende, ist Sinn-Bild der Vollkommenheit des Lebens. Das Gedicht verweist auf den Zeichencharakter der angeschauten Natur und seiner eigenen Bilder.⁷ Das dichterische Subjekt aber lebt in der Abgeschiedenheit des Innenraumes, hinter dem Grenze setzenden Fenster, es schaut der Natur zu, »ist in sie nicht mehr einbezogen« (Böschenstein, S. 48). Abgeschieden ist der an der Seele nagende Gram des Mannes (»Wenn nicht der Gram an einer Seele naget, / Und froh der Mann [...]«; SW 1,463), die »Klage« (SW 1,463, V. 16; SW 1, 464, V. 8) sowie »des Zweifels dunkle Frage« (SW 1,465, V. 8) und damit die exzentrische, heroische Existenz zu Gunsten eines Lebens aus der Ruhe der Natur. Im »Glänzen der Natur« (*Der Herbst*, 1) erscheint das höhere Leben des Geistes, darum ist alles draußen »munter«, »hell« (3x), »heiter«, herrscht »Frieden« und »Freude« (2x »froh«), ist der lärmende »Schall« zu »frohem Rauschen« gedämpft, wie die Wärme der Sonne »mild« ist.

Gustav Schwab war einer der ganz wenigen, die sich ohne Einschränkung lobend über die Spätestgedichte äußerten. Er fand bei aller »Einfalt der Sprechweise, zumal der Gedankenverknüpfungen« (Böschenstein, S. 39) »Hölderlins ganzes Genie« in ihnen (StA 7/3,211, Br. 553) – wenngleich seine Formulierung eben jenes Merkmal der Reflexivität,

---

7 *Der Frühling*: »sich gezeiget« – »Menschen« – »Sichtbarkeit« – »Vollkommenheit des Lebens«. *Der Herbst*: »Natur« – »höheres Erscheinen« – »Aussicht« »Sinn«-»Bildes« – »Bild«.

der Selbstbezüglichkeit aufweist, das auch die Scardanelli-Gedichte prägt (das Genie »zeige sich noch«). Schauen wir uns Sprechweise und Gedankenverknüpfungen an, so stellen wir erst einmal fest, daß es in beiden Texten keine »dem Verstande unzugängliche Wortrhythmen« gibt (Bettina von Arnim; StA 7/3,255). Die syntaktische Gliederung ist klar, von reiner Parataxe kann keine Rede sein. Beide Gedichte weisen einen jener neutralisierten konditional-temporalen »wenn«-Sätze auf, mit denen eine ganze Reihe der spätesten Gedichte beginnen: »Wenn neu« (*Der Frühling*, 1) und »Wenn schon [...] dann« (*Der Herbst*, 10). Merkwürdig ist dabei, daß die temporale Qualität durch »neu« und »schon [...] dann« verstärkt wird, aber einmal durch das Partizip Präteritum »gezeiget«, zum anderen durch die Abstraktheit des ebenfalls reflexiven Vorgangs (»mit Leere sich die Felder [...] vertauschen«) wieder fast aufgehoben wird. Zeitlich ähnlich schwebend ist der zweite Temporalsatz »Nachdem [...] geneiget« (*Der Sommer*, 4). Auch das Herbstgedicht gliedert sich in einfache Haupt- und Nebensätze, mit einem maßgeblichen Unterschied allerdings. Die gekreuzt parallel gebaute erste Strophe, markiert durch das zweimalige »Wo« am Versbeginn (1 und 3), steht in Spannung mit dem umarmenden Reim. Das auffällige Enjambement zwischen zweiter und dritter Strophe beendet eine Reihe von fünf Aussagesätzen, die in Vers 5 ihren Ausgang nimmt und, jeweils im Enjambement nach der Zäsur beginnend, in einer Art Hakenstil die Strophe verspannt und bis zu jenem »Wenn« von Vers 10 dynamisiert. Die in den Spätestgedichten ungewohnte Dynamik wird dadurch verstärkt, daß ausnahmsweise hier zwei transitive Verben mit Objekten stehen: »die Sonne wärmet [...] / Den Tag« (6 f.), »die Lüfte wehen / Die Zweig'« (8 f.). Daß andererseits dieser Aktivität und Dynamik vier reflexive Konstruktionen gegenüberstehen, ist typisch für die Strukturierung der beiden Gedichte – und aller anderen: Ausgewogenheit, Ausgleich durch Umschläge, Vereinigung von Gegensätzen:

»Licht« – »Regen«, »Erde« – »Himmel«, transitorischer »Tag« – bleibendes »Jahr«; die »Sichtbarkeit« nimmt zu durch »Unterschiede«, Vollendung geschieht in der »Leere« des »hellen Bildes«.

Die Wiederholung zentraler Wörter im Einzelgedicht, im vorgestellten Gedichtpaar, aber auch im ganzen Scardanelli-Zyklus, fällt wohl jedem Leser auf, wie auch die sich damit ergebenden Entsprechungen und Kontraste: »neu das Licht« – »Tag endet«, »Mensch« – »Natur«, »Licht der Erde« – »Sonne«, »Erde« – »Erdenrund«, »Vollkommenheit« – »vollendet«, »Reiz« – »geschmückt«, »Blüten Weiß [...] hellen« – »Früchte [...] frohen Glanz«. Schauen wir uns Wortreihen an wie »Licht – Regen – Erde – Himmel« oder »Licht – Sichtbarkeit – helle Unterschiede – betrachtet: auf Vollkommenheit achten«, so werden wir endlich von der auffälligen Klarheit, Gerichtetheit und Dichte der Textur, von der Bewußtheit der poetischen Verfahren überzeugt sein und damit – trotz aller oberflächlichen Stereotypie – vom hohen Kunstcharakter der Gedichte. Von der Alchimie der Laute, der Vokale vor allem, kann sich jeder Leser und jede Leserin selbst überzeugen, wenn er bzw. sie die Verse laut spricht. Auf Beispiele sei deshalb nur hingewiesen, so auf die Reihe der *ei-ü*-Laute in den semantisch wichtigen Wörtern (*Der Frühling*): »gezeiget – grün – Frühling – Blüten Weiß – heitrer«, oder die *o*-Kette in *Der Herbst*: »wo – wo – froh – Sonne – froh – schon – goldne«, der gegen Ende (10) die der geschlossenen *e*- und *i*-Laute entgegenwirkt: »Leere – Felder – Sinn – hell – Bild – lebet – Bild – schwebet«.

Auffällig ist sicher beim noch einmal zusammenschauenden Blick auf die beiden Gedichte die ›Helligkeit‹, die beim Frühlingsgedicht weniger erstaunt als beim Herbstgedicht, das zugleich Tages- und Jahresende thematisiert. Doch finden wir wiederum eine Entsprechung dazu in Vers 4 des Frühlingsgedichtes: »Nachdem ein heitrer Tag zur Erde sich geneiget«; hier neigt sich der Tag vom Himmel zur Erde, zum Menschen, ist ihm »geneiget«, ohne noch zur Neige zu gehen. Dennoch möchte ich behaupten, daß auch in jenem Partizip »geneiget« schon die Neige des Jahresendes anklingt, sowie der Herbst auf die »Leere« des Winters verweist. Auffällt sicher auch, wie diese Helligkeit überstrahlt wird vom »glänzen«, das sowohl als konjugiertes Verb vorkommt als auch als substantivierter Infinitiv und als Substantiv. Verbleibt das Verb in der Anschaulichkeit eines Vorgangs »Von Frühlingsregen glänzt das grüne Tal« (2), so führt der substantivierte Infinitiv in die Abstraktion: »Das Glänzen der Natur« (1), und das Substantiv hat sich so weit verselbständigt, daß »Früchte sich mit frohem Glanz vereinen« können (4). Das Geistige kommt in der Natur zur Erscheinung und verselbständigt sich, löst sich ab. Dem »frohen Glanz« aber entspricht die »goldne Pracht«, und diese steht nicht umsonst im letzten Vers des Herbstgedichtes an eben jener Stelle, an der im Frühlingsgedicht »Vollkommenheit« steht: Ein »Bild, das goldne Pracht umschwebet«, ist Zeichen für die »Vollkommenheit des Lebens«. Solche Bilder nahm des alten Dichters Auge wahr, solche Bilder finden wir in seinen Fenstergedichten.

Literaturhinweise

Böschenstein, Bernhard: Hölderlins späteste Gedichte. In: Hölderlin-Jahrbuch 14 (1965/66) S. 35–56.

Jakobson, Roman / Lübbe-Grothues, Grete: Ein Blick auf *Aussicht* von Hölderlin. In: R. J.: Hölderlin. Klee. Brecht. Zur Wortkunst dreier Gedichte. Frankfurt a. M. 1976. S. 27–96.

Wittkop, Gregor (Hrsg.): Hölderlin. Der Pflegsohn. Texte und Dokumente 1806–1843 mit den neu entdeckten Nürtinger Pflegschaftsakten. Stuttgart 1993.

Bibliographische Hinweise

Ausgaben

Hölderlin. Sämtliche Werke. Große Stuttgarter Ausgabe. Hrsg. von Friedrich Beißner [u. a.]. 8 Bde. Stuttgart: Cotta / [seit 1951] Kohlhammer, 1943–85. [Zit. als: StA.]
Friedrich Hölderlin. Sämtliche Werke. Frankfurter Ausgabe. Hrsg. von Dietrich E. Sattler. Frankfurt a. M.: Verlag Roter Stern, 1975 ff. [Zit. als: FHA.]
Friedrich Hölderlin. Sämtliche Werke und Briefe. Hrsg. von Günter Mieth. 4 Bde. Berlin: Aufbau-Verlag, ²1995.
Friedrich Hölderlin. Sämtliche Gedichte. Studienausg. Hrsg. von Detlev Lüders. 2 Bde. Wiesbaden: AULA-Verlag, ²1989.
Friedrich Hölderlin. »Bevestigter Gesang«. Die neu zu entdeckende hymnische Spätdichtung bis 1806. Hrsg. von Dietrich Uffhausen. Stuttgart: Metzler, 1989. [Zit. als: Uffhausen.]
Friedrich Hölderlin. Sämtliche Werke und Briefe. Hrsg. von Michael Knaupp. 3 Bde. München: Hanser, 1992–93. [Zit. als: MA.]
Friedrich Hölderlin. Sämtliche Werke und Briefe. Hrsg. von Jochen Schmidt. 3 Bde. Frankfurt a. M.: Deutscher Klassiker Verlag, 1992–94. [Zit. als: SW.]

Zur Einführung

Wackwitz, Stephan: Friedrich Hölderlin. Stuttgart 1985. (Sammlung Metzler. 215.)

Forschungsliteratur

Adorno, Theodor W.: Parataxis. Zur späten Lyrik Hölderlins. In: Th. W. A.: Noten zur Literatur III. Frankfurt a. M. 1965. S. 156 bis 209.
Anderle, Martin: Die Landschaft in den Gedichten Hölderlins. Die Funktion des Konkreten im idealistischen Weltbild. Bonn 1986.
Bach, Emmon: Die Syntax von Hölderlins Gedichten. In: Literatur-

wissenschaft und Linguistik. Hrsg. von Jens Ihwe. Bd. 1. Frankfurt a. M. 1971. S. 274–307.
Beck, Adolf: Hölderlins Weg zu Deutschland. Stuttgart 1982.
Behre, Maria: »Des dunkeln Lichtes voll«. Hölderlins Mythokonzept Dionysos. München 1987.
Beißner, Friedrich: Hölderlin. Reden und Aufsätze. Köln/Wien ²1969.
Bertaux, Pierre: Hölderlin-Variationen. Frankfurt a. M. 1984.
Binder, Wolfgang: Hölderlin-Aufsätze. Frankfurt a. M. 1970.
– Friedrich Hölderlin. Studien. Hrsg. von Elisabeth Binder und Klaus Weimar. Frankfurt a. M. 1987.
Böckmann, Paul: Der hymnische Stil in der deutschen Lyrik des 18. Jahrhunderts. In: Hymnische Dichtung im Umkreis Hölderlins. Hrsg. von Paul Böckmann. Tübingen 1965. S. 1–23.
Böschenstein, Bernhard: Hölderlins Rheinhymne. Zürich/Freiburg ²1968.
– Studien zur Dichtung des Absoluten. Zürich/Freiburg 1968.
– »Frucht des Gewitters«. Hölderlins Dionysos als Gott der Revolution. Frankfurt a. M. 1989.
Böschenstein-Schäfer, Renate: Die Sprache des Zeichens in Hölderlins hymnischen Fragmenten. In: Hölderlin-Jahrbuch 19/20 (1975/77) S. 267–284.
– Die Stimme der Muse in Hölderlins Gedichten. In: Hölderlin-Jahrbuch 24 (1984/85) S. 87–112.
Burdorf, Dieter: Hölderlins späte Gedichtfragmente: »Unendlicher Deutung voll«. Stuttgart 1993.
Doering, Sabine: Aber was ist diß? Formen und Funktionen der Frage in Hölderlins dichterischem Werk. Göttingen 1992.
Franz, Michael: Das System und seine Entropie. »Welt« als philosophisches und theologisches Problem in den Schriften Friedrich Hölderlins. Diss. Saarbrücken 1982.
Friedrich Hölderlin. An Early Modern. Hrsg. von Emery E. George. Ann Arbor 1970.
Gaier, Ulrich: Hölderlins vaterländische Sangart. In: Hölderlin-Jahrbuch 25 (1986/87) S. 12–59.
– Hölderlins vaterländischer Gesang *Andenken*. In: Hölderlin-Jahrbuch 26 (1988/89) S. 175–201.
– Hölderlin. Eine Einführung. Tübingen/Basel 1993.
Härtling, Peter: Heimkunft. In: Hölderlin-Jahrbuch 25 (1986/87) S. 1–11.
Hamlin, Cyrus: »Stimmen des Geschiks«. The Hermeneutics of

Unreadability (Thoughts on Hölderlins *Griechenland*). In: Jenseits des Idealismus. Hölderlins letzte Homburger Jahre (1804 bis 1806). Hrsg. von Christoph Jamme und Otto Pöggeler. Bonn 1988. S. 252–276.
Haverkamp, Anselm: Laub voll Trauer. Hölderlins späte Allegorie. München 1991.
Heidegger, Martin: Erläuterungen zu Hölderlins Dichtung. Frankfurt a. M. ⁵1981.
Hellingrath, Norbert von: Hölderlin-Vermächtnis. Eingel. von Ludwig von Pigenot. München ²1944.
Henrich, Dieter: Der Gang des Andenkens. Beobachtungen und Gedanken zu Hölderlins Gedicht. Stuttgart 1986.
Hirblinger, Heinrich: Widmungsgedicht und Freundschaftsbund. Hölderlins Lyrik im politischen und sozialen Kontext seiner Zeit. Diss. München 1979.
Hölderlin und die Moderne. Hrsg. von Gerhard Kurz [u.a.]. Tübingen. 1995.
Hölderlin und Nürtingen. Hrsg. von Peter Härtling und Gerhard Kurz. Stuttgart 1994.
Jakobson, Roman: Hölderlin. Klee. Brecht. Zur Wortkunst dreier Gedichte. Frankfurt a. M. 1976.
Kaiser, Gerhard: Geschichte der deutschen Lyrik von Goethe bis Heine. 3 Tle. Frankfurt a. M. 1988.
Keller-Loibl, Kerstin: ». . . gib ein Bleiben im Leben, ein Herz uns wieder.« Der Frieden in Hölderlins Werk. Tübingen/Basel 1995.
Killmayer, Wilhelm: Zur Lautstruktur bei Hölderlin. In: Hölderlin-Jahrbuch 28 (1992/93) S. 218–238.
Kirchner, Werner: Hölderlin. Aufsätze zu seiner Homburger Zeit. Hrsg. von Alfred Kelletat. Göttingen 1967.
Kling, Wilfried L.: Lese(r)arbeit: Hölderlins *Winkel von Hahrdt* und die *Nachtgesänge*. In: Le pauvre Holterling 4/5 (1980) S. 77–88.
Kommerell, Max: Gedanken über Gedichte. Frankfurt a. M. 1943.
Kreutzer, Hans Joachim: Kolonie und Vaterland in Hölderlins später Lyrik. In: Hölderlin-Jahrbuch 22 (1980/81) S. 18–46.
Kudszus, Winfried: Sprachverlust und Sinnwandel. Zur späten und spätesten Lyrik Hölderlins. Stuttgart 1969.
Kurz, Gerhard: Mittelbarkeit und Vereinigung. Zum Verhältnis von Poesie, Reflexion und Revolution bei Hölderlin. Stuttgart 1975.
– Hölderlins poetische Sprache. In: Hölderlin-Jahrbuch 23 (1982/1983) S. 34–53.

Lefebvre, Jean-Pierre: Hölderlin et Christophe Colomb: au rendez-vous des prophètes. In: Critique 43 (1987) S. 295–318.
Lepper, Gisbert: Friedrich Hölderlin. Geschichtserfahrung und Utopie in seiner Lyrik. Hildesheim 1972.
Nägele, Rainer: Text, Geschichte und Subjektivität in Hölderlins Dichtung – »Uneßbarer Schrift gleich«. Stuttgart 1985.
Neue Wege zu Hölderlin. Hrsg. von Uwe Beyer. Würzburg 1994.
Petzold, Emil: Hölderlins Brot und Wein. Ein exegetischer Versuch. Neudr. durchges. von Friedrich Beissner. Darmstadt 1967.
Philipsen, Bart: Die List der Einfalt. NachLese zu Hölderlins spätester Dichtung. München 1995.
Reuß, Roland: ». . . / Die eigene Rede des andern.« Hölderlins *Andenken* und *Mnemosyne*. Frankfurt a. M. 1990.
Ryan, Lawrence J.: Hölderlins Lehre vom Wechsel der Töne. Stuttgart 1960.
Santner, Eric L.: Friedrich Hölderlin. Narrative Vigilance and the Poetic Imagination. New Brunswick / London 1986.
Schmidt, Jochen: Hölderlins Elegie *Brod und Wein*. Berlin 1968.
– Hölderlins später Widerruf in den Oden *Chiron, Blödigkeit* und *Ganymed*. Tübingen 1978.
– Hölderlins idealistischer Dichtungsbegriff in der poetologischen Tradition des 18. Jahrhunderts. In: Hölderlin-Jahrbuch 22 (1980/1981) S. 98–121.
– Hölderlins geschichtsphilosophische Hymnen *Friedensfeier, Der Einzige, Patmos*. Darmstadt 1990.
– Hölderlins Hymne *Mnemosyne* – Ein altes philologisches Problem in neuen Editionen und Interpretationen. In: editio 5 (1991) S. 122–157.
Schwarz, Herta: Vom Strom der Sprache. Schreibart und »Tonart« in Hölderlins Donau-Hymnen. Stuttgart 1994.
Seckel, Dietrich: Hölderlins Sprachrhythmus. Leipzig 1937.
Seifert, Albrecht: Untersuchungen zu Hölderlins Pindar-Rezeption. München 1982.
Shelton, Roy C.: The young Hölderlin. Frankfurt a. M. 1973.
Simon, Martin F. A.: Friedrich Hölderlin. The Theory and Practice of Religious Poetry. Stuttgart 1988.
Söring, Jürgen: »Sie haben mein Auge mir genommen.« Vom Beweggrund des Dichtens in Hölderlins lyrischem Schaffen. In: Bad Homburger Hölderlin-Vorträge 1990. S. 33–50.
Stierle, Karlheinz: Die Identität des Gedichts. Hölderlin als Para-

digma. In: Identität. Hrsg. von Odo Marquard und Karlheinz Stierle. München 1979. S. 505–552.
– Die Friedensfeier. Sprache und Fest im revolutionären und nachrevolutionären Frankreich und bei Hölderlin. In: Das Fest. Hrsg. von Walter Haug und Rainer Warning. München 1989. S. 481 bis 525.
Szondi, Peter: Hölderlin-Studien. Frankfurt a. M. 1967.
– Einführung in die literarische Hermeneutik. Frankfurt a. M. 1975. (Studienausg. der Vorlesungen. Bd. 5.)
Thürmer, Wilfried: Zur poetischen Verfahrensweise in der spätesten Lyrik Hölderlins. Marburg 1970.
Über Hölderlin. Aufsätze. Hrsg. von Jochen Schmidt. Frankfurt a. M. 1970.
Unger, Richard: Hölderlin's Major Poetry. The Dialectics of Unity. Bloomington/London 1975.
Wackwitz, Stephan: Trauer und Utopie um 1800. Studien zu Hölderlins Elegienwerk. Stuttgart 1982.
Ziolkowski, Theodore: The Classical German Elegy 1795–1950. Princeton 1980.
Zuberbühler, Rolf: Die Sprache des Herzens. Hölderlins Widmungsdichtung. Göttingen 1982.

Die Autoren der Beiträge

MARIA BEHRE

Geboren 1957. Studium der Germanistik, Katholischen Theologie und Philosophie mit erziehungswissenschaftlichem Begleitstudium in Münster. Dr. phil. Habilitandin am Germanistischen Institut der Universität Münster.

Publikationen: »Des dunkeln Lichtes voll«. Hölderlins Mythokonzept Dionysos. 1987. – Aufsätze zu Ingeborg Bachmann, Johannes Bobrowski, Paul Celan, Friedrich Hölderlin, Karl Krolow, Georg Trakl, Martin Walser, Christa Wolf.

ANKE BENNHOLDT-THOMSEN

Geboren 1937. Studium der Germanistik und Altphilologie in Köln, Tübingen, Zürich, Göttingen, Berlin. Dr. phil. Professorin für Neuere deutsche Literatur an der Freien Universität Berlin.

Publikationen: Stern und Blume. Untersuchungen zur Sprachauffassung Hölderlins. 1967. – Nietzsches *Also sprach Zarathustra*. Eine Revision. 1974. – (Mitverf.) Der Asoziale in der Literatur um 1800. 1979. – (Mitverf.) Gelehrsamkeit und Leidenschaft. Das Leben der Ernestine Reiske (1735–1798). 1992. – Mithrsg. der Edition *Ergebnisse der Frauenforschung* an der FU Berlin. – Aufsätze u. a. zu Hölderlin und Nelly Sachs.

BERNHARD BÖSCHENSTEIN

Geboren 1931. Studium der Germanistik, der französischen und griechischen Literatur in Paris, Zürich und Köln. Dr. phil. Professor der Neueren deutschen und der Vergleichenden Literatur an der Universität Genf.

Publikationen: Hölderlins Rheinhymne. 1959. ²1968. – Konkordanz zu Hölderlins Gedichten nach 1800. 1964. – Studien zur Dichtung des Absoluten. 1968. – Leuchttürme. Von Hölderlin zu Celan, Wirkung und Vergleich. 1977. ²1982. – »Frucht des Gewitters«. Zu Hölderlins Dionysos als Gott der Revolution. 1989. – (Mithrsg.) Hölderlin vu de France. 1987. – (Hrsg.) Goethe: Die natürliche

Tochter. 1990. – (Mithrsg.) Französische Dichtung. Bd. 4: Von Apollinaire bis zur Gegenwart. 1990. – Aufsätze zur deutschen und französischen Literatur der Goethezeit, der letzten Jahrhundertwende und des 20. Jahrhunderts.

Wolfgang Braungart

Geboren 1956. Studium der Germanistik, Philosophie, Kunstpädagogik, Kunstgeschichte und Arbeitslehre in Gießen. Dr. phil. Privatdozent für Neuere deutsche Literatur und Allgemeine Literaturwissenschaft an der Universität Gießen, seit 1996 Professor für Neuere deutsche Literaturgeschichte und Allgemeine Literaturwissenschaft an der Universität Bielefeld.

Publikationen: Die Kunst der Utopie. Vom Späthumanismus zur frühen Aufklärung. 1989. – Ästhetischer Katholizismus. Stefan Georges Rituale der Literatur. 1996. – (Hrsg.) Bänkelsang. Texte – Bilder – Kommentare. 1985. – (Hrsg.) Über Grenzen. Polnischdeutsche Beiträge zur deutschen Literatur nach 1945. 1989. – (Mithrsg.) Denis Veiras: *Eine Historie der Neu-gefundenen Völcker* sevarambes *genannt*, 1689. Mit einem Nachwort, Bibliographie und Dokumenten zur Rezeptionsgeschichte. – (Mithrsg.) George-Jahrbuch 1. 1996. – Aufsätze, Lexikonartikel und Rezensionen zur Literaturgeschichte des 17. bis 20. Jahrhunderts, zur Geschichte der populären Literatur, zu kunstgeschichtlichen und pädagogischen Themen.

Sabine Doering

Geboren 1961. Studium der deutschen Philologie und evangelischen Theologie in Göttingen und Genf. Dr. phil. Wissenschaftliche Assistentin an der Universität Regensburg.

Publikationen: Aber was ist diß? Formen und Funktionen der Frage in Hölderlins dichterischem Werk. 1992. – Heinrich von Kleist: *Die Marquise von O...* Erläuterungen und Dokumente. 1993. – Aufsätze zu Hölderlin, Kleist, Göschen und zur Faust-Rezeption.

Ulrich Gaier

Geboren 1935. Studium der Germanistik, Anglistik, Romanistik in Tübingen und Paris. Dr. phil. Professor für Deutsche Literatur und Allgemeine Literaturwissenschaft an der Universität Konstanz.

Publikationen: Der gesetzliche Kalkül. Hölderlins Dichtungslehre. 1962. – Studien zu Sebastian Brants *Narrenschiff.* 1966. – Satire: Studien zu Neidhart, Wittenwiler, Brant und zur satirischen Schreibart. 1967. – Krumme Regel. Novalis' *Konstruktionslehre des schaffenden Geistes* und ihre Tradition. 1970. – Form und Information. Funktionen sprachlicher Klangmittel. 1971. – System des Handelns. Eine rekonstruktive Handlungswissenschaft. 1988. – Goethes Faust-Dichtungen. Ein Kommentar. Bd. 1: *Urfaust.* 1989. – Johann Wolfgang Goethe: *Urfaust.* Erläuterungen und Dokumente. 1989. – Annette und das Geld. Die Droste, die Schriftstellerei und das Fürstenhäuschen. Ein Lesebuch. 1993. – Annette von Droste-Hülshoff und ihre literarische Welt am Bodensee. 1993. – (Mithrsg.) Festschrift für Friedrich Beißner. 1974. – (Hrsg.) Diskussion Didaktik im Deutschen Germanisten-Verband. Methoden und Modelle 2. 1975. – (Hrsg.) Germanisten ohne Zukunft? Empfehlungen zur Erhöhung der beruflichen Flexibilität germanistischer Studienabsolventen. 1978. – (Hrsg.) Johann Gottfried Herder: Frühe Schriften 1764–72. 1985. – (Hrsg.) Johann Gottfried Herder: Volkslieder, Übertragungen, Dichtungen. 1990. – (Mithrsg.) Hölderlin-Jahrbuch. 1990 ff. – Aufsätze zur Literatur des 16. bis 20. Jahrhunderts, vor allem der Goethezeit.

Wolfram Groddeck

Geboren 1949. Studium der Germanistik, Musikwissenschaft, Geschichte und Philosophie in Basel und Berlin. Dr. phil. Professor für Neuere deutsche Literaturwissenschaft an der Universität Basel.

Publikationen: Friedrich Nietzsche: *Dionysos-Dithyramben.* Bd. 1: Textgenetische Edition der Vorstufen und Reinschriften. Bd. 2: Bedeutung und Entstehung von Nietzsches letztem Werk. 1991. – Reden über Rhetorik. Zu einer Stilistik des Lesens. 1995. – (Mithrsg.) Friedrich Hölderlin: Sämtliche Werke. Frankfurter Ausgabe. Bd. 2, 3, 6, 14. 1976–79. – (Mithrsg.) Physiognomie und Pathognomie. Zur literarischen Darstellung von Individualität. Festschrift für Karl Pestalozzi. 1994. – (Mithrsg.) Schnittpunkte.

Parallelen. Literatur und Literaturwissenschaft im »Schreibraum Basel«. 1995. – Aufsätze über Hölderlin, Heine, Nietzsche, zur Literatur des 20. Jahrhunderts und zu Fragen der Editionstheorie.

GERHARD KAISER

Geboren 1927. Studium der Geschichte, Germanistik und Geographie in Berlin und München. Dr. phil. Dr. phil. h. c. Dr. theol. h. c. Professor für Neuere deutsche Literaturgeschichte an der Universität Freiburg i. Br. Emeritus.

Publikationen: Pietismus und Patriotismus im literarischen Deutschland. 1961. ²1973. – Klopstock. Religion und Dichtung. 1963. ²1975. – Geschichte der deutschen Literatur von der Aufklärung bis zum Sturm und Drang. 1966. Ab 2. Aufl. u. d. T.: Aufklärung, Empfindsamkeit, Sturm und Drang. ²1976. ⁴1991. – Vergötterung und Tod. Die thematische Einheit von Schillers Werk. 1967. – Günter Grass. Katz und Maus. 1971. – Antithesen. Zwischenbilanz eines Germanisten 1970–1972. 1973. – Benjamin. Adorno. Zwei Studien. 1974. – Neue Antithesen eines Germanisten 1974–1975. 1976. – Wandrer und Idylle. Goethe und die Phänomenologie der Natur in der deutschen Literatur von Geßner bis Gottfried Keller. 1977. – Von Arkadien nach Elysium. Schiller-Studien. 1978. – (Mitverf.) Dichtung als Sozialisationsspiel. Studien zu Goethe und Gottfried Keller. 1978. – Bilder lesen. Studien zu Literatur und bildender Kunst. 1981. – Gottfried Keller. Das gedichtete Leben. 1981. ²1987. – Gottfried Keller. Eine Einführung. 1985. – Augenblicke deutscher Lyrik. Gedichte von Martin Luther bis Paul Celan interpretiert. 1987. ⁴1991. – Geschichte der deutschen Lyrik von Goethe bis Heine. Ein Grundriß in Interpretationen. 3 Tle. 1988. – Geschichte der deutschen Lyrik von Heine bis zur Gegenwart. Ein Grundriß in Interpretationen. 3 Tle. 1991. – Mutter Natur und die Dampfmaschine. Ein literarischer Mythos im Rückbezug auf Antike und Christentum. 1991. – Fitzcarraldo Faust. Werner Herzogs Film als postmoderne Variation eines Leitthemas der Moderne. 1993. – Ist der Mensch zu retten? Vision und Kritik der Moderne in Goethes *Faust.* 1994. – (Hrsg.) Die Dramen des Andreas Gryphius. Eine Sammlung von Einzelinterpretationen. 1968. – Etwa 100 Beiträge zur Geschichte und Interpretation deutscher Literatur von Luther bis zur Gegenwart, zur Literaturtheorie, zur Transformation kirchlicher, theologischer und biblischer Motive in säkulare Literatur, zur Säkularisationsproblematik.

Manfred Koch

Geboren 1955. Studium der Germanistik, Philosophie und Geschichte in Tübingen. Dr. phil. Wissenschaftlicher Mitarbeiter am Institut für Neuere deutsche Literatur an der Universität Gießen.

Publikationen: »Mnemotechnik des Schönen«. Studien zur poetischen Erinnerung in Romantik und Symbolismus. 1988. – Aufsätze zur deutschen Klassik und Romantik sowie vor allem zur österreichischen Literatur des 19. und 20. Jahrhunderts.

Gerhard Kurz

Geboren 1943. Studium der Germanistik, Geschichte und Philosophie in Heidelberg. Dr. phil. Professor für Neuere deutsche Literaturgeschichte und Allgemeine deutsche Literaturwissenschaft an der Universität Gießen. Seit 1990 Präsident der Hölderlin-Gesellschaft.

Publikationen: Mittelbarkeit und Vereinigung. Zum Verhältnis von Poesie, Reflexion und Revolution bei Hölderlin. 1975. – (Mitverf.) Metapher. 1976. – Traum – Schrecken. Kafkas literarische Existenzanalyse. 1980. – Metapher, Allegorie, Symbol. ^{3}1993. – (Mithrsg.) Materialien zu Schellings philosophischen Anfängen. 1975. – (Hrsg.) Der junge Kafka. 1984. – (Mithrsg.) Idealismus und Aufklärung. 1988. – (Mithrsg.) Hölderlin und Nürtingen. 1994. – (Mithrsg.) Hölderlin und die Moderne. 1995. – (Mithrsg.) Hölderlin-Jahrbuch 1980–90. – (Mithrsg.) Sprache und Literatur. 1980 ff. – Aufsätze u. a. zu Hölderlin und seinem Kreis.

Günter Mieth

Geboren 1931. Studium der Germanistik, Pädagogik und Philosophie in Leipzig. Dr. sc. phil. Dr. h. c. Bis 1992 Professor für Geschichte der deutschen Literatur an der Universität Leipzig. Emeritus.

Publikationen: Friedrich Hölderlin. Dichter der bürgerlich-demokratischen Revolution. 1978. – Vom Beginn der großen Französischen Revolution bis zum Ende des alten deutschen Reiches, 1789–1806. 1988. – (Hrsg.) Friedrich Hölderlin. Gedichte. 1964. – (Hrsg.) Friedrich Hölderlin. Sämtliche Werke und Briefe. 1970. – (Hrsg.) Herder. Ein Lesebuch für unsere Zeit. 1978. – (Hrsg.) Revolution und Literatur. Revolutionär-demokratische Literatur am Ausgang des 18. Jahrhunderts. 1983. – (Hrsg.) Hölderlins Werke in zwei Bänden. 1989. – Aufsätze zur deutschen Literatur des 18. bis 20. Jahrhunderts, vor allem zu Hölderlin und Goethe, zur Spinoza-Rezeption, zur Wirkung der Französischen Revolution auf die deutsche Literatur und zur Periodisierung der deutschen Literatur des 18. Jahrhunderts.

UTE OELMANN

Geboren 1949. Studium der Germanistik, Anglistik und vergleichenden Literaturwissenschaft in Tübingen. Dr. phil. Leiterin des Stefan George-Archivs in der Württembergischen Landesbibliothek Stuttgart. Lehrbeauftragte an der Hochschule für Musik und darstellende Künste Stuttgart.

Publikationen: Deutsche poetologische Lyrik nach 1945. Ingeborg Bachmann, Günter Eich, Paul Celan. ²1983. – (Hrsg.) Hölderlin. Sämtliche Werke. Bd. 8. 1985. – [Hrsg.] Stefan George. Sämtliche Werke. In 8 Bänden 1984 ff. – Aufsätze zu Hölderlin, George und zur Lyrik nach 1945.